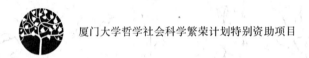厦门大学哲学社会科学繁荣计划特别资助项目

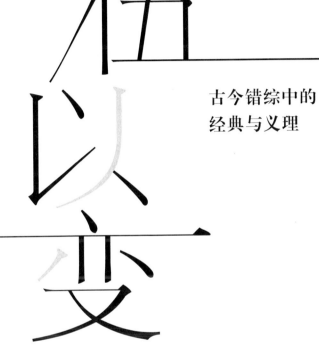

参伍以变

李若晖 著

古今错综中的
经典与义理

社会科学文献出版社
SOCIAL SCIENCES ACADEMIC PRESS (CHINA)

目录

参伍以变——古今错综中的经典与义理

「更礼以教」
——《诗·商颂·那》的传笺歧解与经义建构

我在今年的 5 月份刚刚出版了一本《久旷大仪——汉代儒学政制研究》，这本书对汉代的今古文的经学，我自己觉得有一个与以往的研究不同的看法。在汉代之前，儒家从未执掌过政权，其礼学传承中也缺乏经国大典。当西汉元成之际，今文经学直接以家人之礼的亲亲来制定经国大典，未能奠定大一统王朝立国之基并展示其历史意义。代之而起的古文经学则致力于为现行体制辩护，激烈指责今文经学"推士礼以致于天子"，并以现行体制为基准，在儒学内构建超绝性的天子之礼。今古文经学的分歧实质上是君主制国体之下究竟实行何种政体。我们以往形成一个固定的思路，就是说研究今古文从经书、礼义等一些细节问题入手，去考证今古文经学的区别，但是这样的一种做法，最后得到的结论却是说今古文经学是为了争学官的利用，这种结论在实质上就等于说今古文经学没有根本性的区别。

我的入手点是把今古文经学，也就是汉代经学史和汉代政治制度史结合起来做考察，认为今文经学在汉初是没有一套天子礼，因为它礼学的整个体系是依据《仪礼》。我们知道《仪礼》的核心是士礼，是推士礼以致于天子礼的做法。今文经学跟汉承秦制的律令体系始终不合拍。尤其是它在推致的过程当中，表现出今文经学长期浸润用于社会的中下层，而没有高层政治的决断力，也就是所谓直接以家人之礼的"亲亲"来制定经国大典，缺乏"尊尊"一维。对此我在书里面有些详细的研究，那么这里限于时间我就不展开了。

由此导致朝廷对今文经学极其不满，这个时候代之而起的是古文经学。我认为古文经学的兴起与古文经毫无关系，一个重要的表征就是在东汉古文经学最为兴盛的时期，古文《逸礼》濒于失传，没有人传授，没有人研究。所以古文经学实际上是以现行体制为基准，在儒学内构建超绝性的天子之礼。也就是今文经学推士礼以至于天子，导致天子之礼和士礼在结构上是一致的；而古文经学所要建构的是一个今文经文所不具备的单独性的天子之礼，比如说封禅、巡狩、明堂、辟雍等的天子之礼，这些礼是不可能由士礼来推致的。

古文经学以《春秋》学居于礼学之上，将《春秋》之"尊尊"替换为秦制之"尊卑"，并进而以《周礼》为核心重建经学，由此糅合古今，形成了郑玄"礼法双修"与何休"君天同尊"的经学体系。至此，今文经学中对天子进行制约的"天囚"学说被抛弃，"丧服决狱"导致作为丧服根基的"报"之双向性伦理被置换为"尊卑"服从的单向性伦理。最终，标志"天下非一人之天下"的君相分权也随着丞相职权的萎缩以至罢废退变为君主专制。

关于何休的"君天同尊"，主要是根据《公羊传》的昭公二十五年子家驹对于鲁昭公的批评，说"诸侯僭于天子，大夫僭于诸侯"①，但是郑玄的引用多了一句"天子僭天"②。我经过考察，当然主要是根据清人惠栋的考察，这一句话在子家驹的原本，也就是"天子僭于天，诸侯僭于天子，大夫僭于诸侯"，有一个完整的体系。这句话应该是何休注公羊的时候删掉的，何休之所以删除"天子僭天"意在与《左传》"崇君父"争胜，并得以构造"君天同尊"之新经义。由此追踪《公羊》"天子僭天"之旧经义，则以天子为天所囚禁，不得僭越于天。"天子"为爵之一位，有职有责。倘若天子背弃职责，以位足欲，役天下以奉天子，即是"天子僭天"。汉儒明确将诸侯贪，大夫鄙，庶人盗窃之乱象归因于天子僭天。因此，"孔子成《春秋》而乱臣贼子惧"之本义当为"子帅以正，孰敢不正"，也就是说它首先是一个正天子的学说。然自武帝尊崇《公羊》之时起，经师即已讳言此义，至何休靦颜删削，遂致斯义湮灭，幸得清儒之力，"天子僭天"一义方重见天日。③

以《周礼》统合群经的努力在郑玄达到顶峰。刘歆就认为《周礼》乃"周公致太平之迹"，郑君更笃信《周礼》为周公所作。稽考郑玄平生业绩，其遍注群经之外，兼注汉律，见《晋书》卷三十《刑法志》④。由此，

---

① （东汉）何休注、（唐）徐彦疏《春秋公羊传注疏》，载（清）阮元校刻《十三经注疏》，艺文印书馆，2007，第7册，第301~302页。

② （东汉）郑玄注、（唐）贾公彦疏《周礼注疏》，载（清）阮元校刻《十三经注疏》，艺文印书馆，2007，第3册，第623页。

③ 参见李若晖《从天子僭天到君天同尊——何休删削〈公羊〉发覆》，《哲学研究》2017年第2期，第48~55页；李若晖《久旷大仪：汉代儒学政制研究》，商务印书馆，2018，第196~235页。

④ （唐）房玄龄：《晋书》，中华书局，1974，第3册，第923页。

我认为对郑玄注汉律关注不够，但是我们注意到郑玄没有注《春秋》，当然《世说新语》有个说法，说他把自己的《左传注》稿送给了服虔①，但是我们要注意到郑玄的老师马融也没有注《春秋》而注汉律，所以这一个结构性对应。因此王充在《论衡·程材》讲以《春秋》"稽合于律，无乖异者。然则《春秋》，汉之经，孔子制作，垂遗于汉"②，实际上是《春秋》与律令合一。因此马融、郑玄师徒遍注群经而不注《春秋》却注汉律，实际上是以汉律在经学体系当中取代了《春秋》之位。我们注意到，郑玄在他的《诗笺》当中，屡次以"礼法"来解释"周礼"。这也就是说，既然《春秋》大义已明著于律，亦即费劲曲折阐释《春秋》微言的最终结果就是得到汉律所已明言者，那么自然没有必要空劳心力去注释《春秋》了！

《后汉书·马融列传》记载："尝欲训《左氏春秋》，及见贾逵、郑众注，乃曰：'贾君精而不博，郑君博而不精，既精既博，吾何加焉！'但着《三传异同说》。"③ 我们可以看到，马融也是遍注群经而不注《春秋》，当然也是有另外的原因可以解释的，但是我们如果跳过这样一个外在性的原因，看他注律之后所客观形成的经学体系，那么显然律是居于《春秋》之位。而且师徒有着共同的结构对应，对于这一点我们不应该轻轻放过。

程树德的《九朝律考》专门有一则就是讲魏晋之世，礼律并重④，这样一个礼律并重的，显然来源于郑玄的以"礼法"释"礼"。所以我的《久旷大仪》这本书目前来说有一个最大的缺陷，就是讲了何休的天子僭天，但是对郑玄讲得不够深入，这个当然有一个原因，就是我觉得对郑玄可能要大动干戈。如果大动干戈的话，将不是这样一本书在结构上所能容纳的。因为若把郑玄做出一个很大部分来，放在这本书之中，会使这本书

① （南朝·宋）刘义庆：《世说新语》，龚斌：《世说新语校释》，上海古籍出版社，2011，上册，第 372 页。

② （东汉）王充：《论衡》，黄晖：《论衡校释》，中华书局，1990，第 2 册，第 542～543 页。

③ （南朝·宋）范晔：《后汉书》，中华书局，1965，第 7 册，第 1972 页。

④ 程树德：《九朝律考》，中华书局，2003，第 232 页。

显得头重脚轻，结构不对应。

我在本书出版了之后，我觉得以后专门把郑玄作为一个专题来做，可能更加合适。这样的话，实际上我可以把《久旷大仪》看作郑玄研究的一个导论。做郑玄研究从哪里入手比较好？我考虑来考虑去，可能还是从《诗经》入手比较好。有以下几点考虑。

第一，郑玄曾经两注《毛诗》，但今天的《毛诗笺》是他晚年作品，他晚年的著作即便不视为他的定论，至少也代表着他比较成熟的看法，早年郑玄对于三礼的注释有很多，至少有相当一部分在《诗笺》里面，观点有了改变。

第二，我们关注郑学的经学，就是具体的经书的研究上经文的注释上，对于汉代经学有一些什么样的改变，而三礼注是郑玄完整，但其他汉注是不完整的，这是一个无可奈何的事情。那么刚好《诗经》是有毛传与郑笺相对，我们比较容易对比着看，通过毛郑的歧义的比较容易上手，更容易得到体系性的理解，也应该其他的零章断简偶尔的一两个字词的差异，我们看不出双方的经义建构在哪里。

第三，我们还应该注意经学的核心是十三经，十三经注疏的核心当然是孔颖达的《五经正义》。在《五经正义》里面，真正是由郑玄为主的，纯汉学为底的，其实就是《诗》了。因为《礼记》在西汉的时候，它不是一部正经，《尚书》是依据伪古文孔传，《周易》是用的王弼注，这已经进入到玄学，《左传》是用的杜预注。所以就是说这几种注疏，要么不是汉儒所作，要么不是大经，所以从《诗经》入手是最合适的。今年我在《哲学动态》发表的一篇关于《诗经》的文章，这也是我写的第一篇诗经研究的论文。因为始终找不到入手点，讲一些人云亦云的话也没什么意思。

我们先来看《诗经·鹿鸣》小序中提到的"《鹿鸣》，宴群臣嘉宾也"①。

如果按照毛传的解释，应该标点为："宴群臣"，逗号，"嘉宾也"。以

---

① （西汉）毛公传、（东汉）郑玄笺、（唐）孔颖达疏《毛诗注疏》，载（清）阮元校刻《十三经注疏》，艺文印书馆，2007，第2册，第315页。

嘉宾解释为群臣，这样的话群臣和嘉宾是同一拨人，是一体的，是一拨人的两个不同称呼。因此，毛传所阐释出来的经义，"君以宾之位待群臣，群臣方以臣之分报君"。宾之位是高于臣之位的。像乐毅《报燕王书》就明确讲到"先王过举，厕之宾客之中，立之群臣之上"①，群臣当以臣之分（位）报君，这就意味着君不以一己之智治国，而是尊重群臣，倚仗群臣治国，由此必然导向虚君。

若依郑玄的标点来做，应该是"宴群臣"，顿号，"嘉宾"。嘉宾和群臣是两拨人，不是一拨人，是群臣邀请贤人来赴宴而成为嘉宾。嘉宾然后在宴会之上将嘉宾置于周之列位而成为群臣，依据郑玄的经义，乃是国家制度中只许只存在君臣之分，你不能以臣为宾，要么就是宾要么就是臣。绝对不许有非臣之宾师，于是他的君主乃至一个绝对的君尊臣卑的观念②。

现在我们来看《那》篇③。《那》小序最关键的一句话就是"祀成汤"，但是我们看到郑玄恰恰没有解释"祀成汤"。前面的《鹿鸣》的小序，最关键的就是"宴群臣嘉宾也"。但郑玄笺的篇幅全部是在解释"币帛筐篚"一句，对于"宴群臣嘉宾"也是没有一个字的注释。

那么对小序，我们问几个问题。

第一，"祀成汤"是以何种方式祀？

我们看到孔颖达的正义明确指出来毛郑的解释歧义。毛以终篇皆论汤之生存所行之事。郑以"奏鼓"以下，言汤孙太甲祭汤之时，有此美事，所以毛讲的是事，"诗在礼中，祀汤之礼用叙汤之诗"，也就是说祭祀成汤的事情没有出现在诗篇当中。《那》的诗篇所歌咏的是成汤在活着的时候祭祀他自己祖先，然后诗人在歌咏成汤祭祀他自己祖先的时候这样一首诗，站在后世祭礼当中把它歌咏出来用以祭祀成汤。所以祭祀成汤的不是《那》诗的内容，而是对于《那》诗在礼之中的运用。《那》诗的内容不是

---

① （西汉）司马迁：《史记》，中华书局，2013，第7册，第2935页。

② 李若晖：《"忠臣尽心"：〈鹿鸣〉传笺歧解与经义建构》，《哲学动态》2018年第5期，第36~44页。

③ 本章所引《那》经、序、传、笺、释文、疏，除特别说明者外，皆见（西汉）毛公传、（东汉）郑玄笺、（唐）孔颖达疏《毛诗注疏》，载（清）阮元校刻《十三经注疏》第2册，艺文印书馆，2007，第788~791页。下文不再逐一出注。

祀成汤，而是《那》的运用、用于祀成汤。这个祀成汤的礼在《那》诗之外，而不在《那》诗之内。《那》诗的语句与祀成汤无关，所以"祀汤之礼用叙汤之诗"，这是我的一个总结。

郑的意思乃是诗之言就是祀成汤的，"礼在诗中，诗所叙者祀汤之礼"。郑所理解的《那》诗之言祀成汤。就是说《那》诗就是在歌咏对于成汤的祭祀，祀汤之礼就是《那》诗诗句的内容。所以"诗所叙者就是祀汤之礼"。这是毛郑对祀成汤这句话的不同理解。

那么由《小序》所看到另一个问题："至戴公之时，其大夫有名曰正考父者，得《商颂》十二篇于周之太师。此十二篇以《那》为首。"

本文所讲《诗经》，并不是说把《诗经》放在一个大的平台下来讲，《诗经》应该怎么正确地理解？今天我们只讲毛郑是怎么理解《诗经》的？你哪怕有证据，毛郑的理解都是错误的，这个不是本文要解决的问题。比如说正考父甫是什么时候的人对吧？像《史记》，还有三家诗又有其他的说法。又如《那》不是商诗，而是宋诗的问题。像王国维所提的那样，整个的《商颂》是在宋国的时候所作的，不是商代所作的诗。还有就是宋襄公称霸之时又如何如何，各家的说法多如牛毛。所有的这些说法本文不进行讨论，只就毛郑如何理解《商颂》进行讲解，同时把毛郑为何这样解释讲清楚。

郑笺所记载："礼乐废坏者，君怠慢于为政，不修祭祀、朝聘、养贤、待宾之事，有司忘其礼之仪制，乐师失其声之曲折，由是散亡也。自正考甫至孔子之时，又亡七篇矣。"我们来看孔疏的解释："知孔子之时，七篇已亡者，以其考甫校之太师，归以祀其先王，则非烦重芜秽，不是可弃者也。而子夏作序，已无七篇，明是孔子之前已亡灭也。"这就是说不是孔子删诗删掉了，而是孔子见到《诗》的时候已经亡逸了。商颂有亡逸，正考甫得十二篇，到孔子的时候又亡七篇，那么我就要问，孔子为什么不尽力去搜求？

我认为这是孔子有意为之，否则他尽可以再去周太师那里，就算周太师处也有散佚，但不可能周宋散佚的诗篇是一致的。所以孔子得到了五篇已亡七篇，他就用这五篇编成商颂，不再去重新搜求。之所以如此，就是说孔子认为颂之亡，在政不在书。假设要商颂再搜集起来，若他的政不行一样会亡。又何必去搜。就如同对于一个败家子而言，不是没完没了地给钱，品性不改即便给了再多的钱也会被败光，那就让败家子去败了好，没有必要给钱。所以这也是《诗·大雅·抑》篇所谓"无言不雠，无德不报"，汉人的理解就是"报当如之，不如非报也"。

第二，为什么要特别点出来是周太师以《那》为首？

得知周太师以《那》为首，孔颖达特别指出来，是周太师是先以《那》为首，孔疏提道："且殷之创基，成汤为首，《那》序云'祀成汤'，明知无先《那》者，故知太师以《那》为首也。"

我们可以做出一个推论，就是殷礼所传的商颂不以《那》为首，否则特别强调"周太师以《那》为首"就是无意义的话。既然要特别声明周太师以《那》为首，显然就是说明殷礼之《商颂》与周礼之《商颂》的篇首是不同的，不以《那》为首。也就意味着殷礼商颂不以汤为首，当是殷礼商颂仍然以汤的先祖为首，即所谓"殷道亲亲，周道尊尊"。我们看周道尊尊的理解就是"殷之创基，成汤为首"，这是周道尊尊。就是商朝的开创者是商汤，所以商颂以成汤为首。

第三，我们来看殷道亲亲的说法。《礼记》所记载，《礼记·祭法》"殷人禘喾而郊冥"[1]，则殷礼的商颂应该以喾居首。这是一个推测，不一定正确，但有一点我想应该是可以确定的，就是因殷礼的商颂不是以汤首，也就是说祭礼不以汤为首，篇章不以《那》为首。我们可以看到看这个在《周颂》有结构对应。周颂篇首第一首就是《清庙》，清庙就是祀文王！显然周太师编商颂以《那》为首，乃是摹仿《周颂》，重编《商颂》，以周礼改造殷礼。

那么下面我们进入《那》篇的诗句，整个《那》就是一章，没有分章。《那》篇毛传"烈祖汤有功烈之祖"，有两种不同的标点。

> 北大本：烈祖，汤，有功烈之祖也。[2]
> 《儒藏》本：烈祖，汤，有功烈之祖也。[3]

---

[1] （东汉）郑玄注、（唐）孔颖达疏《礼记注疏》，载（清）阮元校刻《十三经注疏》第5册，艺文印书馆，2007，第796页。

[2] 十三经注疏整理委员会：《十三经注疏》第6册，北京大学出版社，2000，第1686页。《毛诗正义》为龚抗云等整理。

[3] 北京大学《儒藏》编纂与研究中心：《儒藏精华编》第23册，北京大学出版社，2010，第1416页。《附释音毛诗注疏》为郑杰文、孔德凌校点。

　　　　　上古本：烈祖，汤有功烈之祖也。①

　　李学勤先生主编的十三经注疏标点和《儒藏》的标点是："烈祖，汤，有功烈之祖。"上海古籍出版社的标点是"烈祖，汤有功烈之祖。"

　　显然，汤后面加一个逗号，是以郑笺来理解毛传。这是一种现代理解。即以求文本原意作为所有注释的当然目的，而忽略古代注释家各自有各自的经义建构的目标。不要轻易地以郑去理解毛。依照郑玄，把这个"烈祖"理解为汤，然后说汤是有功烈之祖，这个标点，放在这一句来看还是可以的。

　　我们看后面孔《疏》对于毛传的解释。"汤之上祖有功烈者，谓契、冥、相士（土）之属也。"很显然，这个烈祖不是指汤，是汤之祖。然后下面，"美汤之祭而云'烈祖'，则是美汤之先公有功烈者，故云'烈祖，汤有功烈之祖'。汤之前有功烈者，止契、冥、相土之属也"。

　　所以我们回过头来看，上海古籍的标点是正确的，是汤的有功烈之祖。

　　我想，在孔《疏》只能做出这样理解的时候，却只依照郑玄的理解（而不顾毛传的原意），把标点要那样断开。那么对于郑玄来说，把这个"烈祖"理解成汤。我们看到，也是《周颂》的《雝》小序所提到的太祖，郑玄也认为是文王。

　　《周颂·雝》小序：《雝》，禘大祖也。

　　郑笺：禘，大祭也。大于四时，而小于祫。大祖，谓文王。

　　同样的，至少在郑玄这里有一个结构对应。《周颂》在《斯文》的小序还讲到，"郊祀后稷以配天。"孔《疏》把它分了。就是说南郊祭天的时候以后稷为配，这是周祖，然后在明堂里是祭文王。孔《疏》所言："后稷之配南郊，与文王之配明堂，其义一也。"我们看到，孔《疏》把它们（南郊和明堂）分别开来，然后加个其义一也。这个根据应该是《汉书·郊祀志》的"郊祀后稷以配天，宗祀文王于明堂以配上帝"②。我们看

────────────

① （西汉）毛亨传、（东汉）郑玄笺、（唐）孔颖达疏、（唐）陆德明音释《毛诗注疏》下册，朱杰人、李慧玲整理，上海古籍出版社，2013，第2112页。

② （东汉）班固：《汉书》第4册，中华书局，1962，第1193页。

到，郑玄也把禘礼理解成为郊祭天，所以孔《疏》的这种理解未必符合郑玄的原意，就是说把后稷放在南郊祭天，然后把文王放在明堂祭上帝，这种分别未必符合郑玄的原意。当然这只是我们的推测，可能背后还有很复杂的东西，我才疏学浅，也不敢做过多的挖掘。

关于禘祭祭天，我想这是一个很复杂的问题，我们没有这个时间过多做辨析。那么引这一段是我们要注意的是什么？

> 马昭云："《长发》，大禘者，宋为殷后，郊祭天以契配。不郊冥者，异于先王，故其诗咏契之德。"

那么宋郊是以契配，大家注意宋郊是以契配，契是所谓殷人的始祖，而周人的始祖是后稷。周人祭天的时候是以后稷配。现在马昭认为，殷人祭天，宋为殷后，郊祭天，以契配。这实际上，这是模拟周礼的格局，然后把殷礼以喾配改为以契配。所以我们看，孔颖达认为"而马昭虽出郑门，其言非郑意也"。

我们要看到，马昭为何要有以契配的说法，就在于他要以秉承郑玄的经义，把以周礼改造殷礼的原则贯彻到底，不是以喾配，而是以契配。这是对周礼后稷配的一个模拟。马昭作为郑玄的弟子所言，要么就直接就是秉承师说，要么是郑玄未曾明言，但是马昭心知其意。马昭至少是根据郑玄的经义推出来的，不是他自己瞎编乱造的。

好，那么我们再看下面的汤孙这句，第一句"汤孙，毛无《传》"，但是下文"于赫汤孙"，毛传的解释是"盛矣，汤为人子孙也"。就是说毛传认为，"汤孙"还是指的汤。但是我们看孔《疏》的解释：毛以此篇祀成汤，美汤之德，而云汤孙，故云"汤善为人之子孙"也。以上句言"衎我烈祖"，陈汤之祭祖，故以孙对之。子孙祭祖，而谓祖善为人之子孙。汤后人祭祀的时候，歌《那》诗，是认为汤能够善为人之子孙，孔《疏》："犹《闵予小子》言皇考之'念兹皇祖，永世克孝'也。"这也是讲皇祖能够孝。

孔《疏》所言："此篇三云'汤孙'，于此为传者，举中以明上下也。"

毛传认为汤孙就是汤，郑玄认为汤孙就是汤的孙。

孔《疏》：《殷本纪》"汤生太丁，太丁生太甲"。太甲，成汤嫡长孙也，故知汤孙谓太甲也。孙之为言，虽可以关之后世，以其追述成汤，当在初崩之后。太甲是殷之贤王，汤之亲孙，故知指谓太甲也。

这个等于说是汤的后人祭祀汤歌《那》诗，是认为汤能够"善为人之子孙"，"犹《闵予小子》言皇考之'念兹皇祖，永世克孝'也"。这也是讲皇祖能够孝的意思。"此篇三云'汤孙'，于此为传者，举中以明上下也。"出现了三次，在第二次的时候做解释是举中以明上下，他解释为什么刚出来的时候不解释，所以毛传是以"汤孙"就是汤，那么郑玄不同，郑玄认为汤孙就是汤的孙，所以是太甲。

孔颖达认为，"'汤生太丁，太丁生太甲'。太甲，成汤嫡长孙也，故知汤孙谓太甲也。孙之为言，虽可以关之后世，以其追述成汤，当在初崩之后。太甲是殷之贤王，汤之亲孙，故知指谓太甲也"。孔颖达这个话是把郑玄的幽隐之意发掘无余，最关键的是"以其追述成汤，当在初崩之后"。也就是说太甲祭汤，作《那》诗，这个是在汤刚刚死的时候，那么这就会有一个问题了。

那我们回来看《史记·殷本纪》的说法：

汤崩，太子太丁未立而卒，于是乃立太丁之弟外丙，是为帝外丙。帝外丙即位三年，崩，立外丙之弟中壬，是为帝中壬。帝中壬即位四年，崩，伊尹乃立太丁之子太甲。太甲，成汤嫡长孙也，是为帝太甲。[①]

《史记》是说汤崩之后，太子太丁的两个弟弟先后继位，中间经历多少年？经历了七年之久，然后等到仲中死后，伊尹再回过头来把太丁之子太甲立为天子。这个跟刚才孔颖达所说的"以其追述成汤，当在初崩之后"是完全不同的。那么怎么理解？我们看《史记正义》引《尚书》序云"成汤既没，太甲元年"。没有外丙和仲中这两个殷王，商汤死后直接就是

---

① （西汉）司马迁：《史记》第1册，中华书局，2013，第128页。《史记》卷十三《三代世表》亦于汤后书："帝外丙。汤太子太丁蚤卒，故立次弟外丙。帝仲壬，外丙弟。"之后方为："帝太甲，故太子太丁子。"（第2册，第624～625页。）

太甲以嫡长孙继位。

我们看看《史记》里的这段话："殷道亲亲者，立弟。周道尊尊者，立子。殷道质，质者法天，亲其所亲，故立弟。周道文，文者法地，尊者敬也，敬其本始。故立长子。周道，太子死，立嫡孙。殷道，太子死，立其弟。"①

表面上看这只是古史记述的不同，但实际上是殷周礼制的不同。郑玄之意一定是汤死后，太甲继位，祭祀成汤之时做《那》篇。所以太甲是以嫡长孙继位，不传给太甲的叔叔（太丁的两个弟弟），不传弟，子死传孙。所以这不是像张守节所说的"信则传信，疑则传疑"问题，其后面还是一个殷周礼制的歧异。郑玄是坚持要以周礼来改造殷礼，所以郑玄把汤孙解为太甲，是较之周太师和毛传更为彻底地以周礼来改造殷礼。

我们来看郑玄的《周颂谱》："《周颂》者，周室成功致太平德洽之诗。其作在周公摄政、成王即位之初。"

这也是一个模拟。武王崩后，周公作为弟弟不能继位，要让成王继位，然后周的太祖是文王。成王刚好是文王之嫡孙。郑玄以商颂之太甲比拟周颂之成王，太甲刚好是汤之嫡孙，所以商颂作在伊尹摄政，太甲即位之初。孔颖达的正义中将《那》认为是成汤初崩之后，祭祀成汤所做的《那》篇。所以是伊尹摄政，太甲即位之初，完全是在模拟周颂。

那么我们再看秦制，这是第三个制度，秦制和周制还不同。我们来看《史记·秦始皇本纪》的记载：

> 二世下诏，增始皇寝庙牺牲及山川百祀之礼。令群臣议尊始皇庙。群臣皆顿首言曰："古者天子七庙，诸侯五，大夫三，虽万世世不轶毁。今始皇为极庙，四海之内皆献贡职，增牺牲，礼咸备，毋以加。先王庙或在西雍，或在咸阳。天子仪当独奉酌祠始皇庙。自襄公已下轶毁。所置凡七庙。群臣以礼进祠，以尊始皇庙为帝者祖庙。皇帝复自称'朕'。"②

---

① （西汉）司马迁：《史记》第6册，中华书局，2013，第2528页。
② （西汉）司马迁：《史记》第1册，中华书局，2013，第334页。

我们可以看到，秦制中严格限定，天子礼只能用来祭祀天子，天子的先祖不是天子者，不能以天子礼祭祀。这是秦制和周制不同的地方。所以以始皇庙为极庙。始皇以前的历代秦公秦王不是天子，不能用天子礼祭祀。我们再看这样一个原则，在汉代的庙议当中逐步落实下来。在汉元帝的时候，丞相韦玄成与群臣曾经发生过一次非常激烈的庙议，我在《久旷大仪》一书里面专门有一章来讨论这次庙议，限于讲座的时间这里我就不展开了，详细的内容大家可以参看。

韦玄成在庙议中提道："周之所以七庙者，以后稷始封，文王、武王受命而王，是以三庙不毁，与亲庙四而七。"这是一个周制，周制始祖的后稷和受命立国的文武是不毁的，是三祖。"非有后稷始封，文、武受命之功者，皆当亲尽而毁。"高祖曾经尊其父刘太公为太上皇，但是"太上皇、孝惠、孝文、孝景庙皆亲尽宜毁，皇考庙亲未尽，如故"①。这是以亲尽为理由而毁，注意不是以尊尊，而是以亲亲，所以韦玄成的说法是典型的今文经学的推致论，也就是说从士的祖庙推到天子的祖庙，每加一级多两个庙，然后每加一级多两个祖，亲尽而毁一种制度。

这就是一个简单的以士礼来推天子礼。这种观点受到尹更始等人的反驳。我们注意，韦玄成的经学背景是鲁诗，而尹更始的经学背景是《穀梁传》，就是说在今文经学之内是《春秋》学对《诗》学提出了批评。

"皇考庙上序于昭穆，非正礼，宜毁"，这是什么意思？这个皇考庙是宣帝的父亲，就所谓的史皇孙，汉宣帝的父亲。巫蛊之乱，汉武帝的厉太子刘据兵败自杀。他的儿子史皇孙，也被乱兵所杀，留下一个宣帝，但还是婴儿养在诏狱之中。那么作为宣帝的父亲是否该有庙，如果按照亲亲的原则，显然应该有庙，元帝是宣帝的儿子，他是元帝的爷爷，但是按照尊尊的原则，史皇孙不是天子，不应该在天子庙中受到祭祀，就不能够享受天子礼，这就是秦制的原则："天子仪当独奉酌祠始皇庙"，因为这是二世的诏书，这个时候对秦二世而言需要去祭祀天子只有秦始皇一个人。它的原则说只有立为天子者，死后才能够受到天子礼的祭祀。

这个原则现在被用来讨论皇考庙，皇考不是天子，"皇考庙上序于昭

---

① （东汉）班固：《汉书》第 10 册，中华书局，1962，第 3118 页。

穆，非正礼，宜毁"。我们看汉制，高祖以上无庙，高祖以下非天子不得立庙，这就是秦制只有天子才能够享受天子礼的祭祀的原则。如果按照周制的话，后稷就不是天子。以秦制来看周制，后稷就不是天子，不该立庙。文王不是天子？不是，文王都不是，不能做太祖。所以这个原则进一步落实下来，又成为东汉历朝的基本原则。也就是说在东汉重新确立天子庙制之后，光武帝建武十九年，《后汉书》卷三十五《张纯列传》记载："今禘祫高庙，陈序昭穆，而舂陵四世，君臣并列，以卑厕尊，不合礼意。"光武帝的亲生父祖是臣而不是君，不能祀于汉之祖庙之中。曾经被尊为太上皇的刘太公，该不该立庙呢？"昔高帝以自受命，不由太上，宣帝以孙后祖，不敢私亲，故为父立庙，独群臣侍祠"，把这两个问题解掉。汉高祖的父亲和汉宣帝的父亲，这两个没有立为天子的父亲怎么处理？单独立一个家庙，不用天子庙，立家庙由群臣祭祀。由群臣祭祀是什么意思？皇帝本人不祭祀，因为皇帝是天子，天子不能去祭祀臣，君不祭臣，只能由群臣替皇帝去祭祀他们。皇帝本人作为天子，不祀非天子，那么光武帝亲生父祖就仿照这个礼仪，"别为南顿君立皇考庙，其祭上至舂陵节侯，群臣奉祠，以明尊尊之敬，亲亲之恩"[1] 来处理的。群臣奉祠，皇帝本人不祭，就成为东汉的一个定制，整个东汉都是这样处理的。

我们来看看商颂里面也有祭祀先祖的诗，首先就是契作为殷祖。

《长发》：玄王桓拨。

毛传：玄王，契也。

郑笺：承黑帝而立子，故谓契为玄王。

毛传把玄王解释成为契就完了，我们来看郑笺怎么解释的。

孔《疏》：笺以契不为王，玄又非谥，解其称玄王之意。玄，黑色之别。以其承黑帝立子，故谓契为玄王也。以汤有天下而称王，契即汤之始祖，亦以王言之。《尚书·武成》云："昔先王后稷。"《国语》亦云："昔我先王后稷。"又曰："我先王不窋。"韦昭云："周之禘祫文、武，不先不窋，故通谓之王。"《商颂》亦以契为玄王，是其为王之祖，故呼为王，非追号为王也。

就是说将契称为"王"，乃是一个通俗的称呼，并不是在朝廷典制的尊称。也就是说契不是天子，也没有被追封为天子。这就跟秦不祭非子，不祭襄公。郑玄以《那》为太甲祀汤，而非汤祀契等先祖，贬契不得称王，实际上是将本于秦制的汉制原则引入，进而将商颂礼制从周礼转向汉制。所以《那》诗实际上是三代礼制的重迭，既为《商颂》，首先它是殷制；周太师重加编次，以及毛传之阐释，乃以周礼改造殷礼；郑玄则不仅将周礼之改造贯彻得更为彻底，更进而以本朝的秦汉之制再次改造《商颂》之周礼阐释。

郑玄把汤孙解释成为太甲，把《那》篇的商汤祭祖解释成太甲祭祀汤，实际上是不允许商汤以天子去祭祀其作为非天子的先祖，而必须以作为天子的太甲去祭祀作为天子的商汤。这就是一个汉制原则。等同于光武帝的亲生父祖从宗庙里拿开，等同于把汉高祖的父亲刘太公，把汉宣帝的父亲史皇孙从宗庙里拿开，天子不再祭祀，所以我们看到郑玄所做的改动。那么郑玄为了能够达到的目的，对于《诗经》注释上也做了很多功夫，做了很多很细致的改动工作。郑玄很多改易毛传的工作，实际上就是为了把这个用于改造礼制，他解释了几个关键词，比如说对"烈祖""汤孙"等词重新做解释。

毛传是"诗在礼中"，郑笺是"礼在诗中"，所以他必须把整个《诗》的语境叙述从"诗在礼中"转换为"礼在诗中"，那么就必须对很多相关的诗句也重新做出解释。所以整个《那》篇的毛郑歧异，我都应该从这个角度去理解他的经义建构，他不是基于一个所谓的正确训诂，找到这个词的真正意义，不是以此为目的，而是以新的经义建构的目的去重新解释语句。这个也是我们读郑笺所特别应该注意的地方。我们常常看到很多学者一研究就说毛怎么样，然后郑怎么样，然后说去找他们的训诂根据，乃至于考古，又说文物怎么怎么样，费很大工夫来做考据和研究，以回到《诗经》的原意看毛郑谁讲得更好，通过搞锦标赛的这种做法，去理解（毛郑歧异）。我觉得他们不是锦标赛，不是比谁对《诗经》的解释更好更正确，而是指他为了当时的政治目的而建构的经义体系来重新解释诗句。

我们来看《那》的诗句："汤孙奏假，绥我思成。"

《毛传》把"假"解释成为"大也"，郑玄把"假"解作"升"。孔颖达有一个很复杂的注释："言汤之能为人子孙也，奏此大乐，以祭鬼神，故得降福。"我们看王肃的理解也同意毛。王肃认为："汤之为人子孙，能奏其大乐，以安我思之所成，谓万福来宜，天下和平。"对于郑玄把"假"解作"升"孔颖达认为："郑以'奏鼓'以下皆述汤孙祭汤之事。烈祖正谓成汤，是殷家有功烈之祖也。汤孙奏假，谓太甲奏升堂之乐。绥我思成，谓神明来格，安我所思得成也。于赫汤孙，美太甲之盛。顾予烝尝，谓嘉客念太甲之祭。汤孙之将，言来为扶助太甲。唯此为异。其文义略同。"

孔《疏》还提到："以奏者作乐之名，假又正训为升，故易传以奏假为'奏升堂之乐'，对鼓在堂下，故言'奏升堂之乐'。"《释文》有一个有一点莫名其妙的解释："假，毛古雅反，郑作格，升也。"

我认为"郑作格"并不是郑玄写作格，因为郑笺明确写了"假，升"，而是说郑把"假"读作"格"，此与郑笺文异而义通。郑以钟鼓在堂下，琴瑟在堂上。《关雎》之"琴瑟友之"，"钟鼓乐之"，郑笺以为同时之事："琴瑟在堂，钟鼓在庭，言共荇菜之时，上下之乐皆作，盛其礼也。"

从语法上看，原诗"奏假"中"奏"的宾语是"假"，而"奏升堂之乐"中"奏"的宾语是"乐"，并且"升"甚至都并不是直接修饰"乐"的，"升堂"才是"乐"的修饰语。因此在语法上郑玄把"奏假"理解为"奏升堂之乐"就已经对不上了。郑玄把"假"解为"升"，为了解释"升"又把"升"解释成"升堂之乐"，在这一过程中，语义实际上已经发生了转移，各种问题和矛盾也随之出现了。虽然郑玄将"假"解作"升"是有问题的，但毛传中将"假"解作"大"却是可以说得通的。"大"是指"大乐"，可以作为乐的一种特征来指代乐。以特征来代替事物本身，在修辞上就是"指代"。但是不能说"升"就可以指代"升堂之乐"了，这在语法上是对不上的。之所以郑玄非要易传，即在于要将诗句解释为祭祀的过程。即通过"奏堂下之鼓"使神明来到庭中，再通过"奏升堂之乐"使神明来到堂上，此即"神明来格"。陆德明可谓洞悉郑玄阐述的经义，认为神明之来应该是"降"而非"升"，他认为神是从天上降下来的，而不是从地底下升上来的，我们从来都说降神，哪里有说升神的呢？因此谓郑读"假"为"格"，即取"来格"之意。这虽然与郑氏经义相符，却与经文的语言学意义并不贴切。

我们来看王肃的解释，王肃曰："汤之为人子孙，能奏其大乐，以安我思之所成，谓万福来宜，天下和平。"这与毛传的解释是一样的。最后的"以安我思之所成"与郑玄的"乃安我心所思而成"则有很大的不同。郑玄的核心是"所思"。不同于"思"，"所思"指的是"思的对象"，即后文所说的"神明来格"中的"神明"，因为于祭之时所思为神。而王肃这句话的中心是"所成"，即接下来他所谓的"万福来宜，天下和平"。由此可以看到，郑玄致力于将经文解释为祭祀过程，所以他的重点是神明这一祭祀对象，即所谓的"祭如在，祭神如神在"；王肃则将经文理解为称颂成汤功业，所以他关注的是"万福来宜，天下和平"这一结果，也就是"所成"。但这只是字面上的区别，背后还有更深一层次的区别：按照郑玄的理解，太甲祭汤的时候一门心思想着汤，便会如"仪刑文王"一样效仿汤施政，这有利于他一以贯之地阐释他暗中引入秦制，从而以汤为殷商之极庙。而照毛诗的解释，汤祭祖先是"汤不居功"，即汤立为天子以后祭祀祖先，是将功归于宗庙，这种不居功的表现所以能够达到王肃所说的"万福来宜，天下和平"。

那么需要注意的是，如果把郑、王的解释放回到《诗经》原文里去，郑玄把"思"解作"所思"在一定程度上是偏离原文的，但王肃把"成"解作"所成"却是可以的。即"安我思之成"与"安我思之所成"是对应的，但与"安我所思而成之"实际上是不同的。前者"安"对应的是"成"，后者中"安"对应的却是"所思"。即"绥我思成"按照毛和王的理解其结构是"绥成"，"我思"是作为"成"的描述语、形容语；按照郑玄的解释则语法意义变成了"绥我思而后成"。再换一个角度说，即毛和王将这一句读作"绥/我思/成"，而郑将之读作"绥我思/成"。显然，前一种读法要顺畅得多，即"安"的是"成"而不是"思"，何况在郑玄这里还不仅仅是"思"而是"所思"。"成"和"所成"是过程和结果的关系故而二者可以视为一体，但"思"是不等于"所思"的，二者一个是"我的心理状态"，另一个是"我思的对象"，这是两个不同的事物。在郑玄的体系下，"思"这一动作指的是太甲，"所思"指的是太甲思的对象，即汤，二者并不指同一个人。所以在这里郑玄实际上也是做了改动的。

毛传未释"绥我思成"，我们用的是王肃的解释。毛传没有给出专门的文字解释，意味着他认为文句没有文字之外的意义。这是读毛传特别需要注意的一点，毛没有给出注释不代表他没有作解释，他的解释就是经文字面意义，或者是传世旧说。如《诗·小雅·角弓》："莫肯下遗"，毛无传。郑笺："遗读曰随。"释文："遗，王申毛如字，郑读曰随。"孔《疏》释经曰："小人皆为恶行，莫肯自卑下而遗去……郑唯以下二句为异，言……故莫肯自谦虚，以礼相卑下，随从于人者。"孔《疏》又释《笺》曰："笺以遗弃之义不与谦下相类，故读曰随。随从于人，先人后己，以相卑下之义也……此二句毛不为传，但毛无改字之理……故别为毛说焉。"① 正是其例。

根据毛的原则，他没有改字就是如字读，我们后世就可以根据如字读来述毛说。所以毛传对于"绥我思成"没有注释，但是王肃讲出一番意思来，大家都认为是符合毛意的。

那么接下来我们看可以孔颖达的正义后面讲出一个无尸之祭来。

我们知道正常的祭通常都要有一个尸主，这个尸通常是以被祭之人的嫡孙来担任的。但是孔颖达为何讲出"无尸之祭"呢？这是有原因的。

"孙行"的"行"应读作 háng，与后面的"孙列"是同一个意思。孔《疏》为什么要讲到有无"尸"的区别？"有尸"是对尸而祭，这样的话是有一个活人作为"尸"出现在祭祀中的，便不需要再通过"尸"来想象祖先的音容笑貌；"无尸"的时候才需要去想象一个神的音容笑貌。同时，"尸"为嫡孙，自然就应当是太甲。如他人祭汤，则以太甲为"尸"。问题在于郑玄既以此诗为太甲祭汤，断无以己为尸的道理。所以孔颖达以为当是无尸之祭。这个就是孔颖达为什么要讲无尸之祭。

下面的诗句，毛传没有解释嘉客。

《那》：我有嘉客，亦不夷怿。自古在昔，先民有作。温恭朝夕，执事有恪。顾予烝尝，汤孙之将。

---

① （西汉）毛公传、（东汉）郑玄笺、（唐）孔颖达疏：《毛诗注疏》，载（清）阮元校刻：《十三经注疏》，艺文印书馆，2007，第 2 册，第 505 页。

毛传：夷，说也。先王称之曰自古，古曰在昔，昔曰先民。有作，有所作也。恪，敬也。

郑笺：嘉客，谓二王后及诸侯来助祭者。我客之来助祭者，亦不说怿乎。言说怿也。乃大古而有此助祭礼，礼非专于今也。其礼仪温温然恭敬，执事荐馔则又敬也。顾，犹念也。将，犹扶助也。嘉客念我殷家有时祭之事而来者，乃太甲之扶助也，序助者来之意也。

郑玄解释嘉客是"二王后及诸侯来助祭者"。王肃的解释和郑玄不同，孔《疏》记载："《笺》以汤孙为太甲，故言太甲之扶助。《传》以汤为人之子孙，则将当训为大，不得与郑同也。王肃云：言嘉客顾我烝尝而来者，乃汤为人子孙显大之所致也。"

这就相当于周德有"越裳氏重译来朝"，这么一个意义来解释嘉客。"所致也"，招致也，所谓的远来人朝，而不是诸侯助祭。那么郑玄把它解释成诸侯助祭，同样的是为了模拟周颂格局，周成王祭祀诸侯助祭祀，二王后来助祭。所以郑玄要讲什么？谓二王后及诸侯来助祭者。所以这也是比照的周颂来解释商颂。

下面来说"更礼以教"。《商君书·更法》记载的这个秦孝公最早开始变法，曾经有过一次庭议。秦孝公在开启变法的时候，讲过这样一段话。《商君书·更法》：

孝公平画，公孙鞅、甘龙、杜挚三大夫御于君。虑世事之变，讨正法之本，求使民之道。君曰："代立不忘社稷，君之道也；错法务明主长，臣之行也。今吾欲变法以治，更礼以教百姓，恐天下之议我也。"公孙鞅曰："臣闻之：'疑行无成，疑事无功。'君亟定变法之虑，殆无顾天下之议之也。且夫有高人之行者，固见负于世；有独知之虑者，必见骜于民。语曰：'愚者暗于成事，知者见于未萌。民不可与虑始，而可与乐成。'郭偃之法曰：'论至德者，不和于俗；成大功者，不谋于众。'法者所以爱民也，礼者所以便事也。是以圣人苟可以强国，不法其故；苟可以利民，不循其礼。"孝公曰："善！"①

① 蒋礼鸿：《商君书锥指》，中华书局，1986，第1~3页。

大家读这段话的时候往往注意到"变法以治",但是秦孝公还讲"更礼以教"。我们注意到,这个格局(礼法相备的格局)正是郑玄所要达到的目的,他的礼法之制。

所以,在《那》这样一篇里面,郑玄把"更礼以教"作为一个最为根本的原则贯彻到底,不但以周制彻底改造殷制,而且还要进而以秦制来改造周礼。实际上,我们知道秦制的核心是法而不是礼,所以以秦制改造周礼所形成的礼,事实上就是礼法之教。这就是郑玄注《那》篇所要达到的经义建构。

《那》为《商颂》之首,据小序乃是周太师所定,则《商颂》原当以祀誉之诗居首。周太师乃是以周礼改殷礼。毛传承之,以《那》为汤祀先祖,于是合血脉与功业为一。郑笺以《那》为太甲祀汤,是取秦汉极庙之制改释,崇功业而废血脉,将"更礼以教"作为原则贯彻到底。

老子之道物

——以《老子》第二十五章「周行而不殆」一语为核心

　　《老子》是一部重要的中国古典著作。古典不应该成为我们现代中国人的负担，不是在诸如"打倒孔家店"之类的口号下，作为有待推翻、铲除的障碍物。古典应该成为我们现代中国人的重要思想资源，是能够帮助我们生活得更好的——正如洪业所言："要进步是要先往后走的。"① 由此，我们所面临的主要问题，就是"古典如何回到现代"。所谓"回到古典"，必须有一套严格的学术方法回去，而不是说任意性的，要真正能够回到古典。这条道路，可以说是考据、小学，也可以说是语言、文字、文献等。通过对语言、文献、文字方面严格的学术考证，争取理解两千年前，就是达到对两千年前先贤的同情之理解，真正回到当时，理解当时的哲人遇到了什么问题，他们在想些什么，他们是如何来说，如何来写，他们给我们留下的究竟是什么。但是仅仅如此，显然是不够的。我们回到两千年前之后，还要能够把古人带回到现代，成为我们现代的真正思想资源②。如果仅仅是考据功夫，可以让我们回到两千年前，但是我们也就只能够停留在两千年前，那么我们的古典实际在某种意义上，与古巴比伦、古苏美尔人留下的东西没有什么区别，是一个断裂了的、纯属于古代的、与我们今天无关的东西。我们虽然常常以五千年文明延续至今没有断绝而感到自豪，然而我们的五千年文明其实充满了断裂，对于古典的延续、保存、发扬，反而不如西方人做得好。虽然西方在国家民族上是断裂的，可是在哲学思想、精神上是连贯的。

　　古典如何回到现代？必须实现古典的哲学言说。冯友兰曾经在他的《新原道》一书当中区分"照着说"与"接着说"③，我们谈古代哲学，如

二　老子之道物
以《老子》第二十五章［周行而不殆］一语为核心

---

① 见〔美〕陈毓贤《洪业传》，北京大学出版社，1996，第178页。

② 我们所说的真实资源，区分于虚假资源，比如某些人对于《易》学的滥用就是一例。西方科学的最新成就，诸如天体物理、生物基因，都有人宣称在《易经》中早已存在。

③ 冯友兰：《新原道》，载冯友兰：《三松堂全集》，河南人民出版社，2001，第五卷，第127~128页。

果仍然是以古代哲学的言说方式来言说，就是"照着说"；能够引入西方哲学的一些论证方式，说明中国古代的哲学、古代的思想，实现现代性的言说，就是"接着说"，但所说的问题仍然是中国的。所以我不太赞同现在一些时髦的做法，随意以某种西方思想来解读中国的某部经典。我觉得这对于两者都是伤害，既不能让古典回到现代，也不能让西学立足中国。这实际上是另外一种照着说，照着西方说。用蔡元培的话说，"不能不依傍西洋人的哲学史"①。照着古代说没有中国之现代，照着西方说没有现代之中国，只有接着说才是真正的中国之现代或者现代之中国。不过在此不是直接引入西方哲学，我倒觉得这应该像苏格拉底所说的"助产士"。也就是说，我们学习西方哲学是帮助中国的古典思想言说，而不是直接替中国古典思想生一个现代的孩子。比如现在生孩子，可以用中医的方法接生，也可以用西方医学接生，但是不管用哪一种方法接生，生出来都应该是一个中国的孩子，不能说西医接生，生出来就是个金发碧眼的。我们非常赞同梁漱溟的话："中国的形而上学，在问题和方法两层，完全同西洋人两样［……］我们更根本重要应做的事，就是去弄清楚了这种玄学的方法。他那阴阳等观念固然一切都是直觉的，但直觉也只能认识那些观念而已，他并不会演出那些道理来；这盖必有其特殊逻辑，才能讲明以前所成的玄学而可以继续研究［……］不过我们一定可以知道这个方法如果弄不出来，则中国一切学术之得失利弊，就看不分明而终于无法讲求。我们又相信除非中国文明无一丝一毫之价值则已，苟犹能于西洋印度之外自成一派，多少有其价值，则为此一派文明之命根的方法必然是有的，只待有心人去弄出来罢了。此非常之大业，国人不可不勉！"②

必须寻找并复活中国哲学自身的逻辑形式。

本文选取《老子》中的一句话，通过对它的"回去"以及"回来"的解读，做一个中国哲学真实建立的实验。

《老子》第二十五章说道："寂兮寥兮，独立不改，周行而不殆，可以为天下母。"其中"周行而不殆"这一句话在传统的，就是说传世本《老

---

① 胡适：《中国哲学史大纲》，卷上，商务印书馆，1919，蔡元培《序》，第 1 页。
② 梁漱溟：《东西文化及其哲学》，商务印书馆，1999，第 122～123 页。

子》当中，一直被视为天经地义的，但是很有趣，在马王堆帛书的甲本和乙本当中上下文都有，唯独缺这一句话①。于是有学者就直接认为，"没有这一句，意思不完整，当是帛书抄漏了"②。当然也有相反的观点，高明先生就认为："帛书甲、乙本'独立而不改'一句，今本作'独立而不改，周行而不殆'，对文成偶。类似的问题，如前文帛书甲、乙本'企者不立'一句，今本作'企者不立，跨者不行'，对文成偶。今本二十三章'希言自然'一句，奚侗、马叙伦据此故疑原亦为对语，今有脱漏。帛书甲、乙本'企者不立'、'希言自然'、'独立而不改'皆为独句，而今本多为骈体偶文。如果问，帛书甲、乙本为何同将此诸文下句脱掉，如此巧合一致，甚难思议。其实不难理解。骈体偶文，乃六朝盛行文体。验之帛书足以说明，类似这种偶体对文，非《老子》原有，皆六朝人增入。"③

对古典文献的研究很少能够找到一个验证的机会，但是很凑巧，偏偏这个机会还是让我们碰上了。马王堆帛书出土 20 年以后，在湖北荆门郭店又出土了一批竹简，其中就有战国中期竹简写本《老子》。我们知道郭店本的文字与今本相比少了很多，只有一千多字，但是恰恰它也有这一章，而且也有上下文，也是唯独没有"周行而不殆"这一句④。如果仅仅是马王堆帛书没有，说帛书抄漏了，还有道理；郭店本也没有，我们就必须认真思考，不能够仅仅把它作为一个抄手偶然的错误来对待，至少我们现在已经不能排除这种可能性，就是早期某些《老子》文本没有这一句⑤。郑

---

① 裘锡圭主编《长沙马王堆汉墓简帛集成》，中华书局，2014，图版：甲本、第 1 册，第 101 页、第一四〇行，乙本、第 1 册，第 149 页、第六十五行下；释文：甲本、第 4 册，第 42 页；乙本、第 4 册，第 206 页。

② 古棣、周英：《老子通》，吉林人民出版社，上册，1991，第 59 页。黄钊《帛书老子校注析》："帛书甲、乙本均无此句，疑传抄致失。"（学生书局，1997，第 127 页。）

③ 高明：《帛书老子校注》，中华书局，1996，第 349 页。廖名春《郭店楚简老子校释》则谓"故书当无'周行而不殆'句。但以为'六朝人增入'，亦已太过。"（清华大学出版社，2003，第 213 页。）

④ 陈伟、彭浩主编《楚地出土战国简册合集》（一）《郭店楚墓竹简》，文物出版社，2011，甲篇第 21 简，释文：第 3 页，图版：第 6 页。

⑤ 裘锡圭《郭店〈老子〉简初探》即认为："简本亦无此句，对高说有利。"载《裘锡圭学术文集》，复旦大学出版社，2012，第 2 册，第 298 页。

良树则据《韩非子·解老》曰："圣人观其玄虚，用其周行，强字之曰道"，谓："本书'周行'只此一见，韩非此文盖即化用老子本章'……周行不殆……吾不知其名，字之曰道'而来，疑先秦古本自有'周行不殆'一句；降至西汉时，一本无此句，盖即帛书本所自出也。"① 陈锡勇乃针锋相对，认为《解老》"'周行'谓'周遍'之义，谓无攸易，无定理，非在于常所，是无所界定者，是指'不垓'也。而王注以'返化终始，不失其常'，以为'周行'无所不至，不失其常，故作'改'，并衍'周行而不殆'句。而河上公注本亦衍此句，是随王弼注本而衍"。② 当然，随着北大汉简的披露，我们可确知汉代已有此句，不过写作"偏行而不殆"③，且此语的出现当早于汉代，即仍应在战国④。

"周行而不殆"一语历代注释在文本理解上最主要的分歧，是在"周"和"殆"这两个词的词义理解。

我们首先来看河上公注："寂者无音声，寥者空无形，独立者无匹双，不改者化有常。道通行天地，无所不入，在阳不焦，托阴不腐，无不贯穿，而不危殆也。道育养万物精气，如母之养子。"⑤ 对照原文"寂兮，寥兮，独立而不改，周行而不殆，可以为天下母"，其他的话基本上都是一语对一语地解释，唯独"周行而不殆"这一句话，它用了几句话来做解释，篇幅远远超过其他几句，这也是一个很有趣的现象。这说明"周行而不殆"本身具有相当的思想意义，尤其假如它是后世插进去，而不是《老子》原本

---

① 郑良树：《老子新论》，上海古籍出版社，2011，第 114 页。丁四新《郭店楚竹书〈老子〉校注》论曰："此乃推测之辞，未必是也。据简、帛本互证，本章当原无此句。然可以据之而云老子之'道'有'周行'之义。"又据郭店简《太一生水》太一"周而或［始］"认为"'周行'之义，乃古代哲学所云宇宙本体的一个重要特征，非独老子为然。是其所理解的"周行"为"循环运行"之义（精装本，武汉大学出版社，2010，第 182 页脚注①）。

② 陈锡勇：《老子释疑》，国家出版社，2012，第 94 页。

③ 北京大学出土文献研究所：《北京大学藏西汉竹书》［贰］，上海古籍出版社，2012，简第一八七，见图版：第 95 页，释文：第 156 页。

④ 《北京大学藏西汉竹书》［贰］整理者韩巍认为："汉简本证明此句至少在西汉中期已出现。"（上海古籍出版社，2012，第 156 页。）

⑤ 旧题（西汉）河上公：《老子道德经河上公章句》，王卡点校，中华书局，1993，第101 页。

所具有的话，它为什么能够被普遍接受而流传下来，这恐怕也是一个重要的原因。河上公的解释："道通行天地，无所不入，在阳不焦，托阴不腐，无不贯穿，而不危殆也。""周"在这句话里所表示的是道行的方式。由"通行天地""无所不入""无不贯穿"，可以看出"周"自身的语义，就是我们现在说的"服务周到"的"周"，是周遍，周普的意思。说得哲学一点，是包含所有可能性。至于说"殆"的意义，河上公注释得很清楚，"而不危殆也"，"殆"显然是危险的意思。

再看王弼注："周行无所不至而不危殆。"①"无所不至"和河上公所说的"无所不入"是可以对应的，他虽然没有直接对"周"作词义的说明，但很显然他理解的"周"应该同河上公是一致的。他也使用"危殆"这个词来解释"殆"，可见他所理解的"殆"同样也是危险。就是说，河上公和王弼在语义理解甚至解释的行文上都基本是相同的，没有什么歧义。后世之注，如李霖《道德真经取善集》引钟会《老子注》："道无不在，名曰

---

① （三国·魏）王弼：《老子道德经注》，楼宇烈：《老子道德经注校释》，中华书局，2008，第63页。王弼注原作"周行无所不至而免殆"，陶鸿庆《读诸子札记》云："而免殆当作而不危殆，《永乐大典》本免正作危。而夺去不字。后人辄改危为免，非注意也。"（艺文印书馆，1971，第9页。）严灵峰《陶鸿庆"老子王弼注勘误"补正》驳曰："'免殆'犹'不殆'，说亦可通。"（载严灵峰《无求备斋诸子读记》，成文出版社，1977，"附录"第21页。）楼宇烈《老子道德经注校释》支持陶说："王弼此句为释经文'而不殆'，'殆'，危也，所以说'而不危殆'。王弼之意，道不仅是'免殆'，而是根本'不危殆'，若作'免殆'，则于王弼之意不合。"（中华书局，2008，第65页。）波多野太郎《老子王注校正》则以"作免是也。《大典》作危，免危形似而误也。"（载〔日〕波多野太郎：《老子道德经研究》，国书刊行会，1979，第175页。）瓦格纳仅引《永乐大典》作"危"而无所校正，译文为"evades danger"，显然依"免"字解。［Rudolf G. Wagner（鲁道尔夫·瓦格纳），*A Chinese Reading of the Daodejing*：*Wang Bi´s Commentary on the Laozi with Critical Text and Translation*，（《〈道德经〉的中国诠释：王弼〈老子注〉评译》）Albany：State University of New York Press，2003，pp. 198，201.］考校诸说，当以作"危"为是。河上公本句注云"不危殆"；第十六章"没身不殆"，河上公注云"不危殆"（旧题（西汉）河上公：《老子道德经河上公章句》，王卡点校，中华书局，1993，第64页），王弼注亦云"何危殆之有乎"［（三国·魏）王弼：《老子道德经注》，楼宇烈：《老子道德经注校释》，中华书局，2008，第37页］。"危""免"形近易讹，可参见蔡伟《读书丛札》（载刘钊主编《出土文献与古文字研究》第三辑，复旦大学出版社，2010，第510~511页）。

周行；所在皆通，故无危殆。"① 旧题顾欢《道德真经注疏》引葛玄《老子节解》："谓圣人行一于身，周流四支百节九窍百脉之中，故曰周行不殆也。"② 成玄英《道德经义疏》："道无不在，名曰周行。所在皆通，故无危殆。"③ 李荣《道德经注》："无处不在，周行也。用之不勤，不殆也。"④ 唐玄宗《御注道德真经》："应用遍于群有，故周行而不危殆。"⑤ 李约《道德真经新注》："备行万物之中，又无时而危也。"⑥ 陈景元《道德真经藏室纂微篇》："且道之用也，散则冲和之气遍于太无，敛则纯精之物藏于黍粟，周流六虚，应用不穷，故曰不殆。"⑦ 范应元《老子道德真经古本集注》："言其虚通而无所碍也。"⑧ 冢田虎《老子道德经注》："虽周遍行天下，而不遭危殆。"⑨ 蒋锡昌《老子校诂》："'周行'者，言道无所不至；三十四章，'大道泛兮其可左右'，即此所谓'周行'也。"⑩ 张岱年《中

① （金）李霖：《道德真经取善集》，载《道藏》，文物出版社、上海书店、天津古籍出版社，1988，第13册，第872页。蒙文通《晋唐老子古注四十家辑存》已辑，载蒙文通《道书辑校十种》，巴蜀书社，2001，第179页。

② 引见旧题（南朝·梁）顾欢《道德真经注疏》，载《道藏》，文物出版社、上海书店、天津古籍出版社，1988，第13册，第298页。蒙文通、严灵峰、王卡已辑录，见蒙文通《晋唐老子古注四十家辑存》，载蒙文通《道书辑校十种》，巴蜀书社，2001，第179页；严灵峰《辑葛玄老子节解》，页八b，载严灵峰编《无求备斋老子集成初编》，艺文印书馆，1965，第7册；王卡《敦煌本〈老子节解〉残页考释》，载王卡《道教经史论丛》，巴蜀书社，2007，第301页。

③ （唐）成玄英：《道德经义疏》，载高明编《四部要籍注疏丛刊·老子》上册，中华书局，1998，第181页。

④ （唐）李荣：《道德经注》，载《道藏》，文物出版社、上海书店、天津古籍出版社，1988，第14册，第51页。

⑤ （唐）唐玄宗李隆基：《御注道德真经》，载《道藏》，文物出版社、上海书店、天津古籍出版社，1988，第11册，第726页。《疏》略同，（唐）唐玄宗李隆基：《御制道德真经疏》，载《道藏》第11册，第767页。

⑥ （唐）李约：《道德真经新注》，载《道藏》，文物出版社、上海书店、天津古籍出版社，1988，第12册，第328页。

⑦ （北宋）陈景元：《道德真经藏室纂微篇》，载《道藏》第13册，文物出版社、上海书店、天津古籍出版社，1988，第679页。

⑧ （南宋）范应元：《老子道德真经古本集注》，载张元济编《续古逸丛书》第3册，江苏古籍出版社，2001，第26页。

⑨ 〔日〕冢田虎：《老子道德经注》，页三二，载严灵峰编《无求备斋老子集成续编》，艺文印书馆，1972，第218册。

⑩ 蒋锡昌：《老子校诂》，商务印书馆，1937，第167～168页。

国哲学大纲》：“道又周行不殆：一切物皆有方所而道则普遍于一切；万物皆有毁灭而道则永不消竭。”① 皆用河上公、王弼之解。

另一种解释将“周”释为圆周循环。我们找到最早作此异解的似乎是宋人董思靖《道德真经集解》：“周匝运行而不危不殆。”② 但是古时“周匝”除了有圆周环绕意义外，也有周遍的意义。《说文解字》二下《彳部》：“徧，匝也。”③《广雅·释诂》：“周、匝，遍也。”④《周易·益·象传》：“莫益之，遍辞也。”李鼎祚《集解》引虞翻曰：“遍，周匝也。”⑤《文选》卷一班孟坚《西都赋》：“列卒周匝，星罗云布”，六臣吕延济注：“列卒周匝，谓遍列士卒。”⑥ 慧琳《一切经音义》卷二十二：“一切周给，谓周匝供给，故云周给也。”⑦《汉语大词典》在“周匝”一词下也列有“周到，周密”的义项，举例为韩愈《元和圣德诗》：“哀怜阵殁，廪给孤寡，赠官封墓，周匝宏溥。”白居易《谢李六郎中寄新蜀茶》诗：“故情周匝向交亲，新茗分张及病身。”《朱子语类》卷四：“若不论那气，这道理便不周匝，所以不备。”⑧ 董志翘在日本遣唐僧人圆仁《入唐求法巡礼行记》中也发现数例：“斋后南行卅里，到冷泉店。主人周匝。”“院主僧无周匝。”“众僧见客周匝。”董先生认为：“由处所上的周绕抽象化，表处理事情及感情上的‘周到’义，似唐代始见。”⑨ 其释义与时代均有误差。因此，我们无法确认董思靖是否确实将“周”理解为圆周。

目前可确认最早明确将“周”理解为圆周的，是元代全真道士玉宾子

① 张岱年：《中国哲学大纲》，中国社会科学出版社，1982，第17页。

② （南宋）董思靖：《道德真经集解》，载《道藏》第12册，文物出版社、上海书店、天津古籍出版社，1988，第835页。

③ （东汉）许慎：《说文解字》，中华书局，1998，第43页。

④ （三国·魏）张揖：《广雅》，（清）王念孙：《广雅疏证》，中华书局，2004，第51页。

⑤ （唐）李鼎祚：《周易集解》、（清）李道平：《周易集解纂疏》，中华书局，1994，第391页。

⑥ 《日本足利学校藏宋刊明州本六臣注文选》，人民文学出版社，2008，第29页。

⑦ （唐）慧琳：《一切经音义》（丽藏本），载《中华大藏经》编辑局编《中华大藏经》（汉文部分）第57册，中华书局，1993，第840页。

⑧ 罗竹风主编《汉语大词典》（缩印本）上册，汉语大词典出版社，1997，第1567页。

⑨ 董志翘：《〈入唐求法巡礼行记〉词汇研究》，中国社会科学出版社，2000，第146页。

邓锜。其所著《道德真经三解》云："虽周圆启行而不危其化。"① 邓氏此说凌空而出，极有可能是由误解董思靖的"周匝"一语为"圆周"而来。但此说在元明清及民国鲜见应和，至当代却突然几乎成为定论。民国崔汝襄《道德经传赞》始谓："循环不息也。"② 王光前《老子笺》："循环运行，始终不懈。"③ 冯友兰也说："一逝一反，就是一个'周行'。"④ 许抗生说："从'道'本身来说是不能作'周行'的，这是因为'道'既是至大无外，又是至小无内的，不可能在空间中作'周行'的，'道'弥漫于整个空间中。所以简本和帛书本皆无'周行而不殆'句。"⑤ 刘笑敢说："'周行'的说法会导致机械性圆周运动的误解，传世本所加并不准确。"⑥任继愈《老子绎读》也译为"循环运行永不停止"⑦。严灵峰就讲得更加清楚了："周行，周，副词。《广韵》：'周匝也。'《说文》：'匝，周也。从反之而周也。'徐锴曰：'日一日行一度，一岁往反而周匝也。'行，动词。《说文》：'人之步趋也。'钟会曰：'无所不在曰周行。'按：《易·系辞传》：'日月运行，一寒一暑。'又云：'往来不穷谓之通。'此谓宇宙本体之循环运动也。"⑧ 他们都是在转圈循环圆周的意义上来理解"周"，相当于说"周而复始"的"周"的意义，转一圈回来又重新开始，运行轨迹呈封闭曲线。

"周行"究竟应该怎样理解？古人行文，讲究无一字无来历⑨。我利用计算机检索，在先秦汉魏典籍里除了《老子》这句话之外一共还找到 6 个

① （元）邓锜：《道德真经三解》，载《道藏》，文物出版社、上海书店、天津古籍出版社，1988，第 12 册，第 200 页。

② 崔汝襄：《道德经传赞》，载熊铁基、陈红星主编《老子集成》第 14 卷，宗教文化出版社，2011，第 463 页。

③ 王光前：《老子笺》，前程出版社，1980，第 44 页。

④ 冯友兰：《中国哲学史新编试稿》，载冯友兰《三松堂全集》第 7 卷，河南人民出版社，2001，第 261 页。

⑤ 许抗生：《初读郭店竹简老子》，载姜广辉主编《中国哲学》第 20 辑，辽宁教育出版社，1999，第 97 页。

⑥ 刘笑敢：《老子古今》上册，中国社会科学出版社，2009，第 314 页。

⑦ 任继愈：《老子绎读》，北京图书馆出版社，2006，第 55 页。

⑧ 严灵峰：《老子达解》，载严灵峰《经子丛著》第 1 册，"国立"编译馆中华丛书编审委员会，1983，第 127 页。

⑨ 参王力《汉语词汇史》，商务印书馆，1993，第 128 页。

与《老子》用法相同的"周行"①。《左传》昭公十二年："昔穆王欲肆其心，周行天下，将皆必有车辙马迹焉。祭公谋父作祈招之诗以止王心。"②这个"周"的意思就是周遍，天下都要有他的车辙马迹。《庄子·天下篇》："以此周行天下，上说下教，虽天下不取，强聒而不舍者也。"③ 这是说宋钘等人遍游天下，推销其学说。《汉书》卷十《成帝纪》："传以不知，周行天下。"颜师古注："言递相因循，以所不知之事，施设教命，周遍天下。"④《论语·微子》："楚狂接舆歌而过孔子，曰：凤兮凤兮，何德之衰。"何晏《集解》："孔曰，比孔子于凤鸟，凤鸟待圣君乃见，非孔子周行求合，故曰衰。"⑤ 孔曰，这就是所谓的伪孔安国注，打的孔安国的名义，但当然不是西汉初年的那个孔安国。何晏是汉魏时人，曹操的养子。这个注释既然早于他，应该是在汉代形成，不会晚于东汉⑥。孔子周行求合就是指他周游列国，周游列国也不是转圈的意思，是遍游列国。《诗·大雅·江汉》："于疆于理，至于南海。"郑玄《笺》云："召公于有叛戾之国，则往正其境界，修其分理。周行四方，至于南海，而功大成事终也。"⑦ 很显然，这个"周行"也不是转圈，而是说一个国一个国地游历，所以仍然是周遍的意思，和孔子上面说的孔子周行求和，周游列国，周的意义应该是相同的。《三国志》三《吴书》卷六十《贺齐传》："林历山四

① 福永光司谓《老子》之"周行"见于《诗经·周南·卷耳》、《小雅·鹿鸣》，与《庄子·天下》"周行天下"之"周行"同，为到处运行之意。见〔日〕福永光司：《老子》（《新订中国古典选》第六卷，朝日新闻社，1968，第147页）。实则《诗经》的"周行"为名词，与《老子》之"周行"仅字面相同。参向熹《诗经词典》，四川人民出版社，1997，第917页。

② （西晋）杜预注、（唐）孔颖达疏《春秋左传注疏》，第795页，载（清）阮元校刻《十三经注疏》第6册，艺文印书馆，2007。

③ 《庄子》，（清）郭庆藩：《庄子集释》第4册，中华书局，1961，第1082页。

④ （东汉）班固：《汉书》第1册，（唐）颜师古注，中华书局，1962，第312页。

⑤ （三国·魏）何晏注、（北宋）邢昺疏《论语注疏》，第165页，载（清）阮元校刻《十三经注疏》第8册，艺文印书馆，2007。

⑥ 单承彬认为："《古文论语训解》可能出自孔安国后学或孔氏后人之手，其中也可能有东汉甚至更晚的数据羼入。"见单承彬《论语源流考述》，吉林人民出版社，2001，第112页。

⑦ （西汉）毛公传、（东汉）郑玄笺、（唐）孔颖达疏《毛诗注疏》第2册，载（清）阮元校刻《十三经注疏》，台北：艺文印书馆，2007，第686页。

面壁立，高数十丈，径路危狭，不容刀盾。贼临高下石，不可得攻。军住经日，将吏患之。齐身出周行，观视形便，阴募轻捷士，为作铁戈，密于隐险贼所不备处，以戈拓堑为缘道，夜令潜上。"① 无路可上，于是贺齐身出周行，观视形便，最后找到一个隐秘之处。显然"周行"不是说贺齐骑着马在山下转圈，而是说深入山中到每一个地方去看，最后找到这样一条隐秘的通道。《后汉书》卷四十二《光武十王列传》八《东平宪王苍列传》："帝飨卫士于南宫，因从皇太后周行掖庭池阁，乃阅阴太后旧时器服，怆然动容。乃命留五时衣各一袭，及常所御衣合五十箧，余悉分布诸王及子孙在京师者各有差。"② 光武帝有两个皇后——郭后和阴后，这里的皇太后是阴后的儿子明帝的皇后，帝是章帝，明帝的儿子、阴太后的孙子，东平宪王苍是阴太后的儿子，是章帝的叔叔，他俩都是阴太后的后人，所以他们"从皇太后周行掖庭池阁，乃阅阴太后旧时器服"，当然也不是转圈，是到一座一座宫院里逐个去看。"阅"是清点的意思，所以下文接着说赐衣。上引"周行"一词的意义，不是周匝，不是圆周，而是周遍、周普的意思。可见《老子》的汉魏旧注对于"周行"一语的理解，与先秦汉魏人对于"周行"一语的用法，二者是密合无间的，可以证明"周行而不殆"的"周"应该是周普、周遍的意思，即包含所有可能性。杨丙安也认为："王注以'周'为无所不至之意。正因其无所不至而不危殆，故能不拘守一体而全其'大形'。王注此意非唯与'天地母'文意一致，且亦正可与下以'大'状'道'和名'道'之旨相合。"③ 北大汉简《老子》此句作"偏（遍）行而不殆"④，更证明"周"为"遍"义。《庄子·外篇·

① （西晋）陈寿：《三国志》第 5 册，中华书局，1959，第 1378 页。
② （南朝·宋）范晔：《后汉书》第 5 册，中华书局，1965，第 1438 页。
③ 杨丙安等主编《老学新探——老子与华夏文明》，中州古籍出版社，1994，第 72 页。
④ 北京大学出土文献研究所编《北京大学藏西汉竹书》［贰］，上海古籍出版社，2012，第一八七简，图版：第 95 页；释文：第 156 页。其注释曰："'偏'通'遍'，传世本作'周'，'周''遍'为同义换用。"第 156 页。今按：《墨子·非攻》下："偏具此物，而致从事焉"，王念孙曰："毕云：'偏当为遍。'念孙案：古多以偏为遍，不烦改字。（《非儒篇》'远施周偏'，《公孟篇》'今子偏从人而说之'，皆是'遍'之借字，而毕皆径改为'遍'，则未达假借之旨也。《益·象传》：'莫益之，遍辞也。'孟喜曰：'遍，周匝也。'本或作'偏'者，借字耳，而王弼遂读为'偏颇'之'偏'，惠氏定宇已辩之。《檀弓》：'二名不偏讳。夫子之母名征在，言（转下页注）

知北游》所谓："周、遍、咸三者，异名同实，其指一也。"① 裘锡圭《老子与尼采》一文解《老子》"周行而不殆"为"道的运行循环不止"②，但是该文《文集》本编按指出北大汉简已有"遍行而不殆"一句，"'遍'、'周'义近。"却未注意"周遍"与"圆周"意义的不同③。董平则并列二义："'行'为'运行'、'运动'之义，而所谓'周行'，大义有二：一是以'周'为'周圜'、'周匝'之义，如此则'周行'乃谓道体的运行是周圜的，是周匝环绕的，因而是无始无终、终始若环的；二是以'周'为'周普'、'周遍'之义，如此则'周行'乃谓道体的运动是普遍于一切处的，无所不周，无所不遍。'殆'为倦怠、疲惫之意，'不殆'即是不会衰退、不会倦怠，永恒如此。'独立不改'是说道体之存在的永恒性，'周行不殆'是说道体之运动的永恒性。"④ 但这样做违背了语言学的基本规则。王力指出："人们在注释古书中某些难懂的字句的时候，往往引用了两家的说法，再加上一句'今并存之'，或'此说亦通'。我们可以把这些情况称为'并存论'和'亦通论'［……］最糟糕的是'亦通论'，这等于说两种解释都是正确的，随便选择哪一种解释都讲得通。这就引起这么一个问题：到底我们所要求知道的是古人应该说什么呢，还是古人实际上说了什么呢？如果是前者，那末不但可以'并存'，而且可以'亦通'，因为两种解释可能并不矛盾，在思想内容上都说得过去；如果是后者，那末，'亦通论'就是绝对荒谬的，因为古人实际上说出了的话不可能有两可的意义。真

(接上页注④)在不称征，言征不称在。''偏'亦'遍'之借字，故《曲礼注》云：'谓二名不一一讳也。'而《释文》'偏'字无音，则亦误读为'偏颇'字矣，毛居正《六经正误》已辩之。又《大戴礼记·劝学篇》：'偏与之而无私'，《魏策》：'偏事三晋之吏'，《汉书·礼乐志》'海内偏知上德'，皆以'偏'为'遍'。又《汉书·郊祀志》'其游以方遍诸侯'，《张良传》'天下不足以遍封'，《张汤传》'遍见贵人'，《史记》并作'偏'。若诸子书中以'偏'为'遍'者，则不可枚举。《汉三公山碑》'兴云肤寸，偏雨四海'，亦以'偏'为'遍'。然则'遍'之为'偏'，非传写之讹也。"）见（清）王念孙《读书杂志》，江苏古籍出版社，2000，第 575 页。

① 《庄子》，（清）郭庆藩：《庄子集释》第 3 册，中华书局，1961，第 750 页。
② 裘锡圭：《老子与尼采》，《文史哲》2011 年第 3 期。
③ 裘锡圭：《老子与尼采》，载裘锡圭《裘锡圭学术文集》第 5 册，复旦大学出版社，2012，第 347、348 页。
④ 董平：《老子研读》，中华书局，2015，第 130 页。

理只有一个：甲说是则乙说必非，乙说是则甲说必非。注释家如朱熹等，他们可以采用'亦通'的说法，因为理学家的目的只在阐明道理，只要不违反他们的道理，都可以承认它'亦通'。我们如果要求知道古人实际上说了什么，那就必须从两种不同的解释当中作出选择，或者是从训诂学观点另作解释，决不能模棱两可，再说什么'并存'和'亦通'。"① 而且"道体之运动的永恒性"只能基于"周圜"义，"周遍"义并非针对运动而言。

不止于此，河上公注"道通行天地"，旧题顾欢《道德真经注疏》引作"道遍行天地"②，郑成海《斠理》以为"盖形近而讹也"③，由北大本观之，此异文应当颇有来历，表明早期河上公本的正文和注释都有可能写作"遍"字④。由此，我们还可进而讨论所谓北京大学藏汉简的真伪问题。虽然有学者怀疑北京大学藏汉简的真伪⑤，但是由"偏行而不殆"这一异文来看，这样的异文不是当今作伪者所能伪造的，因此北京大学藏汉简中，至少《老子》简不可能出于伪造。

下面我们看"殆"。上引河上公和王弼以来的旧注都将"殆"解释为"危殆"，是危险的意思⑥。此外，陆德明《释文》亦云："殆，危也。"⑦

---

① 王力：《训诂学上的一些问题》，载王力《王力文集》第19卷，山东教育出版社，1990，第185页。

② 旧题（南朝·梁）顾欢：《道德真经注疏》，载《道藏》第13册，文物出版社、上海书店、天津古籍出版社，1988，第298页。

③ 郑成海：《老子河上公注斠理》，台湾中华书局，1976，第164页。

④ 岛邦男《老子校正》录河上公注即据《注疏》本作"遍"，可谓有识（汲古书院，1973，第105页）。

⑤ 李学勤等主编《当代中国简帛学研究（1949—2009）》即言："文物盗掘现象极为猖獗，上博简、清华简、北大汉简都是盗掘流失的文物，其真伪与年代问题，由于没有考古学的背景，给学术界带来太多无谓争论，而且在短期内双方不会有一致意见，增加了学术研究的难度。"（中国社会科学出版社，2011，第45页。）近日邢文确认为北大简本《老子》为伪造。邢文：《北大简〈老子〉辨伪》，载《光明日报》2016年8月8日第16版。

⑥ 郑成海《增订老子河上公注疏证》指出："河上以'危'训'殆'，《说文》：'殆，危也。'"华正书局，2008，第175页。

⑦ （唐）陆德明：《经典释文》下册，上海古籍出版社，1985，第1398页。徐绍桢《老子述义》引作"殆，怠也"（徐氏学寿堂自印本，1920，页二十三 a）。葛勤修《老子研究》引作"殆本作怠"（星光出版社，1986，第9页）。皆误，其后又有沿袭其误者。参见黄焯《经典释文汇校》，中华书局，1980，第221页。

唐无名氏《道德真经次解》："周行天下而无危殆。"① 司马光《道德真经论》："周行无所不至而不危。"② 王雱《老子训传》："万物由我以生死，我常制其命，孰能危之？"③ 但在后世，有学者另立新解。我们找到的最早将"殆"解为停止的是宋代的邵若愚，氏所著《道德真经直解》曰："殆，止也。"④ 吕知常《道德经讲义》："周游八极，应用无尽。"⑤ 林希逸《道德真经口义》："周行而不殆，行健而不息也。"⑥ 吴澄《道德真经注》："周行乎万物之中，无不遍及而未尝穷匮，故曰不殆。"⑦ 何道全《太上道德经注》："不殆者，无穷也。道通天地，运行无穷。"⑧ 德清《老子道德经解》："流行四时而终古不穷，故曰周行而不殆。殆，穷尽也。"⑨ 邓晅《道德经辑注》："殆，怠通。"⑩ 任继愈先生也把"不殆"译为"永不停止"⑪。不过古代学者之所以对"殆"如此释义，鲜少提供论证，

---

① （唐）无名氏：《道德真经次解》，载《道藏》第 12 册，文物出版社、上海书店、天津古籍出版社，1988，第 615 页。

② （北宋）司马光：《道德真经论》，载《道藏》第 12 册，文物出版社、上海书店、天津古籍出版社，1988，第 265 页。

③ （北宋）张公《道德真经集注》引王雱《老子训传》，载《道藏》第 13 册，文物出版社、上海书店、天津古籍出版社，1988，第 35 页。严灵峰、尹志华已辑，见严灵峰辑校《王雱老子注》，载严灵峰辑校《老子崇宁五注》，成文出版社，1979，第 143 页；尹志华《辑校王雱老子注》，为尹志华《北宋〈老子〉注研究》附录，巴蜀书社，2004，第 293 页。

④ （南宋）邵若愚：《道德真经直解》，载《道藏》第 12 册，文物出版社、上海书店、天津古籍出版社，1988，第 246 页。

⑤ （南宋）吕知常：《道德经讲义》，载熊铁基、陈红星主编《老子集成》第 4 卷，宗教文化出版社，2011，第 253 页。

⑥ （南宋）林希逸：《道德真经口义》，载《道藏》第 12 册，文物出版社、上海书店、天津古籍出版社，1988，第 706 页。

⑦ （元）吴澄：《道德真经注》，载《道藏》第 12 册，文物出版社、上海书店、天津古籍出版社，1988，第 792 页。

⑧ （明）何道全：《太上道德真经注》，载严灵峰编《无求备斋老子集成初编》第 69 册，艺文印书馆，1965，第 80 页。

⑨ （明）德清：《老子道德经解》，载严灵峰编《无求备斋老子集成初编》第 83 册，艺文印书馆，1965，第 91 页。

⑩ （清）邓晅：《道德经辑注》，载严灵峰编《无求备斋老子集成续编》第 53 册，艺文印书馆，1972，第 94 页。

⑪ 任继愈：《老子绎读》，北京图书馆出版社，2006，第 55 页。

现代学者始注意及此。罗运贤《老子余谊》："殆佁同声通用。《司马相如传》'佁儗'，张揖训为不前。不前，凝止之意也。故不殆犹不止，与周行义相成。"[①] 实则相如《大人赋》的"佁儗"，张揖所谓"不前"，乃是行动迟缓，并非停止[②]，罗氏偷换概念[③]。马叙伦《老子校诂》："殆借为怠。《论语·为政篇》：'思而不学则殆。'《释文》：'殆本作怠。'[④] 此殆怠通假之证。或借为已。殆从台声，台从已声也[⑤]。"[⑥] 借为"怠"当是疲倦[⑦]，借为"已"则是停止之义[⑧]。但这种解释方式无疑过于含混，文本的意义并不明晰。古棣论曰："殆、怠虽可通假，但此处不能是怠字，不能作懈怠。但本也不是'殆'字，作疲困讲也不通。马叙伦又说：殆'或借为已。殆从台声，台从已声也'。这就对了。殆读已，故假殆为已。作'已'正与'行'相对为文，说道周而复始，一直运行，谓之曰：周行而不已。"[⑨] 高亨明确把"不殆"解作"不倦"："《诗·玄鸟》：'受命不殆。'郑笺：'不解怠。'《庄子·养生主篇》：'以有涯随无涯，殆已。'《释文》：'向云：殆，疲困之谓。'并以殆为怠之例。不殆犹言不倦也。"[⑩] 严灵峰进

---

① 罗运贤：《老子余谊》，载严灵峰编《无求备斋老子集成续编》第 171 册，艺文印书馆，1972，第 11 页。

② 参王启涛《司马相如赋与四川方言》，《四川师范大学学报》2005 年第 2 期。

③ 〔日〕大滨皓：『老子の哲学』，劲草书房，1962，第 32 页，（《老子哲学》）以"周行而不殆"乃言道之效用，遍及各处，绝对安全。据罗运贤说，释为道运行不止，竟也通顺。

④ 检《释文》作"依义当作怠。"（（唐）陆德明：《经典释文》，上海古籍出版社，1985，下册，第 1352 页）是陆未见作"怠"之异文。

⑤ 按：《说文》十四下《巳部》"巳""已"为一字，与"台"所从之"以"篆为二〔（东汉）许慎：《说文解字》，中华书局，1998，第 311 页〕。马叙伦则以为古本同字（马叙伦：《说文解字六书疏证》第 8 册，上海书店，1985，卷廿八，页八十七）。

⑥ 马叙伦：《老子校诂》，中华书局，1974 年，第 274 页。

⑦ 《论语集解》何曰："不学而思，终卒不得，徒使人精神疲殆。"〔（三国·魏）何晏注、（宋）邢昺疏《论语注疏》，第 18 页，载（清）阮元校刻《十三经注疏》第 8 册，艺文印书馆，2007。〕

⑧ 裘锡圭《老子与尼采》说："'周行而不殆'的'殆'，似已有人读为当'终止'讲的'已'，大概是正确的（'殆'、'已'在上古汉语读音极近）。"（裘锡圭：《裘锡圭学术文集》第 5 册，复旦大学出版社，2012，第 347 页。）所谓"有人"，当即马氏。

⑨ 古棣、周英：《老子通》上部，吉林人民出版社，1991，第 58 页。

⑩ 高亨：《老子正诂》，中国书店，1988，第 60 页。

而谓:"殆,动词。河上公注:'殆,危殆。'《诗·玄鸟》:'受命不殆。'郑玄笺:'不解殆。'钟会曰:'所在皆通,故曰不殆。'按:殆,通怠;犹言不息也。"① 严氏先引用河上公把"殆"解作"危殆",然后又引用郑玄解《诗经》"受命不殆"的"殆"为"解殆",就是"懈怠",懈怠是松懈、不认真的意思,与疲倦并不相同。接下来所引钟会的话并不完整,见上文引。钟会之意与河上公、王弼所说的"无所不至""无所不入"是一致的,也明确将"殆"作"危殆"理解。然后严氏又把"殆"再解作"不息",他在此又偷换了一次,"倦怠"和"止息"是两个意义,止息是停止的意思。前面我们看到任继愈译作"循环运行,永不停止",他的这个"停止"从哪来的?就是从严灵峰的"不息"来的。但是严氏并没有对"不息"之解提供任何语言学论证,因为"不息"和"不殆"不是一码事,不疲倦我也可以不走,疲倦了也可以继续走,这二者没有任何必然联系,从疲倦推不出停止。这种随意而矛盾的释义还为此后的一些注释所吸收。如张扬明《译释》参用二义,前释云:"周行而不倦怠也。"后译为:"它周行于宇宙之间没有停止。"② 辛战军《老子译注》则兼用二义:"殆,同'怠',倦怠,疲惫,停歇。《玉篇》:'怠,懈也。'"③

许多学者将"周"释为"圆周",把"殆"解作"停止",于是"周行而不殆"便是说"循环不息也"④;"循环运行永不停止"⑤;"Revolving, endlessly"⑥。这也近乎成为当代的标准答案。

此外,蒋锡昌《校诂》:"《说文》:'殆,危也。''不殆'者,言道利而不危。八十一章,'天之道利而不害',即此所谓'不殆'也。"⑦ 他虽然

① 严灵峰:《老子达解》,载严灵峰《经子丛著》第 1 册,"国立"编译馆中华丛书编审委员会,1983,第 127 页。
② 张扬明:《老子斠证译释》,维新书局,1973,第 137、138 页。
③ 辛战军:《老子译注》,中华书局,2008,第 103 页。
④ 崔汝襄:《道德经传赞》,载熊铁基、陈红星主编《老子集成》第 14 卷,宗教文化出版社,2011,第 463 页。
⑤ 任继愈:《老子绎读》,北京图书馆出版社,2006,第 55 页。
⑥ Michael LaFargue(迈克尔·拉法格),*The Tao of the Tao Te Ching*(《道德经之道》),State University of New York Press, 1992, p. 84.
⑦ 蒋锡昌:《老子校诂》,商务印书馆,1937,第 167~168 页。

是把"殆"解作危,但是他引用第八十一章"天之道利而不害",实际上跟危殆是无关的。"天之道利而不害"是指天不害万物,而这里说的不危殆,是指道自身不危殆,而不是说道不去危害万物。因为害在这里是及物动词,而殆是不及物动词①。还有一些学者将"周遍"与"止息"串在一起解释"周行而不殆",犹半存古义,但于其哲学思想却两无所着。如邵若愚《道德真经直解》:"周行六合而不殆。"② 黄登山《老子释义》:"它的运行无所不至,且永无止息。"③ Roger T. Ames(安乐哲)与 David L. Hall(郝大维)译为:"All pervading, it does not pause."④

至此,老子原文的语意基本上可以理清,"周"是周普周遍的意义,即包含所有可能性;"殆"是危险的意义,即存在之不可能性的直接呈现。"周行而不殆"的基本语意就是说无所不至,却没有危险。哲学地说,即包含所有可能性,没有不可能性。这样,我们也就可以理解"而"的语法意义是什么。因为古汉语是一种极其模糊的语言,不具有足够的明晰性。我们对它的理解就是要达到它表意的明晰性。比如说一个"而",我们说"A 而 B",这个"而"可以有很多种语法意义,可以是并列,就是"而且";可以是转折,说"然而、反而";可以是递进,"进而";可以是因果,"因而"。这里,它表示的是转折,我们可以把这个"而"替换成"却",它无所不至,却不危险,它表示意思是逆接,亦即语法学所谓转折。

掌握了基本语义之后,我们就可以进一步了解《老子》这句话究竟表达了什么样的思想内涵。道无所不至,却不危险,表达的什么?道不危险。那么反过来,我们就要问了,有没有危险的,就是说有没有谁要是无所不至,就会有危险呢?当然不会是道,那么只能是物,就是具体之物。我们看河上公的注释。道是"通行天地,无所不入,在阳不焦,托阴不腐,无不贯穿,而不危殆也"。关键是"在阳不焦,托阴不腐",河上公此语本于

① 谭正璧《老子读本》释"不殆"曰:"谓利而不危也",即用蒋说(中华书局,1949,第18页)。

② (南宋)邵若愚:《道德真经直解》,载《道藏》第12册,文物出版社、上海书店、天津古籍出版社,1988,第246页。

③ 黄登山:《老子释义》,学生书局,1987,第114页。

④ Roger T. Ames(安乐哲)and David L. Hall(郝大维),*Daodejing*(《道德经》),Random House,2003,p. 115.

马王堆帛书《道原》"在阴不腐，在阳不焦"①。这句话明确说出道与具体之物的区分所在。焦、腐是危险的具体表现。具体之物，是如果在阳不焦，托阴就会腐，我们说不怕火的一定怕水，不怕水的一定怕火，就是能够在北极生存的因纽特人，一定没办法到赤道同新几内亚人一起生活，反过来你把一个赤道的非洲人弄到北极去跟因纽特人一起生活，他也活不下去。一物都有适合其生存的环境，相应地也就有不适合其生存的环境，具体之物不是无所不至而不危殆的。如果一物在阳不焦，那么托阴必腐；如果托阴不腐，那么在阳必焦。只有道才是能够贯通阴阳，无所不入的。马王堆帛书《十六经·姓争》："夫天地之道，寒涅（热）燥湿，不能并立；刚柔阴阳，固不两行。"②说的也是同样的意思。什么是危险？危险就是一物存在之边界的直接显现，其内涵即但凡有危险之物，就是一个有限之物，是一个有限性的存在。当你感觉到危险的时候，危险把你生存的边界呈现出来了。那里在起大火，我跟你说危险，别去了，去了会被烧死，也就是你的有限性被实现了。有危险之物，就是有限性之物。而道是无危险的③，在阳不焦，托阴不腐，所以道物之别就在于，任何一物都是有限的，而道是无限的④。Stephen Addiss（斯蒂芬·阿迪斯）与 Stanley Lombardo（斯坦利·隆巴多）译为"Pervading all things without limit"⑤，真可谓遗形得神了。所以道才能够无所不入，老子的道对于物来说是无。老子其实是明确

---

① 裘锡圭主编《长沙马王堆汉墓简帛集成》，中华书局，2014，图版：第 1 册，第 141 ～140 页，第一行下—二行上；释文：第 4 册，第 189 页。余明光已指出这一点（见余明光《黄帝四经与黄老思想》，黑龙江人民出版社，1989，第 335 页）。

② 裘锡圭主编《长沙马王堆汉墓简帛集成》，中华书局，2014，图版：第 1 册，第 133 ～132 页，第三十三行下—三十四行上；释文：第 4 册，第 162 页。

③ 吴怡《新译老子解义》说："此处的'殆'字，如解作'危'，不甚妥帖，因为生化的作用，没有危险可言，因此宜解作'怠'，指它的生生不已，而不会倦怠或休息。"（三民书局，2008，第 176 页）难道"道"无危险可言，就不可以说"道"不"危险"吗？同理，"道""不会倦怠"，为什么又可以说"道"不"倦怠"呢？

④ 武内义雄《老子の研究》释"不殆"曰，现象时时刻刻生灭而道不朽（载《武内义雄全集》第五卷《老子篇》，角川书房，1935，第 309 页）。此为增字解经。在"周行而不殆"一语中，物的有限性表现并不在于时间性，物之德性既是生存的依据也是生存的限制，复归自然之物的长生久视，乃是衍生性的。

⑤ Stephen Addiss（斯蒂芬·阿迪斯）and Stanley Lombardo（斯坦利·隆巴多），*Tao te ching*（《道德经》），Hackett Publishing Company, Inc.，1993，p. 25.

意识到了道之作为无，比如说"道隐无名"。尤其是，我觉得老子非常高明的一点是他对"无"进行了区分。他区分了普通的"无"和道之"无"。《老子》的第二章所说的有无相生，我觉得这个"有无"是指物存在的状态，而不是说像有些人所讨论的那样是至无，因为它上下文都是指的日常生活当中的对立面，"高下相倾"，"前后相随"，"长短相形"，"有无相生"显然也是在这个层面上来说的，是在物的层面上来说的。但是在第二十八章里，老子明确讲到了万物是"复归于无极"。我们都知道万物应该是复归于道，这个"无极"就相当于道，不是普通的无，是无之极，因此"无极"是高于普通的无的无的极致。从万物存在的层面来说，它的无仍然是存在的一种状态，比如说我现在不在家，我不在家作为一种无，实际上是我有的一种状态，我存在的一种状态，甚至一个人死了也是这个人存在的一种状态，仍然可以作为这个人存在的一种状态来对待。

综上所述，道物之分，就是物是有限之有，而道是无限，无之极致。我们知道王弼只注了《周易》的经的部分，《易传》是韩康伯体会王弼之意注的。《易·系辞传》下："或害之"，韩注："夫无对于物，而后尽全顺之道，岂可有欲害之者乎？"① 说的就是这个道理。旧注颇有阐明此理者。如章安《宋徽宗道德真经解义》："道为万物之所共由，而物无非道，则道无乎不在，故曰周行不殆。"② 薛蕙《老子集解》："周，遍也。凡物居其所则安，出其域则阂，此周行之所以易殆也。道上际于天，下蟠于地，遍行于六合之间而无所危殆。"③ 周如砥《道德经集义》："周行易殆，而此物自与天地相充塞者，何危殆之有。"④ 宋常星《道德经讲义》："此物虽然不是阴阳，未尝不流行于阴阳之内，虽然无有动静，未尝不妙于动静之中，无处不有，无物不在，资生万物而不遗，运化众形而不匮，是故五行异其质，

---

① （三国·魏）王弼注经、（东晋）韩康伯注传、（唐）孔颖达疏《周易注疏》，第177页，载（清）阮元校刻《十三经注疏》第1册，艺文印书馆，2007。

② （北宋）章安：《宋徽宗道德真经义解》，载《道藏》第11册，文物出版社、上海书店、天津古籍出版社，1988，第917页。

③ （明）薛蕙：《老子集解》，载高明编：《四部要籍注疏丛刊·老子》，中华书局，1998，下册，第1195页。

④ （明）周如砥：《道德经集义》，载《四库未收书辑刊》编纂委员会编《四库未收书辑刊》第陆辑第19册，北京出版社，2000，第423页。

四时异其气，天地异其用，万物异其形，莫非此物之妙也。"① 大田敦《老子全解》："谓其遍行乎天地之间，而莫一物做不得也。不殆，犹言莫做不得也。《庄子·知北游》曰：'六合为巨，未离其内；秋毫为小，待之而成体'是也。"② 王一清《道德经释辞》："流通于天地万物之中，无殆无危。"③

河上公注《老子》第二十五章他处也有相同的表述：

> 强为之名曰大。
>
> 河上公注：大者，高而无上，罗而无外，无不包容，故曰大也。
>
> 大曰逝。
>
> 河上公注：其为大，非若天常在上，非若地常在下，乃复逝去，无常处所也。
>
> 逝曰远。
>
> 河上公注：言远者，穷乎无穷，布气天地，无所不通也。
>
> 道大。
>
> 河上公注：道大者，包罗天地，无所不容也。④

河上公在《老子》其他章的注释中也一再重复了这一观点。第十四章：

> 绳绳不可名。
>
> 河上公注：绳绳者，动行无穷极也。不可名者，非一色也，不可以青黄赤白黑别；非一声也，不可以宫商角徵羽听；非一形也，不可以长短大小度之也。
>
> 是谓无状之状。

---

① （清）宋常星：《道德经讲义》，东大出版社，2006，第79页。
② 〔日〕大田敦：《老子全解》卷三，页十九 b，载严灵峰编《无求备斋老子集成续编》，艺文印书馆，1972，第241册。
③ （明）王一清：《道德经释辞》，载（清）阎永和等编《道藏辑要》第2册，巴蜀书社，1995，第402页。
④ 旧题（西汉）河上公：《老子道德经河上公章句》，王卡点校，中华书局，1993，第102页。

河上公注：言一无形状，而能为万物作形状也。

无物之象。

河上公注：言一无物质，而能为万物设形象也。①

第十六章：

知常容。

河上公注：能知道之所常行，则去情忘欲，无所不包容也。

容乃公。

河上公注：无所不包容，则公正无私，众邪莫当。②

第六十二章：

道者，万物之奥。

河上公注：奥，藏也。道为万物之藏，无所不容也。③

这里一而再，再而三强调的，就是道包含一切可能性，而道自身不是任何具体现实性。

我们都知道王弼是用"有""无"这对概念建构了他的哲学。"有无之辨"也是魏晋玄学中的核心的部分，所谓"崇有""贵无"。王弼《老子指略》：

夫物之所以生，功之所以成，必生乎无形，由乎无名。无形无名者，万物之宗也。不温不凉，不宫不商，听之不可得而闻，视之不可得而彰，体之不可得而知，味之不可得而尝。故其为物也则混成，为象也则无形，为音也则希声，为味也则无呈。故能为品物之宗主，苞通天地，靡使不经也。若温也则不能凉矣，宫也则不能商矣。形必有

---

① 旧题（西汉）河上公：《老子道德经河上公章句》，王卡点校，中华书局，1993，第53～54页。

② 旧题（西汉）河上公：《老子道德经河上公章句》，王卡点校，中华书局，1993，第63页。

③ 旧题（西汉）河上公：《老子道德经河上公章句》，王卡点校，中华书局，1993，第241页。

参伍以变—古今错综中的经典与义理

所分，声必有所属，故象而形者，非大象也，音而声者，非大音也。然则四象不形，则大象无以畅；五音不声，则大音无以至。四象形而物无所主焉，则大象畅矣；五音声而心无所适焉，则大音至矣。故执大象则天下往，用大音则风俗移也。①

整个这一段就是在讲道物之分："夫物之所以生，功之所以成，必生乎无形，由乎无名。无形无名者，万物之宗也。"显然"无形无名"是指道而言，道才能成为万物之宗。道是"不温不凉，不宫不商；听之不可得而闻，视之不可得而彰；体之不可得而知，味之不可得而尝。故其为物也则混成，为象也则无形，为音也则希声，为味也则无呈。故能为品物之宗主，苞通天地，靡使不经也"。相应地，如果道被落实到某一具体之物的层面，那么就不会是道，也就是说任何一个具体之物必定是有限性的："若温也则不能凉矣，宫也则不能商矣。形必有所分，声必有所属。故象而形者，非大象也；音而声者，非大音也。然则四象不形，则大象无以畅；五音不声，则大音无以至。四象形而物无所主焉，则大象畅矣；五音声而心无所适焉，则大音至矣。"这些很显然就是我们刚才所讲的道物之分，一物是宫就不能同时也是商，是温就不能同时凉，只有道是不宫不商，不温不凉，那么实际上也就可宫可商，可温可凉。

王弼于《老子》第二十五章下文之注也可参看：

> 大曰逝。
>
> 王弼注：逝，行也。不守一大体而已，周行无所不至，故曰逝也。
>
> 逝曰远。
>
> 王弼注：远，极也。周行无所不穷极，不偏于一逝，故曰远也。②

王弼他章之注亦颇可并观。第十四章：

> 视之不见名曰夷，听之不闻名曰希，搏之不得名曰微。

① （三国·魏）王弼：《老子指略》，载楼宇烈《老子道德经注校释》，中华书局，2008，第195页。

② （三国·魏）王弼：《老子道德经注》，楼宇烈：《老子道德经注校释》，中华书局，2008，第63页。

王弼注：无状无象，无声无响，故能无所不通，无所不往。①

再看第十六章的王弼注：

知常曰明，不知常，妄作，凶。

王弼注：常之为物，不偏不彰，无皦昧之状，温凉之象，故曰知常曰明也。唯此复，乃能包通万物，无所不容。失此以往，则邪入乎分，则物离其分，故曰不知常则妄作凶也。

知常容，

王弼注：无所不包通也。

容乃公，

王弼注：无所不包通，则乃至于荡然公平也。

公乃王，

王弼注：荡然公平，则乃至于无所不周普也。

王乃天，

王弼注：无所不周普，则乃至于同乎天也。

天乃道，

王弼注：与天合德，体道大通，则乃至于穷极虚无也。

道乃久，

王弼注：穷极虚无，得道之常，则乃至于不穷极也。

没身不殆。

王弼注：无之为物，水火不能害，金石不能残。用之于心，则虎兕无所投其爪角，兵戈无所容其锋刃，何危殆之有乎！②

王弼强调了"常之为物"，"常之为物"显然是指"常道"，"不偏不彰，无皦昧之状，温凉之象"，同样能包通万物，无所不容。"无不包通"，"荡然公平"，"无不周普"，"同乎天"，"与天合德"，"体道大通"，"则乃

<hr>

① （三国·魏）王弼：《老子道德经注》，楼宇烈：《老子道德经注校释》，中华书局，2008，第31页。

② （三国·魏）王弼：《老子道德经注》，楼宇烈：《老子道德经注校释》，中华书局，2008，第36~37页。

至于穷极虚无也"，因为是针对王而言，所以同于天，同于道。"没身不殆"句王弼注："无之为物，水火不能害，金石不能残。用之于心，则虎兕无所投其齿角，兵戈无所容其锋刃，何危殆之有乎！""没身不殆"这一语同河上公对于"周行而不殆"的解释对得上，而且这个"殆"也同样理解为危殆，这里也只能作为危殆来理解，疲倦是讲不通的。"水火不能害，金石不能残"等这些话，同"在阳不焦，托阴不腐"也是可以对应的。又如第三十四章：

> 大道泛兮，其可左右。
>
> 王弼注：言道泛滥无所不适，可左右上下周旋而用，则无所不至也。①

可以注意者，大概受到《老子》原文"左右"的束缚，王弼加上"上下"，于是便使用了"周旋"一语，这很可能开启了后世将"周行"理解为"圆周"的先河。还有第三十五章：

> 执大象，天下往。
>
> 王弼注：大象，天象（地？）之母也。［不炎］不寒，不温不凉，故能包统万物，无所犯伤。主若执之，则天下往也。
>
> 往而不害，安平太。
>
> 王弼注：无形无识，不偏不彰，故万物得往而不害妨也。②

王弼也强调了"不炎不寒，不温不凉，故能包统万物，无所犯伤"。第五十五章：

> 知常曰明。
>
> 王弼注：不皦不昧，不温不凉，此常也。③

---

① （三国·魏）王弼：《老子道德经注》，楼宇烈：《老子道德经注校释》，中华书局，2008，第85页。

② （三国·魏）王弼：《老子道德经注》，楼宇烈：《老子道德经注校释》，中华书局，2008，第87页。

③ （三国·魏）王弼：《老子道德经注》，楼宇烈：《老子道德经注校释》，中华书局，2008，第145~146页。

接下来，再看一则王弼佚文：

> 杨士勋《春秋谷梁传正义》卷五："《易·系辞》云：'一阴一阳之谓道。'王弼云：'一阴一阳者，或谓之阴，或谓之阳，不可定名也。夫为阴则不能为阳，为柔则不能为刚。唯不阴不阳，然后为阴阳之宗；不柔不刚，然后为刚柔之主。故无方无体，非阳非阴，始得谓之道，始得谓之神'是也。"①

为什么说"始得谓之神"，因为《周易》还说"阴阳不测之谓神"，因为同时既能是阴也能是阳，那么就不知道它现在到底是阴还是阳，所以既是一阴一阳，又是阴阳不测。前引从河上公到王弼注对于道物之别的理解显然与此一脉相承。此外，《论语·述而篇》："志于道"，邢昺《论语正义》引王弼《论语释疑》曰：

> 道者，无之称也，无不通也，无不由也。况之曰道，寂然无体，不可为象。是道不可体，故但志慕而已。②

《周易·系辞传》上："一阴一阳之谓道"，韩康伯注：

> 道者何？无之称也，无不通也，无不由也。况之曰道，寂然无体，不可为象。必有之用极，而无之功显，故至乎神无方而易无体，而道可见矣。故穷变以尽神，因神以明道，阴阳虽殊，无一以待之。在阴为无阴，阴以之生；在阳为无阳，阳以之成：故曰一阴一阳也。③

---

① （东晋）范宁注、（唐）杨士勋疏《春秋谷梁传注疏》，第47页，载（清）阮元校刻《十三经注疏》第7册，艺文印书馆，2007。王葆玹辑佚，见王葆玹《〈谷梁传疏〉所引王弼〈周易大演论〉佚文考》，载《中国哲学史研究》1983年第4期。楼宇烈据补，见楼宇烈《王弼集校释》下册，中华书局，1980年第1版，1993年第3次印刷，第649页。参其《重印后记》下册，第650页。参杨鉴生《王弼研究》，河南人民出版社，2012，第20~22页。

② （三国·魏）何晏注、（北宋）邢昺疏《论语注疏》，第60页，载（清）阮元校刻：《十三经注疏》第8册，艺文印书馆，2007。楼宇烈已辑，见楼宇烈《王弼集校释》下册，中华书局，1980，第624页。

③ （三国·魏）王弼注经、（东晋）韩康伯注传、（唐）孔颖达疏《周易注疏》，第148页，载（清）阮元校刻《十三经注疏》第1册，艺文印书馆，2007。

很明显是本于王弼，而又有所发挥。《晋书》卷四十三《王戎列传》附其从弟衍传，总结何晏、王弼学说谓：

> 魏正始中，何晏、王弼等祖述老庄，立论以为天地万物皆以无为为本。无也者，开物成务，无往不存者也。阴阳恃之以化生，万物恃之以成形，贤者恃之以成德，不肖恃之以免身。故无之为用，无爵而贵矣。[①]

的确很好地概括了王弼的道论。

《列子·天瑞篇》也强调了这一点：

> 子列子曰，天地无全功，圣人无全能，万物无全用，故天职生覆，地职形载，圣职教化，物职所宜。然则天有所短，地有所长，圣有所否，物有所通。何则？生覆者不能形载，形载者不能教化，教化者不能违所宜，宜定者不出所位。故天地之道，非阴则阳；圣人之教，非仁则义；万物之宜，非柔则刚：此皆随所宜，而不能出所位者也。故有生者，有生生者；有形者，有形形者；有声者，有声声者；有色者，有色色者；有味者，有味味者。生之所生者死矣，而生生者未尝终；形之所形者实矣，而形形者未尝有；声之所声者闻矣，而声声者未尝发；色之所色者彰矣，而色色者未尝显；味之所味者尝矣，而味味者未尝呈：皆无为之职也。能阴能阳，能柔能刚，能短能长，能员能方，能生能死，能暑能凉，能浮能沉，能官能商，能出能没，能玄能黄，能甘能苦，能膻能香，无知也，无能也，而无不知也，而无不能也。

> 张湛注：夫体适于一方者，造余涂则阆矣。王弼曰，形必有所分，声必有所属。若温也则不能凉，若宫也则不能商。方员静躁，理不得兼。然寻形即事，则名分不可相干。任理之通，方员未必相乖。故二仪之德，圣人之道，焘育群生，泽周万物，尽其清宁贞粹而已。则殊涂融通，动静澄一，盖由圣人不逆万物之性，万物不犯圣人之化。凡滞于一方者，形分之所阆耳。道之所运，常冥通而无待。夫尽于一形

---

① （唐）房玄龄等：《晋书》第5册，中华书局，1974，第1236页。

者，皆随代谢而迁革矣。故生者必终，而生生物者无变化也。至无者，故能为万变之宗主也。知尽则无知，能极则无能，故无所不知，无所不能。何晏《道论》曰：有之为有，恃无以生；事而为事，由无以成。夫道之而无语，名之而无名，视之而无形，听之而无声，则道之全焉。故能昭音向而出气物，包形神而章光影，玄以之黑，素以之白，矩以之方，规以之员，员方得形而此无形，白黑得名而此无名也。①

"天地无全功，圣人无全能，万物无全用"等这一串，表达的都是同样一个意思：万物的有限性。是左就不能是右，是阴就不能是阳，一旦获得了一种真实的存在，那么这个存在就被一个外形束缚起来，就只能是一种有限的存在——只有道才是无限的。

中国先秦的形名之说，有名是基于有形。《管子·心术》上篇讲得很清楚："物固有形，形固有名"②，有形之物可以名之，它就是一个有限性的存在，其形名就不能随便改了。比如说"循名责实"等名家学说，包括儒家正名等，都基于此。道是超越于有形有名之上的。张湛注把这一点讲得非常清楚，所谓"体适于一方者，造余涂则阂矣"，然后也引用了王弼曰"形必有所分，声必有所属。若温也则不能凉，若宫也则不能商"。仍然是表达了这个意思。

概言之，老子道物思想之内核为：道物之分在于边界之有无，即道无限，万物之每一物皆为有限之物。亦即一旦与他物有区分，则由此形成边界而使自身成为有限之一物。但是万物之整体没有其外的他物与之相区分，于是万物之整体是无限的——万物之整体性也就是道。相对于作为众"小有"的具体之物，万物之整体作为"大有"，是一切"有"，一切"有"不但包含一切现实性，更包含一切可能性，于是"大有"没有任何可以描摹、认知的属性，成为"至无"（王弼语），亦即"无极"（老子语）。

但正如上文所说，近代有部分学者改变"周"和"殆"的释义，将"周行而不殆"解为"循环运行永不停止"。现在我们要清理的，是在这一

---

① 《列子》，载杨伯峻《列子集释》，中华书局，1979，第9~11页。
② 《管子》，黎翔凤：《管子校注》中册，中华书局，2004，第771页。

理解的基础上，建构的所谓"中国哲学"，具体来说，就是所谓"中国古代辩证法"。

任继愈主编《中国哲学史》即将"周行而不殆"一语理解为道"永远循环往复地运行着"①。其后，任著总结道具有五个特点，第二为"道是最原始的、永恒运动着的物质实体"，根据即"周行而不殆"②。以道为"物质实体"，任著虽别有所据，但能够永恒循环运行的对象只能是"物质实体"，应该也是一个重要原因。不宁唯是，任著还从这句话中得出了"朴素的辩证法思想"：

> 春秋末期由于所有制发生了变革，因而国家的兴亡，个人的富贵贫贱，都有了极大的变化。作为史官的老子，看到不少"社稷无常奉，君臣无常位"（见《左传》昭公三十二年）的现象，又从当时自然科学的知识中认识到自然界也是独立于人的意识之外不停地运动着。世界的总根源，无所不在的"道"就是"独立而不改，周行而不殆"（二十五章）的。③

如果说任著所得出的辩证法还过于"朴素"的话，孙叔平的就精致得多了。孙氏同样将"周行而不殆"理解为"循环运行，永不停息"④。辩证法的发明紧随其后：

> 有了"道"，有了"德"，世界还是创造不起来的。还有一个问题："道"是"周行而不殆"的，它从哪里得到的动力？为了回答这个问题，老聃提了一个光辉的命题："反者道之动。"（四十章）道本身包含着相反的东西，这是它的动力。道是"常无"，又是"常有"，它"独立而不改"，是静；又"周行而不殆"，是动。一无一有，一静一动，就生变化。⑤

---

① 任继愈主编《中国哲学史》第1册，人民出版社，1979，第44页。
② 任继愈主编《中国哲学史》第1册，人民出版社，1979，第48页。
③ 任继愈主编《中国哲学史》第1册，人民出版社，1979，第49~50页。
④ 孙叔平：《中国哲学史稿》上册，上海人民出版社，1980，第98页。
⑤ 孙叔平：《中国哲学史稿》上册，上海人民出版社，1980，第101页。

"周行而不殆"是无限循环，"反者道之动"是包含对立面，二者加在一起，就成了辩证法的"对立面转化"，于是乎，老子就这样被辩证了。

方克则相对实在得多。他认为"周行而不殆"并非辩证法，而只能是一种循环论："循环论认为一种事物永远只能反复地产生同样的事物，不能变化为另一种不同的事物。《老子》由辩证法归结到循环论，是由它的阶级地位以及它的客观唯心主义和形而上学体系所决定的。《老子》代表没落奴隶主阶级，他们幻想转变自己的没落地位，但是他们的阶级本性不可能向前看，因此不能按照事物本来的辩证法，通过斗争，促成事物的转化，而只能幻想矛盾着的事物'周行而不殆'，回复到原来的地位上去。"① 实则不单"周行而不殆"并非循环之意，《老子》之中甚至根本就没有循环论②，因此实质上也就不可能有辩证法。但是限于本文论题及篇幅，无法展开，待另文论述。

综观《老子》学史，正如杜道坚《道德玄经原旨发挥》卷下《章句章》所言："道与世降，时有不同，注者多随时代所尚，各自其成心而师之。故汉人注者为汉老子，晋人注者为晋老子，唐人、宋人注者为唐老子、宋老子。言清虚无为者有之，言吐纳导引者有之，言性命祸福兵刑权术者有之，纷纷说铃，家自为法。"③ 但是无论各家之说如何分歧，从文本理解的角度看，大要可分为三期。一为原典时期，从先秦到唐代。虽然诸家注解各有其思想流派的不同背景，对老子思想的解释发挥也各各不同，但是对《老子》文句的基本理解，如句读、词义等却大体一致，亦即《老子》作为原典得到了注者的充分尊重，注释者大都基于文句的传统理解来阐发己意，极少在文句理解上大胆创新。此时的《老子》对于注家是本源性的，注家是生长于老子大树上的枝叶。二为旧典时期，由宋至清。此时期

---

① 方克：《中国辩证法思想史（先秦）》，人民出版社，1985，第190页。
② 当代力主老子循环论的，有陈鼓应、白奚：《老子评传》，南京大学出版社，2001，第167~183页；朱晓鹏：《老子哲学研究》，商务印书馆，2009，第213~217页；王英杰：《自然之道——老子生存哲学研究》，人民出版社，2010，第234~239页。
③ （元）杜道坚：《道德玄经原旨发挥》，载《道藏》第12册，文物出版社、上海书店、天津古籍出版社，1988，第773页。

的思想背景为理学兴起，不唯在经学领域疑经思潮浩浩汤汤，而在大潮席卷之下，《老子》也不能幸免。从文句理解的角度看，基于理学理论体系重新解释《老子》蔚为风尚，传统的句读与词义被弃之如敝屣。对于此时的注家来说，《老子》只是一本旧经籍，既然重要，就有改造的必要，至于其注释传统则不必尊重。《老子》之于注家已然对象化，成为其庭院中的景致，觉得不好看，不妨修剪一下①。三为古书时期，近代以来。自近代西学东渐，国人依傍西方哲学建构中国哲学，其核心乃是以理学对接德国唯理论哲学。于是已被理学驯化的老子也被理所当然地置于西方哲学框架之内②。从文句理解的角度看，理学解读得到了进一步的强化，这主要表现在能同时符合理学与西方哲学理论体系的文句解释获得普遍相信，却没有谁去理会这解释是否迥异于汉唐旧说，或者从语言文献方面是否经得起检验。更有甚者，是没有任何理论体系可言，且无论其是否外在于老子，仅仅为了提出新说而有意标新立异。至此，老子自身的生命存在遭到漠视，成为一株被锯倒的树，注者往往"目无全牛"，只想着这堆木材可以用来做我的什么——《老子》不过只是一本两千年前的古书，并且被彻底工具化了。《老子》学史的三期，时间上同于儒家三期③，这是颇值得注意的问题。

我们今日研读《老子》，必须充分注意区分《老子》自己说了什么，和后人基于《老子》说了什么。熊铁基等的《中国老学史》即以后者为主④。从纯学术的立场，清理《老子》研究史，首先是注释史，恢复汉唐对于原

① 刘固盛《宋元老学研究》认为，宋元老学主要朝两个方向发展。其一是重点发挥《老子》修身治国的思想，与儒家的政治学说互相沟通；其二是重点阐述《老子》的哲学思想，重心转为对心性论的探讨，从而迎合了儒、道、释三教共同的时代要求。（巴蜀书社，2001，第39页。）江淑君《宋代老子学诠释的义理向度》亦曰："宏观宋代老学研究者的注《老》解《老》之作，诠释者确实多偏向'《老子》注我'一定向。"（学生书局，2010，第342页。）

② 李程《近代老学研究》指出"近代老学研究者还运用西方文化的一些概念、理论、观念等来注解《老子》。"（武汉大学出版社，2008，第277～280页。）

③ 参牟宗三《道德的理想主义·儒家学术之发展及其使命》，载《牟宗三先生全集》第9卷，联经出版事业股份有限公司，2003，第1～6页。

④ 熊铁基、马良怀、刘韶军：《中国老学史》，福建人民出版社，1995。熊铁基所撰"前言"明确意识到这一区分："这如此众多的'老子'与作为原典的《老子》之间，可以说既有联系，又有区别；既有继承，又有发展。而正是这种联系与区别、继承与发展的长久交织、演进，组成了老学发展的历史，且赋予了它极为丰富的内容。"

典《老子》的理解，明白先秦的《老子》究竟说了什么，是刻不容缓的任务。因为只有回归中华思想之本源，才能真正重铸其魂魄。而后世的种种异解歧见，虽可鼓噪于一时，却割断了中华思想的生命脉络。有学者辩解说："就一个理想的诠释活动而言，或许对文本的历史回溯，尽可能竭尽所能努力抉发、释放出经典文本的原始精神与意义，才算是一个比较成功完满的诠释。然而，这样的期许，也有可能造成经典在历代所有的诠释活动中，就只是一个如出一辙、不断复制、照说一次的单调过程而已。"① 更有学者在其老学史研究中明确声称："在具体分析注解家之创造性内容时，我们关注的重点又并不在于这些注文是否符合先秦《老子》之本义或原意，而是此一时期的诸家《老子》注所反映出来的注者本人的各种思想以及由此折射出来的时代文化特征。"② 如果只有抛开先秦《老子》才能推进老学发展，这只能说明创造力的枯竭。试看河上公与王弼，他们对《老子》文本的理解，如句读、词义等大体一致，也就是说，都是基于老学的本源正脉，因而也就承接了中华文化的大本大源。同时，河上公与王弼又各自建构了自己的哲学体系，其理论成就与历史地位远非后世自师心自用者所能望其项背③。可见，力求准确地理解《老子》，与建构自己的思想体系并不矛盾，也绝不会简单地导致"如出一辙、不断复制、照说一次"。恰恰相反，只有自觉承接中华文化的本源正脉，才能真正达致中华文化的创造性发展。

现在我们要看的是老子道物思想，在中国思想史上的影响。亦即老子"道物模式"的应用④。

在这一节中，我们使用的方法主要是变形追踪法。即以老子道物模式的

① 江淑君：《宋代老子学诠解的义理向度》，学生书局，2010，第 326 页。

② 刘固盛：《宋元老学研究》，巴蜀书社，2001，第 244 页。董恩林也有类似表述，见董恩林《唐代老学：重玄思辨中的理身理国之道》，中国社会科学出版社，2002，第 3 页。

③ 参见 Alan K. L. Chan（陈金梁），*Two Visions of the Way: A Study of the Wang Pi and Ho-shang Kung Commentaries on the Lao tzu*（《道之二解：王弼〈老子注〉及河上公〈老子章句〉研究》），Albany: State University of New York Press, 1991。

④ 朱晓鹏《老子哲学研究》在讨论老子辩证法的建构方法时，提出的第二点为"'模式同构'的推论法"，其中提及"老子从其建构的'有无相生'、'周行不殆'的'道的模式'推论出了'祸福无常'、'弗行而知、弗为而成'等关于矛盾对立可以无条件转化的普遍规律。"（商务印书馆，2009，第 237 页。）未能深入探讨，惜哉！

基本内涵框架为基准，寻找发现其在后世各种思想学说中的运用。当然这些运用都会有各式各样的变异，也唯其如此，就更值得我们去寻找与发现。

在老子思想中，与道与万物之关系相应的，是圣人与百姓的关系。《老子》第四十九章："圣人无常心，以百姓心为心。"河上公《章句》："百姓心之所便，圣人因而从之。"① 严遵《指归》作"圣人无心"②，云："是以圣人建无身之身，怀无心之心，有无有之有，托无存之存，上含道德之化，下包万民之心〔……〕载之如地，覆之如天，明之如日，化之为神。"③ 道直接是万物之全体，与此相应，圣人自己无心，其心直接就是百姓之心，亦即圣人没有与百姓之心——无论是其整体还是个体——相区分的属于一己之私的心。

《庄子·外篇·知北游》即承袭了老子道无所不在的思想，并"对此有精辟的发挥"④：

> 东郭子问于庄子曰："所谓道，恶乎在？"庄子曰："无所不在。"东郭子曰："期而后可。"庄子曰："在蝼蚁。"曰："何其下邪？"曰："在稊稗。"曰："何其愈下邪？"曰："在瓦甓。"曰："何其愈甚邪？"曰："在屎溺。"东郭子不应。庄子曰："夫子之问也，固不及质。正获之问于监市履狶也，每况愈下。"⑤

---

① 旧题（西汉）河上公：《老子道德经河上公章句》，王卡点校，中华书局，1993，第188页。

② 参樊波成《老子指归校笺》，上海古籍出版社，2013，第75页。马王堆帛书乙本（甲本残缺"圣人恒无心"）与北京大学藏汉简本作"圣人恒无心"。〔见裘锡圭主编《长沙马王堆汉墓简帛集成》，中华书局，2014，图版：第1册，甲本、第96页、第二十二—二十三行，乙本、第143页、第十行下；释文：第4册，甲本、第4页，乙本、第194页；北京大学出土文献研究所编《北京大学藏西汉竹书》〔贰〕，上海古籍出版社，2012，第31简，图版：第42页，释文：第128页。〕古本当作"圣人恒无心"，河上公之旧本亦当如是（见高明《帛书老子校注》，中华书局，1996，第58~59页）。

③（西汉）严遵：《老子指归》，樊波成：《老子指归校笺》，上海古籍出版社，2013，第77页。

④ 金景芳：《金景芳先秦思想史讲义》，天津古籍出版社，2007，第127页。

⑤《庄子》，（清）郭庆藩：《庄子集释》第3册，中华书局，1961，第749~750页。

道无所不在，哪怕最卑贱、最肮脏的"屎溺"①。张岱年还指出，《知北游》所言即"一切物皆不能离道而存在，道周遍于一切"。此外，"《庄子》外、杂篇大概是庄子弟子及后学所作，其中论道的地方很多，颇注重道无所不在的意思，如说：'夫道，覆载万物者也，洋洋乎大哉！君子不可以不刳心焉。'（《天地》）'夫道于大不终，于小不遗，故万物备，广广乎其无不容也，渊乎其不可测也。'（《天道》）道周行遍在，万物皆受其覆载，而未有能离道者。《庄子》书又说：'行于万物者道也。'（《天地》）'万物殊理，道不私。'（《则阳》）道即是行于万物，统会一切殊理之大理。"② 尤其庄子"道在屎溺"的命题，对中国哲学的发展产生了重大影响。这一命题有力地避免了由道优物劣的理解所可能导致的道超越于物的超越论，或者道物分离的道物二元论，形成了中国哲学"道物不二"③的

---

① 朱荣智《老庄的异同》据此认为"庄子对道的阐释，比老子更为明确周详。"明确容或有之，周详则未必（载朱荣智《老子探微》，师大书苑有限公司，1992，第48页）。张广保举《知北游》此节论"道的遍在性"，并以之为老子道论的缺陷："道作为一种超验的存在，并不是绝对隔绝于现实世界之万事万物的，而是遍在于宇宙万事万物之中。道体的这种贯通于形上、形下之存在形式充分表明中国古代哲学智慧的独异性。对于道与现实世界的关系，老子仅从创生论的角度予以论述，以为天地万物均由道而流出，道系天地万物的生成之母。这种仅从生成角度讨论道与万物的关系，固然也能说明道与万物的贯通性，但此种贯通毕竟存在一定程度的隔绝，因为母子虽有相生关系，但一旦生成过程终结之后，则二者即变为相互隔绝之两物。道与具体事物的隔绝并不是无足轻重的，它直接决定了人类的证道行为是否可能，决定了道体能否由人来展现自身，亦即人能否体道、证道。按照老子的思想，人的体道问题并没有得到圆满的解决。后世道家学派看出老子道论的这种局限性，因而着重讨论了道的遍在性问题。对道之遍在性的认识，在先秦道家思想中，以庄子最为深刻。"（张广保：《道家道论的哲学诠释》，载张广保《道家的根本道论与道教的心性学》，巴蜀书社，2008，第36~37页。）荆雨也据《老子》第二十五章"有物混成"，谓"老子认为，'道'是'物'，并欲探寻和描述其存在状态。"而"庄子通过'每况愈下'的，在东郭子看来是不庄重的回答，层层消解了人们以道为高悬于某处之某物的观念，最后得出'道'藏于万物，周行于万物，遍在于万物的结论。我们可以认为，庄子以其所说'道无所不在'以及'道无始终'的观念，赋予道以空间上的遍在性与时间上的无始终性或无限无穷性，使老子的'道原'难题终究可化解。"（荆雨：《自然与政治之间——帛书〈黄帝四经〉政治哲学研究》，东北师范大学出版社，2007，第7~15页。）诸家对庄子的"道论"的认识许不错，但无疑贬低了老子。庄子在"道论"方面对老子而言并无实质性的发展，而更多是将老子"道论"表述得更为全面清晰。

② 张岱年：《中国哲学大纲》，中国社会科学出版社，1982，第23页。

③ 参詹剑峰《老子其人其书及其道论》，华中师范大学出版社，2006，第152~162页。

传统，与西方哲学显相区分。

《庄子·内篇·逍遥游》中，连叔描述神人曰："之人也，物莫之伤，大浸稽天而不溺，大旱金石流、土山焦而不热。"① 强调了神人能水火无伤②。《齐物论》王倪曰："至人神矣！大泽焚而不能热，河汉沍而不能寒，疾雷破山飘风振海而不能惊。"③《大宗师》讲到古之真人"登高不栗，入水不濡，入火不热"④。《秋水》北海若曰："至德者，火弗能热，水弗能溺，寒暑弗能害，禽兽弗能贼。非谓其薄之也，言察乎安危，宁于祸福，谨于去就，莫之能害也。"⑤《达生》："子列子问关尹曰：'至人潜行不窒，蹈火不热，行乎万物之上而不栗。请问何以至于此？'关尹曰：'是纯气之守也，非知巧果敢之列。'"⑥ 何以如此，历来解说纷纭⑦。《史记》卷六《秦始皇本纪》卢生对秦始皇称述真人，也是说"真人者，入水不濡，入火不爇，凌云气，与天地久长"⑧。其中"与天地长久"，我们可以很容易想到上引《老子》第十六章的"天乃道，道乃久，没身不殆"，这就是"与天地久长"。庄子也好，卢生也好，他们讲的真人都是得道之人，真人所显现出来的特性，就是道针对物所显现出的特性。你看它同时强调入水不濡，入火不热。如果是一个有形之物的话，或者一个普通人，水火都怕，或者有一个不怕水的物，入水不濡的物，那他入火是必热的。而真人作为体道者，他所显现出来的是道对于物的独特性，所以是水火都不怕，而且他能够做到与天地久长，没身不殆的。实际上就是说它仍然是"周行而不

---

① 《庄子》，（清）郭庆藩：《庄子集释》第 1 册，中华书局，1961，第 30～31 页。
② 尤锐显然忽视了道家对于"道"的注释传统。他认为《庄子》此文表明"神人""甚至也高于自然本身，甚至洪水和干旱都无法消灭他们。"（〔以〕尤锐：《展望永恒帝国——战国时代的中国政治思想》，孙英刚译，上海古籍出版社，2013，第 162 页。）"神人"作为得道者，高于万物中之每一具体物，但是不可能高于"自然本身"。
③ 《庄子》，（清）郭庆藩：《庄子集释》，中华书局，1961 年，第 1 册，第 96 页。
④ 《庄子》，（清）郭庆藩：《庄子集释》，中华书局，1961 年，第 1 册，第 226 页。
⑤ 《庄子》，（清）郭庆藩：《庄子集释》，中华书局，1961 年，第 3 册，第 588 页。
⑥ 《庄子》，（清）郭庆藩：《庄子集释》，中华书局，1961，第 3 册，第 633 页。
⑦ 历代解说之归纳，可参吴嘉应《庄子应世思想研究》，台湾学生书局，2011，第 22～31 页；何志华：《〈庄子·大宗师〉"入水不濡，入火不热"解诂——兼论〈庄子〉表述"离形去知"相关问题》，载刘钊主编《出土文献与古文字研究》第 6 辑，上海古籍出版社，2015，第 683～702 页。
⑧ （西汉）司马迁：《史记》第 1 册，中华书局，2013，第 324 页。

殆"。但是由《秋水》篇所言可知，道家此义在庄子后学中就已有不能理解者，惜哉①。

再看《淮南子·诠言》：

> 洞同天地，浑沌为朴，未造而成物，谓之太一。同出于一，所为各异，有鸟、有鱼、有兽，谓之分物。方以类别，物以群分，性命不同，皆形于有。隔而不通，分而为万物，莫能及宗，故动而为之生，死而谓之穷。皆为物矣，非不物而物物者也，物物者亡乎万物之中。稽古太初，人生于无，形于有，有形而制于物。能反其所生，故未有形，谓之真人。真人者，未始分于太一者也。圣人不为名尸，不为谋府，不为事任，不为智主。藏无形，行无迹，游无朕，不为福先，不为祸始，保于虚无，动于不得已。欲福者或为祸，欲利者或离害。故无为而宁者，失其所以宁则危；无事而治者，失其所以治则乱。星列于天而明，故人指之；义列于德而见，故人视之。人之所指，动则有章；人之所视，行则有迹。动有章则词，行有迹则议。故圣人掩明于不形，藏迹于无为。②

太一就是道。接下来他也讲到真人，"能反其所生，故未有形，谓之真人"。强调真人是未有形——此处之真人，显然就是《大宗师》与《史记》卢生所言之真人。真人"未有形"，故能"入水不濡，入火不热"。真人所显现的仍然是道对于物的特性，亦即以至无入于众有。王弼《老子指略》即一再强调"道"之无形："夫物之所以生，功之所以成，必生乎无形，由乎无名。无形无名者，万物之宗也。不温不凉，不宫不商［……］故其为物也则混成，为象也则无形，为音也则希声，为味也则无呈。故能为品

---

① 何志华认为："所谓'入水不濡，入火不热'之说，其实乃为文学表述技巧，旨在通过比喻，说明真人浑忘一己之形躯而已，而非以为真人具备神奇力量。读者倘以为庄子实有所指，确信真人悟道以后，可以入水入火，穿凿附会，曲为之说，则失其旨矣。"（何志华：《〈庄子·大宗师〉"入水不濡，入火不热"解诂——兼论〈庄子〉表述"离形去知"相关问题》，载刘钊主编《出土文献与古文字研究》第6辑，上海古籍出版社，2015，第701~702页。）但是《史记》卢生对始皇所言，必为得道后肉身则物莫之伤，绝非文学比喻。且其文字与《大宗师》高度一致，可证其说确出庄学。

② 《淮南子》，张双棣：《淮南子校释》下册，北京大学出版社，2013，第1494页。

物之宗主，苞通天地，靡使不经也。若温也则不能凉矣，宫也则不能商矣[……] 五物之母，不炎不寒，不柔不刚；五教之母，不皦不昧，不恩不伤。"① 同样强调了道"无形"，故"不温不凉"，"不炎不寒"，尤其是"不恩不伤"。

《韩非子·解老》云：

> 道者，万物之所然也，万理之所稽也。理者，成物之文也；道者，万物之所以成也。故曰，道，理之者也。物有理，不可以相薄，物有理不可以相薄，故理之为物之制，万物各异理。万物各异理，而道尽稽万物之理，故不得不化。②

张岱年《中国哲学大纲》以此"理"为"形式"："《庄子·外篇》云：'物成生理谓之形。'（《天地》）荀子云：'形体色理以目异。'（《正名》）《易·系辞上传》云：'仰以观于天文，俯以察于地理。'《韩非子·解老篇》云：'理者成物之文也。'又说：'凡理者方圆短长粗靡坚脆之分也。'又说：'短长大小方圆坚脆轻重白黑之谓理。'所谓理都是物之形式。"③ 韩非子此言意在解决道遍在万物所产生的理论矛盾：若万物之每一物中都有道，岂非意味着万物之每一物中都包含着万物之整体？因此韩非子将作为每一物之根据的"道"改称为"理"，每一物都有各自之"理"，而以"大道"为每一"物理"之终极根据。由此，韩非子使老子"道物模式"明晰化为道之"至无"对万物之众"有"。葛荣晋进而认为："玄学家王弼在中国哲学史上，首先把'理'实体化，认为理是宇宙万物的'所以'，即理是宇宙万物赖以产生和存在的根据。他说：'物无妄然，必由其理。统之有宗，会之有元，故繁而不乱，众而不惑。'（《周易略例·明

---

① （三国·魏）王弼：《老子指略》，载楼宇烈《老子道德经注校释》，中华书局，2008，第 195 页。

② 《韩非子》，（清）王先慎：《韩非子集解》，中华书局，1998，第 146～147 页。末句原标点为："万物各异理，万物各异理而道尽。稽万物之理，故不得不化。"今依陈启天标点改（陈启天：《增订韩非子校释》，台湾商务印书馆股份有限公司，1969，第 748 页）。

③ 张岱年：《中国哲学大纲》，中国社会科学出版社，1982，第 52 页。

象①》）又说：'夫识物之动，则其所以然之理，皆可知也。'（《周易注·乾文言》）这里所谓'理'，主要是指统率万物的本体之理，是事物运动的'所以然之理'，实际上是'无'或'道'的同义语。"② 对于《文言注》之语，张岱年释曰："王弼以'无'为本，但肯定物是有理的。"③ 明确区分"无"与"理"，则此"理"仍当为每一物之"所以"，而非作为终极根据之"道"。《庄子·内篇·齐物论》："有伦，有义"，郭象注："物物有理，事事有宜。"成玄英疏："伦，理也。义，宜也。群物纠纷，有理存焉；万事参差，各随宜便者也。"④ 也正是在每一物之"所以"的意义上使用"理"。理学之中，张载亦称"万物皆有理"⑤。朱熹《大学或问》卷下："吾闻之也，天道流行，造化发育，凡有声色貌象而盈于天地之间者，皆物也。既有是物，则其所以为是物者，莫不各有当然之则，而自不容已，是皆得于天之所赋，而非人之所能为也。今且以其至切而近者言之，则心之为物，实主于身，其体则有仁义礼智之性，其用则有恻隐羞恶恭敬是非之情，浑然在中，随感而应，各有攸主，而不可乱也。次而及于身之所具，则有口鼻耳目四肢之用。又次而及于身之所接，则有君臣父子夫妇长幼朋友之常。是皆必有当然之则，而自不容已，所谓理也。外而至于人，则人之理不异于己也；远而至于物，则物之理不异于人也；极其大，则天地之运，古今之变，不能外也；尽于小，则一尘之微，一息之顷，不能遗也。"⑥ 认为每一物都有其"当然之则"，即"所谓理也"。伊川则致力于重新贯通一物之"理"与"至道"之关联，而由"格物"入手："格物穷理，非是要尽穷天下之物，但于一事上穷尽，其他可以类推。至如言孝，其所以为孝者如何？穷理（一无此二字）如一事上穷不得，且别穷一事，或先其易者，或先其难者，各随人深浅。如千蹊万径，皆可适国，但得一

---

① "明象"当为"明象"之误，见楼宇烈《王弼集校释》下册，中华书局，1980，第591页。

② 葛荣晋：《中国哲学范畴通论》，首都师范大学出版社，2001，第206页。

③ 张岱年：《中国古典哲学概念范畴要论》，中国社会科学出版社，1989，第40页。

④ 《庄子》，（清）郭庆藩：《庄子集释》第1册，中华书局，1961，第83、84页。

⑤ （北宋）张载：《张子语录》，载（北宋）张载《张载集》，中华书局，1978，第321页。

⑥ （南宋）朱熹：《大学或问》，载朱杰人、严佐之、刘永翔主编《朱子全书》第6册，上海古籍出版社、安徽教育出版社，2002，第526～527页。

道入得便可。所以能穷者，只为万物皆是一理，至如一物一事，虽小，皆有是理。"① 可见伊川仍是将"理"理解为"道物"一体。

这个学说也可以反过来说，就是说所谓"火不热"。《庄子·天下篇》所讲到的辩者二十一事，其中之一为"火不热"②。我们看陆德明《释文》引用一云的解释："犹金木加于人有楚痛，楚痛发于人，而金木非楚痛也。如处火之鸟，火生之虫，则火不热也。"③ 实际上还是入火不热，这只虫鸟在火中是不觉得热的，因为它适应火，这种热是指一种无法忍受的热，它不会有这种感觉。再看成玄英的解释："火热水冷，起自物情，据理观之，非冷非热。何者？南方有食火之兽，圣人则入水不濡，以此而言，固非冷热也。又譬杖加于体而痛发于人，人痛杖不痛，亦犹火加体而热发于人，人热火不热也。"④ 同样他也讲到了这样的比喻："人痛杖不痛，人热火不热。"如果我们从火的角度来看，火也是一无，就是说火自身是没有热这一物性的，热不是火之性。觉得热的是不能够适应火的人，火热、水冷是人的感觉，与火无关，火自身是不热的。也就是说，火居于道位，是无，而人的感受居于物位，是众有。《论语·阳货篇》："性相近也，习相远也。"皇侃《论语义疏》引一家旧释云：

> 近性者正，而即性非正；虽即性非正，而能使之正。譬如近火者热，而即火非热；虽即火非热，而能使之热。能使之热者何？气也，热也。能使之正者何？仪也，静也。⑤

① 《河南程氏遗书》卷十五《入关语录》，载（北宋）程颢、程颐《二程集》上册，中华书局，2004，第157页。
② 《庄子》，（清）郭庆藩：《庄子集释》第4册，中华书局，1961，第1106页。
③ （唐）陆德明：《经典释文》下册，上海古籍出版社，1985，第1588页。
④ （西晋）郭象注、（唐）成玄英疏《南华真经注疏》下册，中华书局，1998，第620页。
⑤ （南朝·梁）皇侃：《论语义疏》，中华书局，2013，第445页。马国翰辑王弼《论语释疑》因其上文引王弼曰，遂将"王弼曰"以下文字悉数辑入，（清）马国翰：《玉函山房辑佚书》第3册，广陵书社，2004，第1755页。楼宇烈从之，见楼宇烈《王弼集校释》下册，中华书局，1980，第632页。王葆玹力辨皇侃引王弼乃《周易注》，仅见于《易注》之"不性其情，焉能久行其正"一语为王弼语，且非佚文，其余仍为"一家旧释"之语。亦即"一家旧释"引用了一句王弼之语（王葆玹：《今古文经学新论》，中国社会科学出版社，2004，第431~432页）。高氏标点从之，是也。

近性者正，但性本身并不正；一如近火者会感到热，但是火自身并无所谓热。这个学说，据《淮南子·诠言》"公孙龙粲于辞而贸名"句许慎注："公孙龙以白马非马，冰不寒、炭不热为论，故曰贸也"①，是公孙龙的诡辩。这一说法还遭到了墨家的辩驳，《墨子·墨经》下就明确讲"火，热"，《经说》下的解释是："火，谓火热也，非以火之热我有，若视日。"②火本身就是热的，就像太阳本就是热的，不是我在它上面感到了热，墨家认为火就是热的，这是火的属性。嵇康的《声无哀乐论》：

> 夫喜怒哀乐，爱憎惭惧，凡此八者，生民所以接物传情，区别有属而不可溢者也。夫味以甘苦为称，今以甲贤而心爱，以乙愚而情憎，则爱憎宜属我而贤愚宜属彼也，可以我爱而谓之爱人，我憎则谓之憎人，所喜则谓之喜味，所怒则谓之怒味哉？由此言之，则外内殊用，彼我异名。声音自当以善恶为主，则无关于哀乐；哀乐自当以情感而后发，则无系于声音。名实俱去，则尽然可见矣。③

嵇康对声之哀乐的理解，声——音乐本身没有哀乐，哀乐的是听音乐的人。哀乐是人听了声音之后的感情，这是人的事，不关音乐的事，同我们讲的火不热，以及最终道物之分是一致的④。

再看这一观念在政治学上的影响，就是所谓对无为学说的理解。完全的无为在老子那里作为一种理想状态可以，但是具体到现实的国家治理层面，如何做到无为？刘笑敢指出："道家讲无为，但道家并不认为一切人都

---

① 《淮南子》，张双棣：《淮南子校释》下册，北京大学出版社，2013，第1515、1519页。

② 《墨经》，谭戒甫：《墨辩发微》，中华书局，1964，第300页。

③ （三国·魏）嵇康：《嵇康集》，戴明扬：《嵇康集校注》，人民文学出版社，1962，第199~200页。

④ 王葆玹已指出嵇康《声无哀乐论》与"火不热"命题以及上引两则文献的关系。但又引用嵇论下文"然和声之感人心，亦犹酒醴之发人情也。酒以甘苦为主，而醉者以喜怒为用。其见欢戚为声发，而谓声有哀乐，犹不可见喜怒为酒使，而谓酒有喜怒之理也"，认为："嵇康本应指出甘苦乃是饮酒者的感受，声色本身是无所谓善恶好丑。嵇康没有指出这些，反而肯定善恶好丑甘苦都是声色醴酒所固有。"（王葆玹：《今古文经学新论》，中国社会科学出版社，2004，第436页。）本文认为嵇康显然区分了酒之甘苦与人饮酒的喜怒，之所以未再进一步将甘苦与酒剥离，盖因酒毕竟是万物中之一物，而非至无之道，其有物性，也就是理所当然的了。

可能做到无为。事实上，老子讲的主要是圣人无为，庄子讲的主要是至人（真人、神人）无为，而黄老派讲的主要是君主无为。如果普天之下的人都真的实行起无为的原则，那么人类就只能回到穴居野处的时代，根本谈不上治天下。黄老之学是道家中最重视现实问题的一派，他们看到了这一问题，因而提出了君无为而臣有为的思想。"① 君无为实际就是君相当于道的位置，君是无，无形，无名，无为；而臣有为，就是说臣是各个官署，有自己的职责，必须履行各自的职责。相对于道来说，从我们刚才所理解的"周行而不殆"的道物之分来说，群臣就相当于一个个有形之物，而君就是那个无形、无名、无为的道。由此来构造的君臣关系，既保证道的无为的实现，又保证国家机器的运行，并且在此基础上形成君上御臣之术。《庄子·外篇·天道篇》：

> 夫帝王之德，以天地为宗，以道德为主，以无为为常。无为也，
> 则用天下而有余；有为也，则为天下用而不足。故古之人贵夫无为也。
> 上无为也下亦无为也，是下与上同德，下与上同德则不臣；下有为也
> 上亦有为也，是上与下同道，上与下同道则不主。上必无为而用天下，
> 下必有为为天下用：此不易之道也。②

这就是讲的所谓君无为而臣有为。同书《在宥篇》：

> 何谓道？有天道，有人道。无为而尊者，天道也；有为而累者，
> 人道也。主者，天道也；臣者，人道也。天道之与人道也，相去远矣，
> 不可不察也。③

《管子·心术》上篇：

---

① 刘笑敢：《庄子哲学及其演变》，修订版，中国人民大学出版社，2010，第280页。张增田《黄老治道及其实践》也发现"老子以道为治的内在矛盾"："抽象之道不能保证与之相应的'无为'在可行向度上的落实。"（中山大学出版社，2005，第197页。）
② 《庄子》，（清）郭庆藩：《庄子集释》第2册，中华书局，1961，第465页。《庄子》此文前后数章历代多有指为伪托者（参陈鼓应《庄子今注今译》中册，中华书局，1983，第342~343页）。由本文所论观之，恐不伪。
③ 《庄子》，（清）郭庆藩：《庄子集释》第2册，中华书局，1961，第401页。

心之在体，君之位也。九窍之有职，官之分也。心处其道，九窍循理。嗜欲充益，目不见色，耳不闻声。故曰，上离其道，下失其事。毋代马走，使尽其力；毋代鸟飞，使弊其羽翼；毋先物动，以观其则：动则失位，静乃自得。①

《韩非子·主道》：

明君无为于上，群臣竦惧乎下。明君之道，使智者尽其虑，而君因以断事，故君不穷于智；贤者敕其材，君因而任之，故君不穷于能。有功则君有其贤，有过则臣任其罪，故君不穷于名。是故不贤而为贤者师，不智而为智者正。臣有其劳，君有其成功，此之谓贤主之经也。②

《韩非子·扬榷》：

权不欲见，素无为也。事在四方，要在中央。圣人执要，四方来效。虚而待之，彼自以之。③

《吕氏春秋·分职》：

先王用非其有，如己有之，通乎君道者也。夫君也者，处虚素服而无智，故能使众智也。智反无能，故能使众能也。能执无为，故能使众为也。无智、无能、无为，此君之所执也。人主之所惑者则不然，以其智强智，以其能强能，以其为强为，此处人臣之职也。处人臣之职，而欲无拥塞，虽舜不能为。武王之佐五人，武王之于五人者之事无能也，然而世皆曰，取天下者，武王也。故武王取非其有，如己有之，通乎君道也。通乎君道，则能令智者谋矣，能令勇者怒矣，能令辩者语矣。夫马者，伯乐相之，造父御之，贤主乘之，一日千里，无御相之劳，而有其功，则知所乘矣。④

---

① 《管子》，黎翔凤：《管子校注》中册，中华书局，2004，第 759 页。
② 《韩非子》，（清）王先慎：《韩非子集解》，中华书局，1998，第 27～28 页。
③ 《韩非子》，（清）王先慎：《韩非子集解》，中华书局，1998，第 44 页。篇名原作"扬权"，据《集解》说改。
④ 《吕氏春秋》，许维遹：《吕氏春秋集释》下册，中华书局，2009，第 666～667 页。

处鼎之终，鼎道之成也。居鼎之成，体刚履柔，用劲施铉。以斯处上，高不诚亢。得夫刚柔之节，能举其任者也。应不在一，则应所不举，故曰大吉，无不利也。①

夏含夷释曰："'用劲施铉，高不诚亢'不就是叫国君放心大胆地执政？可是，国君不应该自己动手，反而应该利用臣民：'能举其任者'，就像蒙卦六五注里所说'不自任察而委于二，付物以能'的意思一样，是劝圣王'不劳聪明'，把政府的实际责任'委于'贤臣。"夏氏进而认为："其实，王弼的这个说法基本上就是战国末年韩非子所代表的黄老政治思想。"并举《韩非子·扬权》上引文为例，指出"韩非子是最典型的黄老政治思想家。司马迁在《史记·老子韩非列传》里说：'韩非者，韩之诸公子也。喜刑名法术之学，而其归本于黄老。'"②其论甚是。

刘邵所著的《人物志》，讲人才性的培养，仍然是从这个角度讲③：

《人物志·九徵》：凡人之质量，中和最贵矣。中和之质，必平淡无味；故能调成五材，变化应节 [……]④

《人物志·别体》：夫中庸之德，其质无名，故咸而不碱，淡而不醋，质而不缦，文而不绩，能威能怀，能辨能讷，变化无方，以达为节。⑤

① （三国·魏）王弼注经、（东晋）韩康伯注传、（唐）孔颖达疏《周易注疏》，第114页，载（清）阮元校刻《十三经注疏》第1册，艺文印书馆，2007。

② 〔美〕夏含夷：《王弼的黄老政治思想》，载〔美〕夏含夷《古史异观》，上海古籍出版社，2005，第304～305页。

③ 《庄子·内篇·应帝王》："无为名尸，无为谋府，无为事任，无为知主。体尽无穷，而游无朕；尽受其所受乎天，而无见得，亦虚而已。至人之用心若镜，不将不迎，应而不藏，故能胜物而不伤。"又《外篇·天道》有云："圣人之静也，非曰静也善，故静也；万物无足以铙心者，故静也。水静则明烛须眉，平中准，大匠取法焉。水静犹明，而况精神！圣人之心静乎！天地之鉴也，万物之镜也。夫虚静恬淡寂漠无为者，天地之平而道德之至，故帝王圣人休焉。"〔（清）郭庆藩：《庄子集释》第1册，中华书局，1961，第307页；第2册，第457页。〕可谓刘氏先声。

④ （三国·魏）刘邵：《人物志》，上海古籍出版社，1990，第4页。

⑤ （三国·魏）刘邵：《人物志》，上海古籍出版社，1990，第7页。

《人物志·流业》：主德者，聪明平淡，总达众材而不以事自任者也〔……〕若道不平淡与一材同用好，则一材处权而众材失任矣。①

很显然，平淡无味就让我们想到道的无名无形，五材则是有形有名之物。这是将黄老道家"君无为而臣有为"的模式内化成为个人修身养性的方式。但是"君无为而臣有为"的治国模式中，君王可以表现为完全的无，因为君王不需要处理任何具体事务。对于个人来说，却必须与外界事物接触。于是，问题在于，达到完美修养的人如何内心平淡地应对外物呢？

回答这一问题的，是魏晋玄学中一个核心论题，圣人无情②。《三国志》—《魏书》卷二十八《钟会传》裴松之注引何邵《王弼传》：

何晏以为圣人无喜怒哀乐，其论甚精，钟会等述之。弼与不同，以为圣人茂于人者神明也，同于人者五情也。神明茂，故能体冲和以通无；五情同，故不能无哀乐以应物。然则圣人之情，应物而无累于物者也。今以其无累，便谓不复应物，失之多矣。③

我们看《世说新语》里关于圣人无情的几则故事：

《世说新语·言语》：张玄之、顾敷是顾和中外孙……和与俱至寺中，见佛般泥洹像，弟子有泣者，有不泣者。和以问二孙。玄谓，被亲故泣，不被亲故不泣。敷曰：不然。当由忘情故不泣，不能忘情故泣。④

《世说新语·文学》：僧意在瓦官寺中，王苟子来，与共语，便使

① （三国·魏）刘邵：《人物志》，上海古籍出版社，1990，第10页。汤用彤《读〈人物志〉》已指出刘氏此论乃出于老子："中庸本出于孔家之说，而刘邵乃以老氏学解释之。"（汤用彤：《魏晋玄学论稿》，中华书局，1962，第23页。）

② 参汤用彤《王弼圣人有情义释》，载汤用彤《魏晋玄学论稿》，中华书局，1962，第73～83页。汤氏《读〈人物志〉》又谓："《论语》皇疏四引王弼云：'中和质备，五材无名。'此称美圣德，文意与《人物志》全同。"但"刘邵、王弼所陈君德虽同，而其发挥则殊异，《人物志》言君德中庸，仅用为知人任官之本，《老子注》言君德无名，乃证解其形上学说，故邵以名家见知，而弼则为玄学之秀也。"（汤用彤：《魏晋玄学论稿》，中华书局，1962，第21～23页。）

③ （西晋）陈寿：《三国志》第3册，（南朝·宋）裴松之注，中华书局，1959，第795页。

④ （南朝·宋）刘义庆：《世说新语》，龚斌：《世说新语校释》上册，上海古籍出版社，2011，第215～216页。

其唱理。意谓王曰：圣人有情不？王曰：无。①

《世说新语·伤逝》：王戎丧儿万子，山简往省之。王悲不自胜，简曰：孩抱中物，何至于此！王曰：圣人忘情，最下不及情。情之所钟，正在我辈。简服其言，更为之恸。②

顾敷对于佛涅槃像的理解，就是基于圣人无情论，并且他的圣人无情论是基于何晏的学说，而不是基于王弼的学说。《文学篇》中，王戎仍然是用的何晏学说。

但是也有用王弼学说的。《列子·黄帝篇》：

> 黄帝即位十有五年，喜天下戴己。
> 张湛注：随世而喜耳。③

黄帝当然是圣人，但是高兴了。于是张湛就从王弼的角度来解释，说他是随世而喜。就是说黄帝的心中并没有一己之喜，而是以天下人之心为心，既然天下人都在喜，黄帝自然也喜。《论语·先进》：

> 颜渊死，子哭之恸。从者曰："子恸矣！"子曰："有恸乎？非夫人之为恸而谁为恸？"
> 郭象注：人哭亦哭，人恸亦恸，盖无情者与物化也。④

郭象之注将其所依据的理论和盘托出，这也正是王弼"圣人无情"说的具体运用。

圣人无情，圣人就是所谓得道之人，是处于道的位置上，而凡人则是处在物的位置上。何晏的圣人无情说中，凡人是有情的，有情就是说凡人必然在某一个时候表现为或喜或怒，或哀或乐，而圣人没有喜怒哀乐，圣

---

① （南朝·宋）刘义庆：《世说新语》，龚斌：《世说新语校释》上册，上海古籍出版社，2011，第476～477页。

② （南朝·宋）刘义庆：《世说新语》，龚斌：《世说新语校释》下册，上海古籍出版社，2011，第1253页。

③ 《列子》，杨伯峻：《列子集释》，中华书局，1979，第39页。

④ （西晋）郭象：《论语体略》，（南朝·梁）皇侃《论语义疏》"引"，中华书局，2013，第272页。

人就是无①。然而圣人完全不应物，又将如何衣养万民呢？王弼则把圣人无情论做了调整。何晏认为圣人就是完全表现为无的道，王弼看来圣人则是"内道外物"，圣人是道物的结合体，他的内心是无情的，但是他外在仍然表现为有情。因为圣人仍然是生活在众人之中的，你从外面看不出他是圣人，他外面的表情和众人凡人是一致的。《周易·系辞传》上："鼓万物而不与圣人同忧"，韩康伯注："圣人虽体道以为用，未能至无以为体。故顺通天下，则有经营之迹也。"② 也就是说，圣人虽然体道，但还不是道，不是以至无为体——《淮南子·诠言》："人之所指，动则有章；人之所视，行则有迹。动有章则词，行有迹则议。故圣人掩明于不形，藏迹于无为。"③ 河上公《老子章句》于第一章解说"常道"，亦以"灭迹"为言④——仍然是一个人，有一物之肉身，此肉身仍然有言有行，所以其行为依然有迹可循，是可知可觉的。而"无迹"之论，仍当始于王弼⑤。《老

---

① 汤用彤《王弼圣人有情义释》谓："何晏、王弼同祖老氏，而其持说相违者疑亦有故，何晏对于体用之关系未能如王弼所体会之亲切，何氏似犹未脱汉代之宇宙论，未有本无分为二截，故动静亦遂对立。王弼主体用一如，故动非对静，而动不可废。盖言静而无动，则著无遗有，而本体遂空洞无用。夫体而无用，失其所谓体矣。辅嗣既深知体用之不二，故不能言静而废动，故圣人虽德合天地（自然），而不能不应物而动，而其论性情，以动静为基本观点。圣人既应物而动，自不能无情。平叔言圣人无情，废动言静，大乖体用一如之理，辅嗣所论天道人事以及性情契合一贯，自较平叔为精密。"（汤用彤：《魏晋玄学论稿》，中华书局，1962，第83页。）

② （三国·魏）王弼注经、（东晋）韩康伯注传、（唐）孔颖达疏《周易注疏》，第148～149页，载（清）阮元校刻《十三经注疏》，艺文印书馆，2007，第1册。

③ 《淮南子》，张双棣：《淮南子校释》，北京大学出版社，2013，下册，第1494页。

④ 旧题（西汉）河上公：《老子道德经河上公章句》，中华书局，1993，第1页。河上公此句言："常道当以无为养神，无事安民，含光藏晖，灭迹匿端，不可称道。"其中"含光藏晖"对应于"掩明"，"灭迹匿端"对应于"藏迹"，正可见二者之承袭。

⑤ 此前讨论"本迹论"者，未见以言"迹"始于王弼者。如牟宗三《〈圆善论〉序》言"迹本论"之起始，虽有"王弼、向秀、郭象以迹本论会通孔、老以明道家义理之圆教"之语（《牟宗三先生全集》，联经出版事业有限公司，2003，第22卷，"序"第14页）。其详述，则是"而迹本圆之论则首发之于向、郭之注《庄》。开其端者则为王弼之圣人体无，圣人有情而无累于情。"（牟宗三：《圆善论》，载《牟宗三先生全集》第22卷，第286页。）又如李刚《成玄英论"本迹"》，于王弼仅言其"崇本息末"，谓："王弼所说的末相当于后来郭象所讲的'迹'"，而举裴頠《崇有论》"化感错综，理迹之原也"是"以迹说明'理'的外在行迹"（《四川大学学报》1996年第3期）。

子》第二十七章："善行无辙迹。"，王弼注："顺自然而行，不造不施，故物得至，而无辙迹也。"① 这无疑是王弼的新见。河上公则应代表了传统的解释，其说较为朴实："善行道者求之于身，不下堂，不出门，故无辙迹。"② 应该说，韩康伯对于王弼的理解是非常到位的。身处王韩之间的郭象，其对"迹"的理解也正同于王韩③。如《庄子·外篇·天地篇》："行而无迹"，郭象注："主能任其自行，故无迹也。"④ 郭象进而以此论"圣人"。《庄子·内篇·逍遥游》：

> 尧治天下之民，平海内之政，往见四子藐姑射之山，汾水之阳，窅然丧其天下焉。
>
> 郭象注：四子者盖寄言，以明尧之不一于尧耳。夫尧实冥矣，其迹则尧也。自迹观冥，内外异域，未足怪也。⑤

尧作为圣人，正是"内道外物"，其内为"冥"，亦即道、无，外显者则其肉身、言行，所谓"迹"也。仅此，郭象尚未超出王弼。进而，郭象运用这一道物模式，将自然与名教和合为一。《庄子·外篇·天运》：

---

① （三国·魏）王弼：《老子道德经注》，楼宇烈：《老子道德经注校释》，中华书局，2008，第70页。

② 旧题（西汉）河上公：《老子道德经河上公章句》，中华书局，1993，第108页。可参高明《帛书老子校注》以"车辙足迹"分解"辙迹"（中华书局，1996，第362页）。

③ 楼宇烈《郭象哲学思想剖析》有言：郭象认为事物的"迹"是其"所以迹"的表现。"所以迹者，无迹也"（《应帝王注》）。郭象在解释"无迹"时曾说过："反任物性，而物性自一，故无迹"（《缮性注》）。从这里看，郭象所谓的"无迹"，仍有任物自然，反对"造物主"的意义。但他也并没有就此止步，而是把"无迹"抽象概括为万物的"真性""所以迹"。不仅如此，他还反复强调要弃其形、象（即"迹"），而存其"真性"。抛开具体的事物形象去找什么"所以迹"，这样的"所以迹"只能是空洞、抽象的"无"。把空洞、抽象的"无"作为具体、实在的"有"的生存根据，"真性"所在，这样，郭象在实际上也就走上与王弼等"以无为本"的相同的道路上去了（楼宇烈：《温故知新：中国哲学研究论文集》，商务印书馆，2004，第6~8页）。实则郭象的"所以迹"当本诸其"无迹"，而其"无迹"则当源于王弼之"无辙迹"，王弼所谓"顺自然而行，不造不施，故物得至"，正是郭象之"真性"。

④ 《庄子》，（西晋）郭象注，（清）郭庆藩：《庄子集释》第2册，中华书局，1961，第445、446页。

⑤ 《庄子》，（西晋）郭象注，（清）郭庆藩：《庄子集释》第1册，中华书局，1961，第31、34页。

老子曰："夫六经，先王之陈迹也，岂其所以迹哉！

郭象注：所以迹者，真性也。夫任物之真性者，其迹则六经也。

今子之所言，犹迹也。夫迹，履之所出，而迹岂履哉！"

郭象注：况今之人事，则以自然为履，六经为迹。①

郭象《注》此处之"迹"，同于韩康伯的"经营之迹"，因为先王（圣人）还"未能至无以为体"，内在虽已是"自然（道）"，但外在仍然为物，即六经。以"本迹论"整合儒道，最为完整的表述见于南朝梁阮孝绪《高隐传论》，见载于《梁书》卷五十一《处士列传》二《阮孝绪列传》：

夫至道之本，贵在无为；圣人之迹，存乎拯弊。弊拯由迹，迹用有乖于本；本既无为，为非道之至。然不垂其迹，则世无以平；不究其本，则道实交丧。丘、旦将存其迹，故宜权晦其本；老、庄但明其本，亦宜深抑其迹。迹既可抑，数子所以有余；本方见晦，尼丘是故不足。非得一之士，阙彼明智；体二之徒，独怀鉴识。然圣已极照，反创其迹，贤未居宗，更言其本。良由迹须拯世，非圣不能；本实明理，在贤可照。若能体兹本迹，悟彼抑扬，则孔、庄之意，其过半矣。②

虽其尽力牵合之迹犹深，不过，也可以算是儒道合一最为圆融的表述了。

魏晋玄学与宋明理学渊源颇深③。正是通过玄学，理学也受到道家极深的影响，对于老子道物模式的运用，即其一端。

《河南程氏文集》卷二明道先生文二《答横渠张子厚先生书》，即通称《定性书》曰：

承教，谕以定性未能不动，犹累于外物，此贤者虑之熟矣，尚何俟小子之言！然尝思之矣，敢贡其说于左右。所谓定者，动亦定，静

① 《庄子》，（西晋）郭象注，（清）郭庆藩：《庄子集释》第2册，中华书局，1961，第532页。
② （唐）姚思廉：《梁书》第3册，中华书局，1973，第741页。
③ 参朱汉民《玄学与理学的学术思想理路研究》，中国社会科学出版社，2012。

亦定，无将迎，无内外。苟以外物为外，牵己而从之，是以己性为有内外也。既以内外为二本，则又乌可遽语定哉？夫天地之常，以其心普万物而无心；圣人之常，以其情顺万物而无情。故君子之学，莫若廓然而大公，物来而顺应。《易》曰："贞吉悔亡。憧憧往来，朋从尔思。"苟规规于外诱之除，将见灭于东而生于西也。非惟日之不足，顾其端无穷，不可得而除也。人之情各有所蔽，故不能适道，大率患在于自私而用智。自私则不能以有为为应迹（一作物），用智则不能以明觉为自然。今以恶外物之心，而求照无物之地，是反鉴而索照也。《易》曰："艮其背，不获其身，行其庭，不见其人。"孟氏亦曰："所恶于智者，为其凿也。"与其非外而是内，不若内外之两忘也。两忘则澄然无事矣。无事则定，定则明，明则尚何应物之为累哉？圣人之喜，以物之当喜；圣人之怒，以物之当怒。是圣人之喜怒，不系于心而系于物也。是则圣人岂不应于物哉？乌得以从外者为非，而更求在内者为是也？今以自私用智之喜怒，而视圣人喜怒之正为如何哉？夫人之情，易发而难制者，惟怒为甚。第能于怒时遽忘其怒，而观理之是非，亦可见外诱之不足恶，而于道亦思过半矣。①

《定性书》是宋明理学的里程碑式著作。但是自宋代起，就有学者指出其暗度佛老。叶适《习学记言序目》卷五十《皇朝文鉴》四：

> 按程氏答张载论定性"动亦定，静亦定，无将迎，无内外"；"当在外时，何者为内"？"天地普万物而无心，圣人顺万事而无情""扩然而大公，物来而顺应"；"有为为应迹，明觉为自然"；"内外两忘，无事则定，定则明"；"喜怒不系于心而系于物"：皆老佛庄列常语也。程张攻斥老佛至深，然尽用其学而不自知者，以《易·大传》误之，而又自于《易》误解也［……］嗟夫！未有自坐佛老病处，而揭其号曰"我固辨佛老以明圣人之道"者也。②

---

① （北宋）程颢、程颐：《二程集》上册，中华书局，2004年，第460页。
② （南宋）叶适：《习学记言序目》下册，中华书局，1977，第751~752页。

后世学者多有针对叶说进行辩驳者①，有人强调："《定性书》中虽然采用了释老的术语，但是如果仔细分析，我们就不难发现，这些术语背后的精神意蕴则完全不同于释老二氏。"② 当然，儒道异趣，玄理各宗，此毋庸讳言。在本文中，我们关注的是思维模式的承继，而这无疑是更为根本的。正如周晋所言：

> 对于二程来说，天地之化育流行是一个浑然无间的总体过程，在其中人与万物都是不可或缺的组成部分，而人之性与物之性，即是天地之性，二者一体贯通，无所差别，所以才可以说"性无内外"，"物我一体"。因此，一旦人能克除一己私欲的障蔽，即能把握此种天人物我贯通无间之性，达到"合内外，一天人"。而具备了这种了解的人，对于天地万物，皆有一种息息相通之感，视万物之遭遇，即为我之遭遇，世界之苦难，即为我之苦难。特别要指出的是，在这里，世界的苦难，直接就是我的苦难，是完完全全同一个东西［……］而体会到天人物我一体的人，则直接感受到世界的苦难，在这里已经完全泯灭了个体主观的"我"的意识，如果能不很恰当地借用佛教的名词的话，我想这可以称之为"大悲"［……］在这种境界中，人真正地与天地合一，作为个体主观计较思量的"我"已经完全消失，于是才能廓然大公，人的感受，完全等同于天地万物本身的感受，于是才能物来而顺应。③

由周氏所分析的定性之论，可知明道认为，我没有自己的苦难，没有

---

① 如张亨《〈定性书〉在中国思想史上的意义》，载张亨《思文之际论集：儒道思想的现代诠释》，新星出版社，2006，第323页。当然也有承继叶氏申论《定性书》入于佛老者，如熊琬《宋代理学与佛学之探讨》，文津出版社，1985，第107～108页；张永儁《二程学管窥》，东大图书公司，1988，第13～31页。历代讨论之综述可参张艳清《宋代理学与道家哲学》，吉林人民出版社，2004，第50～56页；历代之注释与评论可参程水龙《〈近思录〉集校集注集评》上册，上海古籍出版社，2012，第142～153页。

② 郭晓东：《识仁与定性——工夫论视域下的程明道哲学研究》，复旦大学出版社，2006，第143页。

③ 周晋：《读〈有无之境〉兼论〈定性书〉》，载周晋《道学与佛教》，北京大学出版社，1999，第80页。

无论与世界之整体还是其中任一个体相区分的，独属于一己之我的苦难，世界（百姓/天地万物）的苦难就是我的苦难：这非常明晰地展现出与老子道物模式的对应，尤其与上文所论《老子》第四十九章的圣人百姓模式相对应——毫无疑义，明道在此袭用了老子的道物模式。

象山心学亦然。陈来《宋明理学》论述象山"心即是理"命题时，引用了象山三段文字：

> 《陆九渊集》卷一《与侄孙浚》：此心此理，我固有之，所谓万物皆备于我，昔之圣贤先得我心之所同然耳。[①]
>
> 《陆九渊集》卷五《与舒西美》：人孰无心，道不外索，患在戕贼之耳，放失之耳。古人教人，不过存心、养心、求放心。此心之良，人所固有，人惟不知保养而反戕贼放失之耳。[②]
>
> 《陆九渊集》卷十一《与李宰》二：人非木石，安得无心？心于五官最尊大。《洪范》曰："思曰睿，睿作圣。"孟子曰："心之官则思，思则得之，不思则不得也。"又曰："存乎人者，岂无仁义之心哉？"又曰："至于心，独无所同然乎？"又曰："君子之所以异于人者，以其存心也。"又曰："非独贤者有是心也，人皆有之，贤者能勿丧耳。"又曰："人之所以异于禽兽者几希，庶民去之，君子存之。"去之者，去此心也，故曰"此之谓失其本心"。存之者，存此心也，故曰"大人者不失其赤子之心"。"四端"者，即此心也。"天之所以与我者"，即此心也。人皆有是心，心皆具是理，心即理也［……］所贵乎学者，为其欲穷此理，尽此心也。[③]

陈氏认为："在陆九渊的论述中，他常常把本心简称为心"，《与侄浚书》中"固有、皆备的同然之心显然是指本心，而不是一般的思虑知觉

---

① （南宋）陆九渊：《陆九渊集》，中华书局，1980，第13页。

② （南宋）陆九渊：《陆九渊集》，中华书局，1980，第64页。按：陈书初版引"此心之良"未误，但未注明出处，陈来：《宋明理学》，辽宁教育出版社，1991，第193页；第2、3版虽注明出处，却将引文误为"此心之明"，页码误为第63页。陈来：《宋明理学》第2版，华东师范大学出版社，2004，第149页；第3版，生活·读书·新知三联书店，2011，第209页。

③ （南宋）陆九渊：《陆九渊集》，中华书局，1980，第149页。

之心［……］在陆九渊思想中，'人皆有是心'等都是指'本心'，这里（《与李宰》）所说的'心即理'也是指本心即理［……］不过，另一方面，我们可以注意到陆九渊对'心'的用法的多义性。如果陆九渊处处都以心为本心之用，那就不会发生理论上的问题，而事实上，'人非木石，安得无心'，'心于五官最尊大'，'心之官则思'，'心当论邪正'，这些与李宰书中同时使用的'心'显然是指一般思维主体的心、一般心理主体的心、一般情感主体的心。"①

陈氏所言从现代哲学体系的角度来看无疑正确，中国古代思想在逻辑的一致性上的确有不清晰处。不过，如果从象山学说之内在论述脉络来看，陈氏则有割裂之嫌。窃以为在象山看来，"宇宙便是吾心，吾心即是宇宙"② 当然为其学说之核心，可是此"即是宇宙"之"吾心"，却并非乃天纵之将圣之特赐，非寻常人等可望其项背的，其根底恰恰是人人皆具的寻常的"五官"之"心"。

> 《陆九渊集》卷三十五《语录》下李敏求录：孟子云："尽其心者知其性，知其性则知天矣。"心只是一个心，某之心，吾友之心，上而千百载圣贤之心，下而千百载复有一圣贤，其心亦只如此。心之体甚大，若能尽我之心，便与天同。③

圣贤与常人的心都是相同的，因此人人都应养心存心，最终达致"宇宙便是吾心"的境界。

陈来还指出："在一般的知觉主体的意义上，陆九渊认为心有邪正，如：'学者问：荆门之政何先？对曰：必也正人心乎。'④ 他还明确认为：'人生天地间，气有清浊，心有智愚，行有贤不肖。'⑤ 这里的心有智愚亦指心有邪正。他还反对道心人心为二心，认为克念作圣是心，罔念作狂也是心。这些表明，在陆九渊的学说中，'本心'与'心'是有区别的。在

① 陈来：《宋明理学》第 3 版，生活·读书·新知三联书店，2011，第 209～211 页。

② （南宋）陆九渊：《陆九渊集》卷二十二《杂说》，中华书局，1980，第 273 页。

③ （南宋）陆九渊：《陆九渊集》，中华书局，1980，第 444 页。

④ 原注：《语录》上，《陆九渊集》卷三十四，第 425 页。

⑤ 原注：《与包详道》，《陆九渊集》卷六，第 80 页。

以本心为道德主体方面他继承了孟子，而在以心为一般知觉主体的意义上，与朱熹是一致的。"① 其实在象山那里，所谓"道德主体"的"本心"和"知觉主体"的"心"是合一的，就是每人都具备的那个"心"。只是有人戕贼放失而为恶，有人保养勿丧而成贤者。那么，如何保养呢？象山曰：

> 《陆九渊集》卷三十二《养心莫善于寡欲》：将以保吾心之良，必有以去吾心之害。何者？吾心之良吾所固有也，吾所固有而不能以自保者，以其有以害之也。有以害之，而不知所以去其害，则良心何自而存哉？故欲良心之存者，莫若去吾心之害。吾心之害既去，则心有不期存而自存者矣。夫所以害吾心者何也？欲也。欲之多，则心之存者必寡；欲之寡，则心之存者必多。故君子不患夫心之不存，而患夫欲之不寡：欲去则心自存矣。然则所以保吾心之良者，岂不在于去吾心之害乎？②

可见在象山看来，"欲"乃吾心之大害。而"欲"正是基于对于"我"与"物"的区分。进言之，"本心"如果不与世间万物发生联系，则无以"便是宇宙"，但如果要与世间万物发生联系，实际上就只有知觉之心才能做到。也正是在知觉之心与声光色味的交织中，"欲"悄然而至。所以，求放心的途径就是"寡欲"，实际上就是不执着于一己之私，无物无我：

> 《陆九渊集》卷三十四《语录》上严松年录：复斋看伊川《易传》解"艮其背"，问某："伊川说得如何？"某云："说得鹘突。"遂命某说，某云：""艮其背，不获其身'，无我；'行其庭，不见其人'，无物。"③

> 《陆九渊集》卷三十五《语录》下《荆州日录》：有己则忘理，明理则忘己。"艮其背，不见其身；行其庭，不见其人"，则是任理而不以己与人参也。④

---

① 陈来：《宋明理学》第 3 版，生活·读书·新知三联书店，2011，第 211 页。
② （南宋）陆九渊：《陆九渊集》，中华书局，1980，第 380 页。
③ （南宋）陆九渊：《陆九渊集》，中华书局，1980，第 419 页。
④ （南宋）陆九渊：《陆九渊集》，中华书局，1980，第 473 页。

可见，无我无物，忘己明理实质就是由知觉之心上升为"本心"的修养过程。于是，没有与他人和他物相区分的"吾心"便是万民与万物之整体："吾心便是宇宙，宇宙即是吾心！"毫无疑义，象山之致思理路正是老子的道物模式。

阳明心学也可见老子道物模式的影响。《传习录》卷下：

> 问有所忿懥一条。先生曰："忿懥几件，人心怎能无得？只是不可有耳！凡人忿懥着了一分意思，便怒得过当，非廓然大公之体了。故有所忿懥，便不得其正也。如今于凡忿懥等件，只是个物来顺应，不要着一分意思，便心体廓然大公，得其本体之正了。且如出外见人相斗，其不是的，我心亦怒。然虽怒，却此心廓然，不曾动些子气。如今怒人，亦得如此，方才是正。"①

在问者看来，忿懥与廓然大公乃是对立互斥的：忿懥是极端凸显一己，而廓然大公则是无己。阳明的回答，则明显来自明道《定性书》：怒不在己而在物，"出外见人相斗，其不是的，我心亦怒"，只是这怒并不凸显一己之私，"不曾动些子气"——此即《定性书》所谓"圣人应物"，只不过阳明将明道抽象之论具体化了。毫无疑义，这就是来源于王弼的"圣人无情"论，是老子道物模式的又一次具体运用。

由此，我们也可以发现中西哲学的一大分野："中国传统哲学最关心的是如何生活，而不是探索现实世界的真理。"② 今天，中国哲学日益显现出其独特的价值。我们的任务，就是发现、复活，并阐扬中国传统哲学中的固有哲学方法，将之条理化、系统化，以之重建中国哲学，从而使中国哲学具有可与西方哲学平等对话的理论形态。

---

① （明）徐爱等编《传习录》，卷下，吴光等编校《王阳明全集》，卷三，上海古籍出版社，1992，上册，第 98~99 页。

② Peimin Ni（倪培民），*Kung Fu for Philosophers*（《哲学家眼中的功夫》），The New York Times，December 8，2010.

从《学而》篇看《论语》之编纂

　　《汉书》卷三十《艺文志》云："《论语》者，孔子应答弟子、时人，及弟子相与言而接闻于夫子之语也。当时弟子各有所记，夫子既卒，门人相与辑而论纂，故谓之《论语》。"① 历来学者对于汉以来《论语》的流传研究较多，但对于《论语》的编纂成书，似乎措意较少。我们即尝试从《学而》篇入手，来考察《论语》的编纂过程。

　　《学而》篇共分十六章②，依说话人的不同，可以略为分类如下：

　　　　子曰，共9章：一、三、五、六、八、十一、十四、十五（子贡问）、十六

　　　　有子，共3章：二、十二、十三

　　　　曾子，共2章：四、十九

　　　　子夏，共1章：七

　　　　子贡，共1章：十（子禽问）

　　可以看出，孔子言论占有绝对优势，达到50%以上，其余依次为有子3章，曾子2章，子夏1章，子贡1章。不过其中子贡有一点特别，实际在两章中出现。其中第十章子禽问是为了引出子贡的话，但第十五章子贡问则是为了引出孔子的话。从表面来看，《学而》一篇的形式颇为杂乱，"但是形式上的杂乱并不影响该篇在主题上有某种统一性"。③ 正如朱熹《集注》篇首解题所说："此为书之首篇，故所记多务本之意，乃入道之门，积德之基，学者之先务也。"④ 朱熹进而认为，"学"就是本篇的主旨所在。

---

　① （东汉）班固：《汉书》第6册，中华书局，1962，第1717页。

　② 本文引用《论语》，其文字、分章与序号，均依杨伯峻先生《论语译注》，中华书局，1980。为避烦琐，均随文括注页码。

　③ 王博：《论〈论语〉的编纂》，载王博《简帛思想文献论集》，台湾古籍出版有限公司，2001，第305页。

　④ （南宋）朱熹：《四书章句集注》，中华书局，1983，第47页。

朱熹《答张敬夫问目》云："'学而'，说此篇名也。取篇首两字为别，初无意义。但学之为义，则读此书者不可以不先讲也。……夫子之所志，颜子之所学，子思、孟子之所传，皆是学也。其精纯尽在此书，而此篇所名又学之本，故学者不可以不尽心焉。"① 王博先生则在具体分析了《学而》篇的各章文句后，指出："首章的内容正是该篇的主题。……大体说来，《学而》篇的宗旨确是以论学为主，而辅之以朋友之道等内容。"②

不过，从另一个角度来看，我们还可以说第一、二章共同构成了《学而》篇的主题。当然，第二章是有子曰，但阮元《研经室一集》卷二《论语解》即言："弟子以有子之言似夫子而欲师之，惟曾子不可强，其余皆服之矣。故《论语》次章即列有子之语，在曾子之前。"③ 而这一共同构成的主题就是，人如何成为君子。

我们首先分析第一章（第1页）。这一章共有三层，而以"君子"为主题。然则何谓君子？《白虎通德论·号篇》："或称君子何，道德之称也。"④ 朱熹《集注》："君子，成德之名。"⑤ 是君子之内涵即在一"德"字。那么德如何才能养成？学。朱熹解"学"字曰："学之为言效也。人性皆善，而觉有先后，后觉者必效先觉者之所为，乃可以明善而复其初也。"⑥ 也就是说，必须向圣贤学习。但往古圣人已不可得见，因此只有通过记载圣人言行的经典来学，并在适当的时候习——练习、复习、温习、演习、实习，使自己从思想到言行都向圣人趋近，于是与圣人的时间界限便得以打破。而当有朋自远方来，我们便得以交流不同的学习体会，从而打破空间界限。正是在这时空交错中，我们得以养成德行，从而与常人相区分，成为君子。也正因其已与常人相区分，于是不为人所知，但这恰恰是对于一个人是否已经成为君子的最后考验：作为君子，他必将不愠——

① （南宋）朱熹：《答张敬夫问目》，载《朱熹集》第3册，尹波、郭齐点校本，四川教育出版社，1996，第1382～1383页。

② 王博：《论〈论语〉的编纂》，载王博《简帛思想文献论集》，台湾古籍出版有限公司，2001，第305～306页。

③ （清）阮元：《研经室集》上册，中华书局，1993，第50页。

④ （东汉）班固：《白虎通德论》，上海古籍出版社，1990，第10页。

⑤ （南宋）朱熹：《四书章句集注》，中华书局，1983，第47页。

⑥ （南宋）朱熹：《四书章句集注》，中华书局，1983，第47页。

朱熹释曰："愠，含怒意。"① 一时生气或许难免，但真正的君子却绝不会怀恨在心。也正是通过对于常人之愠的否定，君子也得以区分于作为常人的自己，处理好与往圣、时贤、常人的关系，从而成为君子。

下面分析第二章，有子曰（第 2 页）。这一章分可以为两层。第一层是以孝弟的效用说明孝弟的重要性，其中孝弟对应于家庭，犯上对应于社会，作乱对应于国家。显然，在有子的叙述中，这三个方面是具有逻辑联系的：前一方面决定了后一方面。因此，孝弟便成为家国的根基。第二层则是直接论述孝弟在君子修养中的重要性。君子是否有道，取决于君子是否立本。在有子看来，君子之本就是"仁"。而孝弟，则又是"仁"的根本。因此，人要成为君子，必须从孝弟做起。

以下十四章则是从不同角度围绕这一主题展开。为节省篇幅，不再一一讨论。

既然《学而》一篇是围绕主题进行编纂，那么它的编者是谁呢？

程颐《程子经说》曰："《论语》之书，成于有子、曾子之门人，故其书独二子以子称。"② 刘宝楠《论语正义》进而认为："当时弟子惟有子、曾子称子，此必孔子弟子于孔子没后，尊事二子如师，故通称子也。至闵子骞、冉有各一称子，此亦二子之门人所记，而孔子弟子之于二子仍称字，故篇中于闵、冉称字、称子错出也。"③ 又说："又考《论语》之称子者，自有子、曾子外，闵子骞皆书字，而《先进篇》一称闵子。冉伯牛、冉仲弓、冉有皆书字，而《雍也篇》、《子路篇》各一称冉子——则意书字者，为弟子所记；书子者无为三子之弟子所记也。胡寅《论语详解》、赵顺孙《四书纂疏》，谓'《宪问篇》不书姓，且直称名，疑通篇皆宪所记'，其说亦颇得理。要之，《论语》之作，不出一人，故语多重见；而编辑成书，则由仲弓、子游、子夏，首为商定，故传《论语》者，能知三子之名，郑君习闻其说，故于《序》标明之也。"④ 从刘氏的话来看，在《论语》一书中，冉伯牛、冉仲弓、冉有、原宪都有相关于《论语》成书的特殊称谓，

---

① （南宋）朱熹：《四书章句集注》，中华书局，1983，第 47 页。
② 引见《论语集注》卷首，（南宋）朱熹《四书章句集注》，中华书局，1983，第 43 页。
③ （清）刘宝楠：《论语正义》上册，中华书局，1990，第 6 页。
④ （清）刘宝楠：《论语正义》下册，中华书局，1990，第 792～793 页。

而有子、曾子则是孔子弟子对于二人的通称，并无特殊意义。我们详查《论语》，曾子共出现17次，全部称"曾子"①；再看有子，《论语》中出现5次，《学而》篇中3称"有子"②，另《颜渊》篇中2称"有若"，却是与哀公的对话③，那么也可以说《论语》全书是通称"有子"的。而据梁玉绳《人表考》，在先秦典籍中，曾子与有子并无异称④。可见，《论语》称"有子""曾子"，只是沿用当时的通行称呼，并无他意⑤。与此相同，子夏、子游、子贡等称呼，也都是当时的通称，并不表明他们没有作孔子言行的记录，他们的弟子没有参与《论语》的编纂。程朱要把《论语》说成是曾子、有子弟子所纂，不过是出于道统的考虑⑥。其实称"闵子"也不见得一定就是闵子弟子所记。《孟子·公孙丑》："子夏、子游、子张，皆有圣人之一体；冉牛、闵子、颜渊，则具体而微。"又说："宰我、子贡，善为说辞；冉牛、闵子、颜渊，善言德行。"⑦ 如果从称呼来看的话，孟子

① 计有：1.4、1.9、4.15（2次）、8.3、8.4（2次）、8.5、8.6、8.7、12.24、14.26、19.16、19.17、19.18、19.19（2次）。

② 即：1.2、1.12、1.13。

③ 12.9（2次）。

④ （清）梁玉绳：《人表考》，载《二十五史补编》第1册，中华书局，1959，第270、271页。唯有子亦称其名"有若"。参看王利器《汉书古今人表疏证》，齐鲁书社，1988，第197~199页、第202页。

⑤ 参见王锦民《古学经子》，华夏出版社，1996，第170~171页。

⑥ 胡兰江博士曾指出，《论语·先进》篇中所列孔子品评弟子的所谓"四科十哲"，竟然没有曾子，这是程朱所不能接受的。于是朱熹《集注》引程子，把这一章同上文的"从我于陈蔡者"联系起来，认为这十哲都是在陈蔡之时随行的弟子，而"门人之贤者不止此，曾子传道而不与焉"。胡氏认为，"其实，孔子有孔子的看法，后人有后人的解释，我们不能因为其人对后世的影响而修改他在孔子心目中的地位"。见胡兰江《七十子考》，北京大学中文系博士学位论文，2002，第12~13页。我们从《汉书》卷二十《古今人表》也可窥见一斑。清儒蔡云曰："德行四人在第二，言语、政事、文学六人在第三，曾子未列四科，故与子张并次子夏后而适居曾皙前矣。"（蔡云：《汉书古今人表考校补》，载《二十五史补编》，中华书局，1955，第365页。）可见曾子在汉代也还没有什么特殊地位。至于周寿昌曰："曾子于表必列第二，后人传写误入第三也。观下隔子张一人，即接书曾皙可见，盖班即偶尔疏忽，断无将父子先后倒置，且近在两三人也。"［（清）周寿昌：《汉书注校补》，载徐蜀选编《二十四史订补》第2册，书目文献出版社，1996，第653页。］毫无文献依据，以后世之见改前代之书，不足为训。

⑦ 《孟子》，（清）焦循：《孟子正义》上册，中华书局，1987，第214、213页。

应该是闵子的弟子了？可见，这里孟子并没有什么名分上的考虑，他只是用当时通行的称呼来说话罢了。同理，《论语》中的称呼也不应求之过深，那也只不过是当时的通称罢了。我们只需拿《墨子》《孟子》《庄子》《荀子》《礼记》等书翻一翻，看看这些书中的称呼，就可以明白①。再进而言之，王博先生根据"《里仁》篇共包括二十六章，其中前二十五章都以'子曰'开头，表明是记载孔子的话。只有最后一章是'子游曰'"，认为《里仁》篇很可能是子游氏之儒编辑而成②。但如果根据前人对于曾子、有子的推论，《里仁》篇的最后一章该称"言子"才是。但我们可以看到，《孟子》《荀子》都说"子游"，可见"子游"应当是当时的通称。也只有如此解释，我们才能说《里仁》一篇可能是"子游氏之儒"的材料，同时也不必说"言子曰"。还有学者尊之太甚、求之过深，反而走到了自身的反面。例如简朝亮《论语集注补正述疏》："或曰四子皆称子，闵子、冉子之门人亦记之，而终成之者，有子、曾子之门人也——以二子独次乎《学而》第一篇之前列也。"③ 这样说来，如果《论语》是子夏弟子编的，那《学而》篇的第二章就应该是"卜子曰"④ 了？真这样的话，孔子的后学又有何德行可言！

那么，《论语》的编纂者究竟是谁呢？其实，既然我们都承认孔子的言行是由其众多弟子记录下来，从而成为编纂《论语》的原始资料，就可由此推知编纂《论语》之时必然要得到各派弟子的协助。从《论语》本身

---

① 当然，这些书的成书年代距离我们推测的《论语》成书时代要晚了些，但并没有任何证据证明在这中间七十子的称呼发生了重大改变，并且这种大规模的改变似乎也不太可能发生，因此我们可以把这些书中的称呼看作沿袭了早期通行的称呼。

② 王博：《论〈论语〉的编纂》，载王博《简帛思想文献论集》，台湾古籍出版有限公司，2001，第305、306页。

③ （清）简朝亮：《论语集注补正述疏》，北京图书馆出版社，2007，第15页。

④ 不过"卜子"一称似乎还未在典籍中发现过。杨泽生先生在讨论《孔子诗论》中的论诗者时，也仅仅找到了一条，《慎子·内篇》曰："孔子谓子卜子曰：'商，汝知君之为君也？'卜子曰：……"杨氏认为："此本《慎子》多认为伪作，但所引此条的称谓极其罕见，不太像伪造。又，子夏为法家的先驱，慎子称之为'卜子'、'子卜子'是自然的。"（杨泽生：《关于上博所藏楚简诗者是谁的讨论》，载《华学》第5辑，中山大学出版社，2001，第238、240页。）但与孔子对话而称"卜子"甚至"子卜子"，这只能是后人所为。无论如何，这条材料是有问题的。

来看，其中也的确包含了各派弟子的数据，并且还不乏各派弟子间的请教和攻讦。因此，《论语》的编纂很有可能是孔子死后儒家各派之间的最后一次大合作。也只有这样编出来的《论语》，才能够得到各派的认可，成为整个儒家学派尊奉的经典。当然，整个整理过程也应当有少数的统稿者，郑玄所说的仲弓、子游、子夏就应当是这样的人①。子游、子夏都是文学科，也就是古典文献学专家，由他们来定稿，真是再合适不过。不过，正如许多学者所指出的，《论语》中已言及曾子之死，而"曾参最少，少孔子四十六岁，曾子老而死，是书记曾子之死，则去孔子也远矣。曾子之死，孔子弟子略无存者矣"。② 另，《泰伯篇》8.4 言"曾子有疾，孟敬子问之"（第79 页），按：此章曾子曰"鸟之将死"数语，又其上下数章皆言曾子事，而8.3 的"有疾"（第79 页）、8.6 的"托孤"（第80 页）、8.7 的"死而后已"（第80 页），皆似将死之言。学者多据此推断《论语》成书年代。如曾秀景先生据此认为："《论语》初编最早编定之年代，理当迟至孔子卒后三十一年乃至四十三年以上。"③ 其实，《汉书》卷三十《艺文志》所说的"当时弟子各有所记，夫子既卒，门人相与辑而论篡"，就已经明确区分了记下孔子言行的是孔子弟子，而编纂《论语》的是七十子弟子。《隶释》卷七《孔宙碑阴》洪氏曰："其亲受业则曰弟子，以久次相传授则曰门生。"④ 那么，郑玄所谓的仲弓，或许可以理解为是指的仲弓一系的弟子，就类似荀子所说"仲弓氏之儒"。因为对于先师孔子来说，细分七十

---

① 郑玄说见刘宝楠《论语正义》附录《郑玄论语序逸文》下册，中华书局，1990，第792 页。并可参看刘氏《正义》，见同页。又《文选》卷二十九曹颜远《思友人诗》李注引《论语崇爵谶》曰："子夏共撰仲尼微言，以当素王。"（《日本足利学校藏宋刊明州本六臣注文选》，人民文学出版社，2008，第455 页）既曰"共撰"，则不当仅子夏一人。考《文选》卷四十三刘歆《移让太常博士书》李注又引《论语 [谶]》曰："子夏六十四人，共撰仲尼微言。"（第668 页）《论语崇爵谶》即《论语谶》之一。朱维铮先生说："子夏是孔子晚年的著名门徒，在孔子死时年方二十八岁，……但汉朝以来的学者多以为他是孔门大部分经书的传授者。因此，《论语崇爵谶》佚名作者，说子夏是《论语》结集的为首人物，也许不无根据。但此说如可信，则结集时间当在孔子死后，因而实际上否定了刘向的判断。"见朱维铮《〈论语〉结集脞说》，载朱维铮《中国经学史十讲》，复旦大学出版社，2002，第99～100 页。

② （唐）柳宗元：《论语辨》上，载《柳宗元集》第1 册，中华书局，1979，第110 页。

③ 曾秀景：《论语古注辑考》，学海出版社，1991，第53 页。

④ （南宋）洪适：《隶释》，中华书局，1985，第83 页。

子后学是没有意义的。但另一方面，李学勤先生根据郭店简《语丛》三"引述《论语》，更确证该书之早"。又指出："《语丛》摘引《坊记》，证明《坊记》早于战国中期之末，而《坊记》又引述《论语》，看来《论语》为孔子门人仲弓、子夏等所撰定之说还是可信的。"① 由此，我们还可以推测，子夏等人晚年开始筹划编纂《论语》，但未及成书即已过世，一如于省吾、姚孝遂二先生之于《甲骨文字诂林》。因此，后世就流传着成书于子夏等人和成书于七十子弟子等几种说法。

现在，我们可以进而讨论《论语》的编纂方式。

由于书缺有间，现在我们已经看不到有关《论语》成书的直接或间接记载，因而只能就《论语》本文所提供的线索来进行推测。

王博先生在讨论《论语》编纂时，曾将《学而》篇与《里仁》篇进行对比研究，认为："《学而》篇和《里仁》篇的编辑原则是不同的。《学而》篇是以首章为中心，收集与之有关的材料汇编而成。所以它的来源比较杂，体现在人物上，就有孔子、有子、曾子、子贡、子夏和子禽。《里仁》篇则不同，它大概是以子游之所闻为中心，将材料按问题来归类，编辑在一起。所以每个问题的材料都相对集中，同时提到的人物非常单纯，除了孔子，就是子游。而且，碰巧的是，《学而》篇中没有出现子游的名字。"②

如果将王先生所说的这两种情况从编纂方式的角度进行归纳，我们可以分别称之为主题选辑和来源别辑。前者是指根据某一特定主题，从不同来源的材料中挑选合适的条目编为一篇。后者则是指将来源相同的材料单独编为一篇。当然，来源别辑也不排除有编者的加工，《里仁》篇"每个问题的材料都相对集中"就说明了这一点。

《论语》中重复的章节也可以说明这一点。《论语》全书共有 5 章出现了两次，它们是：1.3—17.15、1.8—9.25、1.11—4.20、6.27—12.15、8.14—14.26。我们可以据此做出三点推论：

---

① 李学勤：《〈语丛〉与〈论语〉》，载《清华大学思想文化研究所集刊》第 2 辑，清华大学出版社，2002，第 6、7 页。有关《坊记》引《论语》的考辨，可参看曾秀景《论语古注辑考》，学海出版社，1991，第 9~16 页。

② 王博：《论〈论语〉的编纂》，载王博《简帛思想文献论集》，台湾古籍出版有限公司，2001，第 306 页。

第一，从重复章节所属之篇的类型来看①：17.15 难以归类，但凑巧的是它出于《下论》；1.8—9.25 均出自主题选辑之篇；1.11—4.20 为主题选辑与来源别辑重复；6.27—12.11 均出自主题选辑之篇；《泰伯》疑出于曾子弟子，《宪问》刘宝楠因"宪不称氏，疑此篇即宪所记"②。同出自主题选辑之篇，有两种可能，一是各篇编者不一，认识有差异，在最后定稿时或者未能发现，或者无法定其去取，未能删去；二是同一编者认为这一章适合不同主题，因而两存。主题选辑与来源别辑重复，则不能排除主题选辑出自来源别辑的可能。8.14 是否确为曾子所记③虽不可断言，但其又见于《宪问》，表明弟子之间确有师说记录的交流，因此原宪将曾子的话一并记下。《颜渊》篇12.22："樊迟问仁。子曰：'爱人。'问知。子曰：'知人。'樊迟未达。子曰：'举直错诸枉，能使枉者直。樊迟退，见子夏，曰：'向也吾见于夫子而问知，子曰，举直错诸枉，能使枉者直。何谓也？'子夏曰：'富哉！是言乎！舜有天下，选于众，举皋陶，不仁者远矣。汤有天下，选于众，举伊尹，不仁者远矣。'"（第131页）可为旁证。

第二，从《学而》一篇重复章节的比例来看，它应当是在所有原始材料中精心选取而来，这就更可以显出它在《论语》诸篇中的重要性。

第三，从重复章节的内容来看，有一些话应该是孔子经常挂在嘴边的，因此也流传的很广。也可能正因为如此，这些重复的章节都不长，颇类似于格言。这或许也可以解释为什么这些重复的话甚至连语气词都一模一样，一字不差。例如1.3—17.15的重复，我们还可以参看《公冶长》篇5.25："巧言、令色、足恭，左丘明耻之，丘亦耻之。"（第52页）如果我们还相信《下论》成书较晚的话，就更可以看出这一点。另一个更有说服力的例证，就是1.11—4.20。同样的话还见于《礼记·坊记》："《论语》曰，三年无改于父之道，可谓孝矣。"④附带说一句，《坊记》所引的一句"子云，

---

① 各篇的类型参考了王博先生的文章。见王博《论〈论语〉的编纂》，载王博《简帛思想文献论集》，第313~321页。

② （清）刘宝楠《论语正义》下册，中华书局，1990，第553页。

③ 参看王博《论〈论语〉的编纂》，载王博《简帛思想文献论集》，台湾古籍出版有限公司，2001，第313页。

④ （东汉）郑玄注、（唐）孔颖达疏《礼记注疏》，载（清）阮元校刻《十三经注疏》第5册，艺文印书馆，2007，第867页。

贫而好乐，富而好礼"①，也见于《学而》篇 1.15。

此外，我们还可以有两点申论。

第一，并不是每一派弟子都有自己的来源别辑，因此很可能那些数量不够多的某派材料，就散入了主题选辑之中，或者在某些篇内以类相从。

第二，与第一点相似，并不是每一个重要观点都有主题选辑，例如论仁、论礼、论孝等就散见多篇。这一方面可能是由于记录或收集到的数据不够多，但也可能表明有多个编者，并且其间的协调还不够。

---

① （东汉）郑玄注，（唐）孔颖达疏《礼记注疏》，载（清）阮元校刻《十三经注疏》第 5 册，艺文印书馆，2007，第 864 页。

四

「唯女子与小人为难养也」辨义

《论语·阳货》记子曰：

> 唯女子与小人为难养也——近之则不孙，远之则怨。（17.25 第 191 页）①

这句话旧说皆以为并论女子与小人。如《后汉书》卷八十四《杨震列传》："邓太后崩，内宠始横。安帝乳母王圣因保养之勤，缘恩放恣，圣子女伯荣出入宫掖，传通奸赂。震上疏曰：'……夫女子小人，近之喜，远之怨，实为难养。'"唐李贤《注》即引《论语》此章为释②。南朝梁皇侃《论语义疏》："君子之人，人愈近愈敬；而女子、小人，近之则其诚狎而为不逊从也。君子之交如水，亦相忘于江湖；而女子、小人，若远之则生怨恨，言人不接己也。"③ 而今人也大多依此为说。如杨伯峻先生《论语译注》即将这句话译作：

> 孔子道："只有女子和小人是难得同他们共处的，亲近了，他会无礼；疏远了，他会怨恨。"④

1999 年，吴正中、于淮人二位先生发表了《"唯女子与小人为难养也"正解——为孔子正名之一》⑤ 一文（以下简称《正解》），提出新解，认为：

> 迄今为止，以往的《论语》研究家，在对这句话进行注释时，统统将读 duì 声的应答词"唯"误读为 wéi，视作范围副词，作"只有"

---

① 本文引用《论语》，其文字、分章与序号，均依杨伯峻先生《论语译注》，中华书局，1980。为避烦琐，均随文括注页码。

② （南朝·宋）范晔：《后汉书》第 7 册，中华书局，1965，第 1761、1762 页。

③ （南朝·梁）皇侃：《论语义疏》，中华书局，2013，第 472 页。

④ 杨伯峻：《论语译注》，中华书局，1980，第 191 页。

⑤ 吴正中、于淮人：《"唯女子与小人为难养也"正解——为孔子正名之一》，《中国哲学史》1999 年第 4 期。下引此文简称《正解》，不再逐一标注出处。

讲；将读 rǔ 声的代词"女"（汝）误读为 nǔ，当作"男女"之"女"讲，"女子"即是女人；将读 yú 声表示疑问或感叹的句末语气助词"与"（欤）误读为 yǔ，是为连词，作"和"讲，因而将"女子"和"小人"当成并列关系的两个主语。

于是"此章之正确断句当为"：

孔子说："唯！女子与！小人为难养也——近之则不孙，远之则怨。"

于是"千古冤案的本章，经过这样点断处理之后，绝对得不出如上面所举杨伯峻《〈论语〉译注》等书那样的译文来，完全成了另外一种意思"，即：

孔子说："对！您（这位）先生（说得是对的）啊！小人（实在是）很难对待、侍候、对付的——亲近他吧，（他）就傲慢不恭；疏远他吧，（他）就怨恨在心。"

因此，"自古迄今，包括历代一些大注释学家像朱熹、清代大学者刘宝楠、民国大学者程树德等，对此章之微言大义，均未能揭示其真谛，致使孔子之至理名言遭到严重歪曲。"

那么这种解说是否正确呢？正如《正解》所说："关于《论语》之研究，自古至今，数不胜数，卓有成效者，亦不下数十家，后学者要想在前人的基础上有所突破，就得树立要想突破传统就必须吃透传统之精神，潜下心来做学问，头脑中无禁区、无偶像、无顶峰，以历史辩证唯物主义之态度、立场、观点、方法，用文字学、音韵学、训诂学、语法学、考据学、科学学、方法学之手段，从纵横两方面进行深入细致之研究，纠正误读、误解，方可得出正确结论。"本文即尝试运用这一方法，对其新说进行检验。

《正解》认为："理解此章文义关键在'唯'、'女'和'与'三字，尤以'唯''女'为最。"

1. 唯：《正解》曰：

读作 duì（即今之"对"），表肯定语气的应答词，相当于现代口语中"是不是"之"是"。东汉·许慎《说文解字》："唯：诺也。从'口'、'隹（zhuī）声。'""隹"、"对"音近。清·王筠《〈说文〉句读》："唯：诺也，谓应之敬辞也。"近人甘肃武威（古凉州）学者李鼎超《陇右方言·释词第一》："今人谓是而诺之曰'对'，即'唯'字。《说文》：'唯：诺也。'得声同'堆'。"近人湖南长沙学者杨树达《词诠》卷八："唯：应诺副词；诺也，然也。"且引《里仁篇第四》之十五章"子曰：'参乎！吾道一以贯之。'曾子曰：'唯！'"为例，以说明之。其侄杨伯峻教授《〈论语〉译注》即作此解此译。《汉语大字典》上册："唯：象声词，应答声；用于对尊长，表恭敬。"进一步阐明了此词之用法，可惜将音注错了（将 duì 音误注为 wéi 音）。由此可见，"唯"是一个对尊上表恭敬且含有赞同意味的应答词。

又曰：

今北方人对话中称"是"为"对！"或重言之曰"对！对！"（对：本为方所介词，与今语义同，如《汉书·原涉传》："涉还至主人，对宾客叹息曰：'人亲卧地不收，涉何心乡此？愿撤去酒食。'"）应书为"唯！"或"唯！唯！"在应答声中且包含有对对方说话的应和和赞同。

今按：《正解》以《汉语大字典》为"唯"注"wéi"音为误，但核之《汉语大字典》，作"应答"义的"唯"乃音"wěi"[1]，不知《正解》何所据而云然。此音则由来有自。徐铉校《说文解字》据孙愐《唐韵》为卷二上《口部》"唯"字所加反切为"以水切"[2]，《广韵》卷三上声五《旨韵》同"以水切"[3]，《集韵》卷五上声上之五《旨韵》作"愈水切"[4]，《中华大字典》作"愈水切"[5]，对应于现代音值即为"wěi"。近现代的主要辞

① 徐中舒主编《汉语大字典》第 1 册，四川辞书出版社、湖北辞书出版社，1986，第 642 页。
② （东汉）许慎：《说文解字》，中华书局，1963，第 32 页。
③ 林尹校订：《新校正切宋本广韵》，黎明文化事业股份有限公司，1976，第 250 页。
④ （北宋）丁度：《集韵》上册，上海古籍出版社，1985，第 319 页。
⑤ 陆费逵、欧阳溥存主编《中华大字典》上册，中华书局，1978，第 240 页。

书，如《汉文典》①、《辞源》②、《辞海》③、《古汉语常用字字典》④、《汉语大词典》⑤ 等均注为"wěi"音，足见此音不误。至于"唯"是否就是古之"对"字，则颇值得怀疑。首先，"对"之本义当为应答。《说文》三上《业部》："对，应无方也。"⑥ 段《注》："《聘礼注》曰：'对，答问也。'按：'对'、'答'古通用。云'应无方'者，所谓善待问者如撞钟，叩以大者则大鸣，叩以小者则小鸣也。"⑦《正解》所谓"本为方所介词"者，当为后起义⑧。因此，在先秦，"对"与"唯"在意义有所相关的同时又有着严格的区分。"唯"或许可以相当于现代汉语里的"对"和"是"，但那与其说是出于语法分析，不如说是为了翻译的便利。而翻译是不能作为语法分析的根据的。其次，以"唯"为"对"于音理难通。因为这样我们将无法解释"唯"怎样由上古的端母变为中古的喻母。现代学者中，即便对此观点持论最力的王维堤先生，也不得不承认："至于它后来何以变成了喻母字，念成'以水反'，似乎纯属一种'个别的不规则的变化'，是王力先生提到过的'由于某种外因，某一个字变了另一个读法，而没有牵连到整个体系'的那一类情况。引起这种变化的原因，还有待进一步研究。"⑨ 但至少在我们能够确证"唯"的特殊演变规律之前，还是先让"唯"和"对"保持分立为好，否则此例一开，将会给音韵学带来灭顶之灾。此外，《正解》认为"唯""表肯定语气的应答词，相当于现代口语中'是不是'之'是'"，实则"是不是"中的"是"乃是系词，同"表肯定语气的应

参伍以变—古今错综中的经典与义理

---

① 〔瑞典〕高本汉：《汉文典》（修订版），上海辞书出版社，1997，第 247 页。

② 广东、广西、湖南、河南辞源修订组，商务印书馆编辑部：《辞源》（修订本）第 1 册，商务印书馆，1979，第 528 页。

③ 《辞海·语词分册》（修订本）上册，上海辞书出版社，1979，第 765 页。

④ 王力等编《古汉语常用字字典》，商务印书馆，1979，第 252 页。

⑤ 罗竹凤主编《汉语大词典》第 3 册，汉语大词典出版社，1989，第 386 页。

⑥ （东汉）许慎：《说文解字》，中华书局，1963，第 58 页。

⑦ （清）段玉裁：《说文解字注》，上海古籍出版社，1981，第 103 页。

⑧ 杨伯峻、何乐士《古汉语语法及其发展》："大约汉以后逐步由动词虚化为介词，一直沿用下来，在同类介词中用得最为普遍。"（语文出版社，1992，第 402 页。）《正解》所举《汉书·原涉传》即为汉代的例子。

⑨ 王维堤：《释"唯诺"之"唯"》，载吴文祺主编《语言文字研究专辑》（下），《中华文史论丛》增刊，上海古籍出版社，1986，第 290 页。

答词""是"是具有相同语音与书写形式的有亲属关系的两个词，"是不是"就是由系词"是"及其否定形式构成的是非问。

2. 女：《正解》曰：

> 当读为 rǔ，通"汝"，对称代词，只用于表示单数。《为政篇第二》之十七章："子曰：'由！诲女知之乎？知之为知之，不知为不知——是知也。'"《诗经·魏风·硕鼠》："硕鼠硕鼠，无食我黍！三岁贯女，莫我肯顾。"两文中之"女"均为"汝"。依《正字通·水部》："汝：本水名，借为尔'汝'字"言、似先有"女"而后有"汝"，《论语》中有"女"无"汝"可作一证。至于《书经》等古典著作中之"汝"字，或许为后世抄写者改。《论语》中"女"字共出现过 16 次，均作"汝"讲，仅《微子篇第十八》之四章"齐人归女乐"句之"女"作"女子"之"女"讲，"女乐"，即歌伎舞女。

今按：《正解》以"女（汝）""只用于表示单数"，大概是受杨伯峻先生影响。杨先生《论语词典》曰："女，对称代词，只用于单数。"① 但杨先生此处仅言及《论语》一书中所见之用法②，并不表示"女（如）"在整个古汉语中"只用于表示单数"。杨先生与何乐士先生合著的《古汉语语法及其发展》一书，即明言："古人'我'、'吾'、'尔'、'女'诸词既可表示单数，也可表示多数。"③ 王力先生也认为："中国现代人称代词有单复数的分别，这和西洋语法相合；但是中国上古的人称代词却是没有这种分别的。单数和复数是共享一个形式的；'吾''我''尔''汝''其''之'之类，非但可表示单数，而且可表示复数。"④ 兹举数例：

> 古我先后既劳乃祖乃父，汝共作我畜民。汝有戕则在乃心，我先后绥乃祖乃父，乃祖乃父乃断弃汝，不救乃死。（《尚书·商书·盘庚》)⑤

---

① 杨伯峻：《论语词典》，载杨伯峻《论语译注》，中华书局，1980，第 217 页。
② 参李运益主编《论语词典》，西南师范大学出版社，1993，第 30 页。
③ 杨伯峻、何乐士：《古汉语语法及其发展》，语文出版社，1992，第 134 页。
④ 王力：《中国语法理论》，载《王力文集》第一卷，山东教育出版社，1984，第 269 页。
⑤ 旧题（西汉）孔安国传、（唐）孔颖达疏《尚书注疏》，载（清）阮元《十三经注疏》第 1 册，艺文印书馆，2007，第 132 页。

此篇是盘庚告谕殷民，因此"汝"所指必为复数。

> 鲍牧又谓群公子曰："使女有马千乘乎！"（《左传·哀公八年》）①

"女"指"群公子"，表复数。

> 沈犹行曰："是非汝所知也。昔沈犹有负刍之祸，从先生者七十人，未有与焉。"（《孟子·离娄》下）②

杨伯峻先生《孟子译注》译作："这个不是你们所晓得的。"③ 正是复数。

3. 与：《正解》曰：

> 如上所述，以往注家多把"与"误读为 yǔ，视为表并列关系的连词，作"和"讲，此乃导致对句子误解的重要原因之一。其实，此处的"与"当读为 yú，同"欤"。《论语》中有"与"而无"欤"，"欤"为"与"之从"欠"（xián）"与"声的后起字，句末语气助词，表感叹语气。此种用法在古代汉语中甚为多见，在《论语》中可见于《学而篇第一》之二章："……孝弟也者，其为仁之本与！"《子罕篇第九》之六章："太宰问于子贡曰：'夫子圣者与！何其多能也？'"《卫灵公篇第十五》之十四章："子曰：'臧文仲其窃位者与！知柳下惠之贤而不与立也。'"此章亦然。

今按："与"在上古时期并不单纯表示感叹语气。王力先生指出："'与'字作为疑问语气词，一般是要求证实。这就是说，说话人猜想大约是这样一件事情，但是还不能深信不疑，所以要求对话人予以证实。"④ "与"在选择问中，可与"乎"搭配使用，如《孟子·公孙丑》下：

---

① （西晋）杜预注、（唐）孔颖达疏：《春秋左氏传注疏》，载（清）阮元校刻《十三经注疏》第 6 册，艺文印书馆，2007，第 1013 页。

② 《孟子》，（清）焦循：《孟子正义》下册，中华书局，1987，第 603 页。

③ 杨伯峻：《孟子译注》，中华书局，1960，第 202 页。

④ 王力：《汉语语法史》，载《王力文集》第 11 卷，山东教育出版社，1990，第 444 页。

参伍以变—古今错综中的经典与义理

求牧与刍不得，则反诸其人乎？抑亦立而视其死与？①

还有学者认为"与（欤）"是"也"和"乎"的合音②。《正解》在上文称"与"为"表示疑问或感叹的句末语气助词"，较为近之。

又按：《正解》以"欤"为"从'欠'（xián）'与'声"，查"欤"见《说文》，"欤"与"钦"、"吹"、"歇"、"欣"、"欲"、"歌"、"欧"等字同在卷八下《欠部》，《说文》于部首"欠"下云："张口气悟也。像气从人上出之形。"大徐本据孙愐《唐韵》注音"去剑切"③，乃是"qiàn"音，即今"呵欠"字，这与上举诸字所从义符正合，则"欤"字所从也应是"欠"（qiàn）。

关于断句，《正解》认为：

> 古书无句读，后人的断句体现着断句者的古汉语根基、功底和造诣。大凡古汉语根基、功底和造诣不深的人，在断句时，往往会将一些完整的句子肢解得面目全非，贻误后学自不待说，造成历史冤案则更会屈枉作者，《论语》中的这一章即一典型例子。

这段话的确值得我们每一个人反复吟味，牢记在心。《正解》将《论语》此章标点为：

> 孔子说："唯！女子与！小人为难养也——近之则不孙，远之则怨。"

再译为：

> 孔子说："对！您（这位）先生（说得是对的）啊！小人（实在是）很难对待、侍候、对付的——亲近他吧，（他）就傲慢不恭；疏远他吧，（他）就怨恨在心。"

这样断句的关键在于如何解释"女子与"一语。《正解》也正对此进

---

① 《孟子》，（清）焦循：《孟子正义》上册，中华书局，1987，第265页。
② 参〔美〕罗杰瑞《汉语概说》，张惠英译，语文出版社，1995，第87~88页。
③ （东汉）许慎：《说文解字》，中华书局，1998，第179页。

行了解释：

在正确理解上述三词的基础上，对"汝子与"这一短句需要作一点说明。"子"是《论语》中出现的最多的几个字词之一，意义十分宽泛，此处与"唯"呼应，明显为先生之意，是一个表敬的对称代词。"汝子"就是"您先生"，其后谓语省略，可以独立成句，意思是您先生的说法是对的啊！由此可以推知，这几句话是孔子在与一位德高望重、善悟人生的老先生讨论或者请教关于"小人"问题是有的放矢而讲的。从全文看，首先是那位老先生发表了自己的看法，孔子极表赞成，然后延伸而言。所以，言语之间，不仅反映出个人的真知灼见，而且包含了对那位老先生的敬佩之情。遗憾的是，这里没有把对话时的语言环境比较完整地描述出来，致使孔子蒙冤两千余年。

今按：单独看，"女（汝）"的确可以用作对称代词，"子"也可以用为"先生之意"。但问题在于，"女（汝）子"一语，为载籍所未见①。从字面上将"女（汝）子"解为"您先生"，实际上还是翻译，并不能证明上古时期"女（汝）"和"子"可以组合成词或短语，作为表敬的对称代词。事实上，"女（汝）"似乎并不具备这样的条件。因为"女（汝）"在上古汉语中往往带有卑称的意味。《孟子·尽心》下：

> 人能充无欲害人之心，而仁不可胜用也；人能充无穿窬之心，而义不可胜用也。人能充无受"尔汝"之实，无所往而不为义也。②

---

① 《公羊传》中有一个"女（rǔ）子"，但"女（rǔ）"是姓氏。《公羊传》闵公元年："子女子曰：'以春秋为春秋，齐无仲孙，其诸吾仲孙与？'"［（东汉）何休注、（唐）徐彦疏《春秋公羊传注疏》，载（清）阮元校刻《十三经注疏》，艺文印书馆，2007，第 7 册，第 114 页。］《释文》："子女子，音汝。"［（唐）陆德明：《经典释文》下册，上海古籍出版社，1985，第 1223 页。《释文》标注正文下"子"字误为"乎"，参黄焯《经典释文汇校》，中华书局，1980，第 189 页。］陈立《义疏》："庄二十五年：'陈侯使女叔来聘'。'女'为氏，故有'子女子'也。称'子'者，隐十一年：'子沈子'，《注》云：'著其为师也。'"［（清）陈立：《公羊义疏》，载（清）王先谦编《续清经解》第 5 册，上海书店，1988，第 283 页。］

② （清）焦循：《孟子正义》下册，中华书局，1987，第 1007～1008 页。

赵岐《章句》："'尔汝'之实，德行可轻贱人所'尔汝'者也。即不见轻贱，不为人所'尔汝'，能充大而以自行，所至皆可以为义也。"焦循《正义》："尔汝，为尊于卑、上于下之通称。卑下者自安而受之，所谓实也。无德行者为有德行者所轻贱，亦自安而受之，亦所谓实也。盖假借'尔汝'为轻贱，受'尔汝'之实，即受轻贱之实，故云'德行可轻贱人所'尔汝'者也'。非谓德行可轻贱专在称谓之'尔汝'也。"[1] 我们可以举《论语》的情况作对比。孔子与弟子说话，称呼对方时常用"女"，如：

> 子曰："由！诲女知之乎？知之为知之，不知为不知，是知也。"（《论语·为政》2.17 第 19 页）

> 季氏旅于泰山。子谓冉有曰："女弗能救与？"对曰："不能。"子曰："呜呼！曾谓泰山不如林放乎？"（《论语·八佾》3.6 第 24 页）

> 子贡问曰："赐也何如？"子曰："女，器也。"曰："何器也？"曰："瑚琏也。"（《论语·公冶长》5.4 第 43 页）

而孔子与他人语则常用敬称：

> 季子然问："仲由、冉求可谓大臣与？"子曰："吾以子为异之问，曾由与求之问。"（《论语·先进》11.24 第 117 页）

> 季康子患盗，问于孔子，孔子对曰："苟子之不欲，虽赏之不窃。"（《论语·颜渊》12.18 第 129 页）

孔子弟子与孔子言也以敬称称孔子：

> 子路曰："愿闻子之志。"子曰："老者安之，朋友信之，少者怀之。"（《论语·公冶长》5.26 第 52 页）

> 子畏于匡，颜渊后。子曰："吾以女为死矣。"曰："子在，回何敢死？"（《论语·先进》11.23 第 117 页）

最后一例孔子自称用"吾"，呼弟子用"女"，颜回尊师称"子"，自称其名。先秦人称用法，可见一斑。这种情况在中古汉语中更为明显：

---

[1] （清）焦循：《孟子正义》下册，中华书局，1987，第 1008 页。

（祢）衡，不知先所出，逸才飘举。少与孔融作尔汝之交，时衡未满二十，融已五十，敬衡才秀，共结殷勤，不能相违。（《世说新语·言语》刘孝标《注》引《文士传》）①

晋武帝问孙皓：“闻南人好作《尔汝歌》，颇能为不？”皓正饮酒，因举觞劝帝而言曰：“昔与汝为邻，今与汝为臣。上汝一杯酒，令汝寿万春。”帝悔之。（《世说新语·排调》）②

（游雅）尝众辱奇，或“尔汝”之，或指为小人。（《魏书》卷八十四《儒林列传》陈奇传，又见《北史》卷八十一《儒林列传》陈奇传）③

开皇初，被征入朝，见公卿，不为礼，无贵贱皆“汝”之，人不能测也。（《隋书》卷七十八《艺术列传》萧吉传附杨伯丑传）④

凡人相与号呼者，贵之则曰公，贤之则曰君，自其下则尔汝之。虽公卿之贵，天下貌畏而心不服，则进而君公，退而尔汝者，多矣。（苏轼《苏轼文集》卷十一《墨君堂记》）⑤

清儒梁玉绳《瞥记》曰：“尔汝者，贱简之称也。”⑥当代学者何乐士先生在仔细研究了《左传》代词用例之后也认为：“表示比较随便而亲昵，不大尊敬甚或有责难、咒骂等意味的场合，多用‘女’。”⑦至确。由此看来，“女（汝）”与现代汉语中的“您”恐怕不能简单对应。

古时的确有一个人称代词加“子”构成的对称敬词，但那不是“女

① （南朝·宋）刘义庆：《世说新语》，龚斌：《世说新语校释》，上海古籍出版社，2011，上册，第120~121页。
② （南朝·宋）刘义庆：《世说新语》，龚斌：《世说新语校释》下册，上海古籍出版社，2011，第1519~1520页。
③ （北齐）魏收：《魏书》第5册，中华书局，1974，第1846页；（唐）李延寿：《北史》，中华书局，1974，第9册，第2712页。
④ （唐）魏征：《隋书》第6册，中华书局，1973，第1777页。
⑤ （北宋）苏轼：《苏轼文集》第2册，中华书局，1986，第355页。
⑥ （清）梁玉绳：《瞥记》，载（清）阮元主编《清经解》第6册，上海书店，1988，第760页。
⑦ 何乐士：《〈左传〉的人称代词》，载中国社会科学院语言研究所古汉语研究室编《古汉语研究论文集》（二），北京出版社，1984，第126页。

参伍以变——古今错综中的经典与义理

（汝）子"，而是"吾子"。如：

> 郑伯使许大夫百里奉许叔以居许东偏，曰："……吾子其奉许叔以抚柔此民也，吾将使获也佐吾子。"（《左传·隐公十一年》）①

> （秦师）及滑，郑商人弦高将市于周，遇之。以乘韦先牛十二犒师，曰："寡君闻吾子将步师出于敝邑，敢犒从者。不腆敝邑，为从者之淹，居则具一日之积，行则备一夕之卫。"（《左传·僖公三十三年》）②

> 宣子拜稽首焉，曰："起也将亡，赖子存之。非起也敢专承之，其自桓叔以下，嘉吾子之赐。"（《国语·晋语》八）③

关于"吾子"，学者一般认为："凡被称子的，如果称者对他又表示亲密，便用'吾子'。"④ 在此，"吾子"被分析为自称代词"吾"加"子"构成的对称敬词。因此"吾子"便是偏正结构，"吾"修饰"子"。如果"子"仍取"先生"之意，表示身份⑤，那么"吾子"和所谓"女（汝）子"便分别表示"我（的）先生"和"你（的）先生"⑥。在汉语中，通常自称代词加身份词可以用为对称敬词，如：

> 命我众人：庤乃钱镈，奄观铚艾。（《诗·周颂·臣工》）⑦

---

① （西晋）杜预注、（唐）孔颖达疏《春秋左氏传注疏》，载（清）阮元《十三经注疏》第6册，艺文印书馆，2007，第80页。

② （西晋）杜预注、（唐）孔颖达疏《春秋左氏传注疏》，载（清）阮元《十三经注疏》第6册，艺文印书馆，2007，第289页。

③ 《国语》下册，上海古籍出版社，1988，第480页。

④ 杨伯峻、何乐士：《古汉语语法及其发展》，语文出版社，1992，第114页。

⑤ 先秦身份词"子"的演变历程，顾炎武《日知录》卷四"大夫称子"条有详考，可参。见（清）黄汝成《日知录集释》，岳麓书社，1994，第142～144页；并可参杨伯峻《说"子"》，载《古汉语研究》，第一辑，中华书局，1996，第1～6页。

⑥ 即便如《正解》所言，以"女（汝）子"为对称敬词，那么它就与"吾子"有着相同的语法功能和意义。王力先生说："如果说毫无分别的两个人称代词在一种语言中（口语中）同时存在，并且经常同时出现，那是不能想象的。"（王力：《汉语史稿》，载《王力文集》，第九卷，山东教育出版社，1988，第339页。）因而二者之间便具有排斥性，既然已有"吾子"存在，便不会允许"女（汝）子"出现。

⑦ （西汉）毛公传、（东汉）郑玄笺、（唐）孔颖达疏《毛诗注疏》，载（清）阮元校刻《十三经注疏》第2册，艺文印书馆，2007，第723～724页。

"我众人"即指"众人",但在语气上显得亲热。而对称代词加身份词则一般不指对方,而是指就对方而言具有某种身份的人,如上引《盘庚》中的"乃祖乃父",即指"乃"所指代的殷民之父祖。又如《史记》卷五十五《留侯世家》:

> 上目送之,召戚夫人,指示四人者曰:"我欲易之,彼四人辅之,羽翼已成,难动矣!吕后真而主矣。"①

无疑这个"而主"绝非"而"所指代的戚夫人,而是指的吕后。

我们还可以再举一个与所谓"女(汝)子"结构相同的代词"而公"为例来说明。"而"也是对称代词,而"公"则与"子"同为敬称,如:

> 夜乃解纵所送徒,曰:"公等皆去,吾亦从此逝矣。"(《史记》卷八《高祖本纪》)②

又如《史记》卷九十七《郦生陆贾列传》:"无久恩公为也。"③ 这是陆贾打算轮流在五个儿子家中食宿时对儿子们说的话。"恩"音混,打扰之意。在此陆贾以调侃的语气称儿子为"公",结果被"方以智"的班固在《汉书》卷四十三《陆贾传》中改成了"女"④。所改虽然不对,但也证明"公"和"女(汝)"在单纯的语法组合上可以互换⑤。

> 汉王辍食吐哺骂曰:"竖儒!几败而公事!"(《史记》卷五十五《留侯世家》)⑥

---

① (西汉)司马迁:《史记》第 6 册,中华书局,2013,第 2472 页。
② (西汉)司马迁:《史记》第 2 册,中华书局,2013,第 438 页。
③ (西汉)司马迁:《史记》第 8 册,中华书局,2013,第 3252 页。
④ (东汉)班固:《汉书》,中华书局,1962 年,第 7 册,第 2114 页。《史记》司马贞《索隐》:"公,贾自谓也。"(第 8 册,第 3253 页)《汉书》颜师古《注》引服虔曰:"溷,辱也。不久辱汝也。"师古曰:"我不久住乱累汝也。"(第 2115 页)后说是。
⑤ 《史记》卷一〇一《袁盎晁错列传》:"错父闻之,从颍川来,谓错曰:'上初即位,公为政用事,侵削诸侯,别疏人骨肉,人口议多怨公者,何也?'"[(西汉)司马迁:《史记》第 8 册,中华书局,2013,第 3307 页。]这也是父称子为"公"。
⑥ (西汉)司马迁:《史记》第 6 册,中华书局,2013,第 2466 页。

司马贞《索隐》："而公，高祖自谓也。"①

陆生时时前说称《诗》《书》，高帝骂之曰："乃公居马上得之，安事《诗》《书》!"(《史记》卷九十七《郦生陆贾列传》)②

可见，作为傲称，"而（乃）公"恰恰不是对对方的尊敬，而是羞辱。由此看来，所谓"女（汝）子"这一对称敬词，在典籍中并不存在，在汉语中也缺乏产生的可能性。并且假使真有这词出现，也不会作为对称敬词。至此，我们可以说，"女子"一词，只能依旧说解作女性，所谓"您先生"的说法，根本不能成立。

为了证明孔子未曾轻视女性，但又不便改动原文文字③，只能将"女子"一词另作他解。由于《论语》是"孔子应答弟子，时人及弟子相与言而接闻于夫子之语也"(《汉书》卷三十《艺文志》)④，因而多有问答之语。于是吴、于二先生由此生发灵感，假设这一章也是对话，并进而将"女子"释为代词，解其意为"您先生"，再"由此可以推知，这几句话是孔子在与一位德高望重、善悟人生的老先生讨论或者请教关于'小人'问题时有的放矢而讲的。从全文看，首先是那位老先生发表了自己的看法，孔子极表赞成，然后延伸而言。所以，言语之间，不仅反映出个人的真知灼见，而且包含了对那位老先生的敬佩之情。遗憾的是，这里没有把对话时的语言环境比较完整地描述出来，致使孔子蒙冤两千余年。"但问题在于，"既然这里没有把对话时的语言环境比较完整地描述出来"，我们又凭什么说这一章是孔子在与一位老先生交谈呢？仔细推敲《正解》全文，可以发现此说的全部根据只有"'汝子'就是'您先生'"一语。在此，尚待证明的观点被用来证明自身的论据——这是循环论证。像这样为了证成己说，不惜虚构语境，在原文之外骋私意添加文字的做法，正

① （西汉）司马迁：《史记》第6册，中华书局，2013，第2467页。
② （西汉）司马迁：《史记》第8册，中华书局，2013，第3251页。
③ 例如李燕先生就认为"女子"应作"汝人"，意为"你的人"或"你那里的年轻人"（李燕：《孔子何曾骂女子——"唯女子与小人为难养也"辨》，载《中华儿女》（海外版）1997年第3期。臆改原文，不足为训。
④ （东汉）班固：《汉书》第6册，中华书局，1962年，第1717页。

是清代朴学大师所指斥的"增字解经"。王引之《经义述闻》卷三十二"增字解经"条：

> 经典之文，自有本训。得其本训，则文义适相符合，不烦言而已解；失其本训而强为之说，则扞格不安，乃于文句之间增字以足之，多方迁就而后得伸其说：此强经以就我，而究非经之本义也。①

试问，如果不增字解经，不假设孔子与一位元老先生对话的语境，还能把"女子"释为"您先生"吗？

再进而言之，《论语》中是否如《正解》所言竟然有孔子与人"讨论"甚至向人"请教"的记载？在《论语》中，不要说没有类似于《坛经》那样惠能被人有意刁难的记载，就是孔子主动教导别人的事情也极少发生。最为常见的句式有二：其一，是"登泰山而小天下"的"子曰"（语录体），这实际上就是独白。在此，"大成至圣先师"占据着精神制高点，拥有绝对的话语权力，他在对在座的弟子与后世的芸芸众生进行谆谆教诲，而他们，是没有资格与孔子"讨论"的。其二，则是诚惶诚恐的"某某问曰"（对话体？），这个"问"，无疑不是质问，而是请教。请教其实只是提起话头，而请教的前提则是承认自己无知，并认定孔子全知全能。孔子则从他们的问题中不仅看出了知识的不足，更看到了道德的缺陷，于是孔子有时便对提问（请教）者表示不满意以至愤怒②。至于极少数的主动教导，那也是认定了别人一定不知道。当然，孔子也问（请教？）过问题，《论语·八佾》：

> 子入太庙，每事问。或曰："孰谓鄹人之子知礼乎？入太庙，每事问。"子闻之，曰："是礼也。"（3.15 第28页）

可见不是真不知，自然也不是真请教。因此，《论语》中并没有孔子与人平等"讨论"未知领域的记载，更不会有孔子请教他人的情况发生。

---

① （清）王引之：《经义述闻》，江苏古籍出版社，1985，第781页。

② 如《先进篇》季路问事鬼神（11.12 第113页）、《卫灵公篇》卫灵公问阵等（15.1 第161页）。

对于孔子来说，所有需要知道的他都已经知道，剩下的只是如何把它教给学生（因材施教）。至于他所不知道的实际上就是不需要知道的，谁要想学这些东西，就有立场问题①。至于对孔子的教导表示怀疑，敢于与孔子"讨论"，《论语》中只有宰我问三年之丧一次，孔子对他的道德评价是："予之不仁也！"（《论语·阳货》17.21 第 188 页）反之，孔子最喜欢的学生颜回则是"语之而不惰者，其回也与！"（《论语·子罕》9.20 第 93 页）可见，所谓孔子"与一位德高望重、善悟人生的老先生讨论或者请教关于'小人'问题"，只是吴、于二先生的一厢情愿罢了。

至于《正解》对"唯""与"二字的新解，则又是建立在以上假设的基础之上的，可毋庸置议。

接下来，《正解》又"对孔子的思想进行历史地全面地分析"。其举证有三：一，孔子重孝道，对于"茹苦含辛拉扯自己成人的母亲"，"孔子能昧着良心和缺德的小人相提并论，说她'近之则不孙，远之则怨'而予以斥责吗"？二，孔子"对女儿和侄女倍加疼爱"，在"公冶长篇第五"之一、二两章中，"'以其子妻之'，'以其兄之子妻之'，直白的语言，蕴藏着多少爱心，丝毫没有视女子如小人'为难养也'的厌弃之意"。三，"孔子向来重'妇德'"，对"女中贤杰，备加颂扬，怎么会说出'难养'二字来呢？"

"对孔子的思想进行历史的全面的分析"，这无疑是应该的。但《正解》的论证更偏重于孔子的生平经历，这只是从外面去考察历史的叙述，远未达到思想对于自身的言说。因而在《正解》中作为经验事实的孔子生平历历在目，却唯独没有关于思想实质的东西。须知个人成其为个人的因素，适足以成为思想达到作为类的人的普遍性的障碍，于是也必成为思想自由言说自身的障碍。因此，让我们走出作为个人的孔子，进入中国思想对于自身的言说。

为了方便，我们不妨将此章原文再抄一遍：

> 唯女子与小人为难养也——近之则不孙，远之则怨。

---

① 参看《子路篇》"樊迟请学稼"章。

"养"，《正解》依刘宝楠《论语正义》解为"待"，是。之所以难于对待，即因"近之"与"远之"皆为不可。近则"不孙"，《正解》译作"傲慢不恭"，可从。其实质，即杨伯峻先生所译的"无礼"①。礼之核心即在于等差，"不孙"则僭越了等差，爬到别人的头上去，其原因却仅仅与别人的接触机会多了。"怨"，即怨恨。鲁迅先生在批评"中国国民劣根性"时，曾指出中国国民性中有着很深的奴性，人们往往将人划成两等，一是主子，一是奴才。当这种人认为自己是主子的时候，就会把被人当奴才，而一旦发现别人不愿做他的奴才时，他就认定别人是想当他的主子，于是"怨"。归根结底，即在于没有内在独立人格②。那么，有内在独立人格的人就应当区分于小人所为：在此，"难养"区分于易养；"近之"与"远之"区分于不远不近，即"中"③；"不孙"区分于谦逊讲礼④，"怨"区分于"不怨"⑤，二者即"中庸之德"。《论语·雍也》："中庸之为德也，其至矣乎！民鲜久矣。"（6.29 第 64 页）因此，区分于女子与小人的人，正就是君子⑥。此章旧注也多以君子与女子、小人作对照，如前引皇《疏》，又如朱子《集注》："君子之于臣妾，庄以莅之，慈以蓄之，则无二者之患矣。"⑦ 明冯从吾《冯少墟集》卷三《四书疑思录》："士君子多加意于大人君子，而忽略于女子小人，不知此女子小人尤是难养的，可见自

---

① 杨伯峻：《论语译注》，中华书局，1980，第 191 页。

② 参见钱理群《析"主与奴"（上）——"改造国民性"思想之四》，载钱理群《话说周氏兄弟》，山东画报出版社，1999，第 234~248 页。

③ 《论语·尧曰》："允执厥中。"（第 207 页。）皇《疏》："中，谓中正之道也。"（中华书局，2013，第 516 页。）朱子《集注》："中者，无过不及之名。"（中华书局，1983，第 193 页。）

④ 《左传·昭公二年》："卑让，礼之宗也。"［（西晋）杜预注、（唐）孔颖达疏《春秋左氏传注疏》，载（清）阮元《十三经注疏》第 6 册，艺文印书馆，2007，第 719 页。］

⑤ 《论语·学而》："人不知而不愠，不亦君子乎？"（1.1 第 1 页。）

⑥ 《国语·楚语》下，子高曰："唯仁者可好也，可恶也，可高也，可下也。好之不偪，恶之不怨，高之不骄，下之不惧。不仁者则不然，人好之则偪，恶之则怨，高之则骄，下之则惧。骄有欲焉，惧有恶焉，欲恶怨偪，所以生诈谋也。"（上海古籍出版社，1988，下册，第 586~587 页。）

⑦ （南宋）朱熹：《四书章句集注》，中华书局，1983，第 182 页。

家学问真是无微可忽，无众寡，无小大，无可慢。"① 然则何谓君子？

让我们还是从《正解》的举证开始。《论语·为政》：

> 子游问孝，子曰："今之孝者，是谓能养。至于犬马，皆能有养；不敬，何以别乎？"（2.7 第 14 页）

在此，孝不仅仅是一种单纯的行为，更重要的是行为中的态度：敬，即"对待人物真心诚意的有礼貌"②。这种发自内心的爱，如果推及他人，达到"爱人"，这就是仁③。因而有若认为："君子务本，本立而道生。孝弟也者，其为仁之本与！"（《论语·学而》1.2 第 2 页）④ 仁之实行则在于礼：

> 颜渊问仁，子曰："克己复礼为仁。一日克己复礼，天下归仁焉。为仁由己，而由仁乎哉？"颜渊曰："请问其目。"子曰："非礼勿视，非礼勿听，非礼勿言，非礼勿动。"颜渊曰："回虽不敏，请事斯语矣。"（《论语·颜渊》12.1 第 123 页）

"仁"是"礼"的内容，"礼"是"仁"的形式⑤。《论语·雍也》："子曰：'质胜文则野，文胜质则史。文质彬彬，然后君子。'"（6.18 第 61 页）"仁"发自内心，故为"质"⑥；"礼是现实生活的缘饰化"⑦，故为"文"⑧，仁与礼配合适当，即成为君子。

---

① （明）冯从吾：《冯少墟集》，载《丛书集成三编》，新文丰出版公司，1997，第 14 册，第 543 页。

② 杨伯峻：《论语词典》，载杨伯峻《论语译注》，中华书局，1980，第 290 页。

③ 《论语·颜渊》："樊迟问仁，子曰：'爱人。'"（12.22 第 131 页。）

④ 李泽厚先生认为这句话标明了仁的"基础"。（李泽厚：《孔子再评价》，载李泽厚《李泽厚十年集》第三卷·上，《中国古代思想史论》，安徽文艺出版社，1994，第 22 页。）

⑤ 参谭承耕《〈论语〉〈孟子〉研究》，湖南教育出版社，1990，第 30~31 页。另《史记》卷二十三《礼书》："余至大行礼官，观三代损益，乃知缘人情而制礼，依人性而作仪，其所由来尚矣。"（中华书局，2013，第 4 册，第 1365 页。）

⑥ 《论语·颜渊》："棘子成曰：'君子质而已矣，何以文为？'"（第 126 页）即认为君子有仁德就够了，不需要礼的文饰。所以子贡对他表示愧惜。

⑦ 沈文倬：《服与韨》，《考古》1977 年第 5 期。

⑧ 《论语·宪问》："子路问成人，子曰：'若臧武仲之知，公绰之不欲，卞庄子之勇，冉求之艺，文之以礼乐，亦可以为成人矣。'"（第 149 页）

四　「唯女子与小人为难养也」辨义

　　如果说仁是孔子的创新，礼则更多的是继承。孔子一生念兹在兹，即复兴周礼，其思想也深受周礼影响。其妇女观即一显例。王静安先生认为中国礼制在殷周之际有一次大的革命①。学术界一直对此说颇有争议。但从妇女地位来看，王说不无道理。王晖先生指出："牝鸡司晨、妇言是听、妇人执政现象反映了商代妇女的政治地位和权力，也反映了商族的妇女价值观；而主张'牝鸡无晨'，认为'牝鸡之晨，惟家之索'，实际上反映了周人的妇女价值观，商代妇女干政从政现象与周人男尊女卑意识反映了不同文化圈中的风俗习惯和文化背景，周武王指责商纣王'惟妇言是用''牝鸡司晨'实际不是个人行为问题，而是两种文化观念冲突的典型表现。"② 再看《正解》所举另一例证：

> 武王曰："予有乱臣十人。"孔子曰："才难，不其然乎？唐虞之际，于斯为盛——有妇人焉，九人而已。"（《论语·泰伯》8.20 第84页）

　　皇《疏》："此是才难之证也。言唐虞二代交际，共有此五臣，若比于此周，周最为盛。虽为盛，尚不满十人，十人之中，有文母一妇人，为十人之数，所以是才难也。"③ 杨伯峻先生也将后句译作："然而武王十位人才之中还有一位妇女，实际上只是九位罢了。"④ 可见孔子的意思是妇人不应计入"乱臣"之列，因此武王乱臣只应算九人。这无疑是轻视妇女，而决非如《正解》所说，是"孔子对此女中贤杰，备加颂扬"。顾炎武《日知录》卷七"有妇人焉"条甚至认为孔子所述武王的话是"此理之不可通，或文字传写之误"⑤。

　　由此可知，无论是从政治权利还是从意识形态方面来看，女子与小人

① 王国维：《殷周制度论》，载王国维《王国维遗书》，上海书店，1983，《观堂集林》卷十，《史林》二，页1~15。
② 王晖：《商周文化比较研究》，人民出版社，2000，第386页；并参看该书第385~399页，以及陈成国《先秦礼制研究》，湖南教育出版社，1991，第144页。
③ （南朝·梁）皇侃：《论语义疏》，中华书局，2013，第201页。
④ 杨伯峻：《论语译注》，中华书局，1980，第84页。
⑤ （清）顾炎武：《原钞本日知录》，台湾明伦书局，1979，第198页。

都处于社会的底层①，因而他们与社会上层君子的关系，直接关涉整个社会的稳定与价值体系的稳固。但从君子的角度来说，女子与小人却难于与之相处。让他们接近上层，则扰乱了社会秩序，《左传》襄公二十一年："礼，政之舆也。"② 把他们压在下层，又会产生怨恨。据马克斯·舍勒的研究，"怨恨是一种有明确前因后果的心灵自我毒害。这种自我毒害有一种持久的心态，它是因强抑某种情感波动和情绪激动，使其不得发泄而产生的情态：这种'强抑'的隐忍力通过系统训练而养成。其实，情感波动、情绪激动是正常的，属于人之天性的基本成分。这种自我毒害产生出某些持久的情态，形成确定样式的价值错觉和与此错觉相应的价值判断"。③ 因而女子与小人不仅仅对某一个君子有所不满，还对产生君子的整个社会秩序（礼）与价值体系（仁）构成威胁。正是在此意义上，孔子慨叹："唯女子与小人为难养也！"清人汪绂《四书诠义》之论可谓于圣人之旨颇有所悟，兹录以为斯篇之结：

> 女子小人固阴险之资，而非有礼义之守。然既为小人女子矣，亦未始不自知其分者。惟近之则与以可慢之端，远之则待以难堪之实，忘其分也，由来必有渐矣，能尽曰女子小人之罪哉！顾远之不可，近之不可，则女子小人诚难养矣。此以言修身齐家者不可有一事之可轻，一物之可慢，毋谓仆妾下人至微且贱，可以惟我所使，而忽以处之也。安上治民，莫善于礼，而礼必本于身，以惠爱之心，行天泽之礼，乱本弭矣，所谓庄以莅之，慈以蓄之也。君无礼让则一国乱，身无礼则一家乱，女戎宦者之祸天下，仆妾之祸一家，皆恩不素孚，分不素定之故也，其害可胜道哉！夫子言之，其为天下后世虑者，至深且远也。④

---

① 朱子《集注》："此小人，亦谓仆隶下人也。"（中华书局，1983，第182页。）
② （西晋）杜预注、（唐）孔颖达疏《春秋左氏传注疏》，载（清）阮元《十三经注疏》，艺文印书馆，2007，第6册，第593页。
③ 〔德〕马克斯·舍勒：《道德建构中的怨恨》，罗悌伦译，载〔德〕马克斯·舍勒《价值的颠覆》，生活·读书·新知三联书店，1997，第7页。
④ （清）汪绂：《四书诠义》，长安赵舒翘，清光绪二十三年（1897）刊《汪双池丛书》第九种，卷二十一，页二十二。

五

「无父无君」之孝

——曾元养曾子之哲学分析

陆德明《经典释文》于《周易》"上经"下注曰:"经者,常也,法也。"①
这表明,在中华文化中,"经"指永恒不变的规律。《史记》卷一三〇《太
史公自序》录《论六家要旨》:"夫春生夏长,秋收冬藏,此天道之大经
也,弗顺则无以为天下纲纪。"②《汉书》卷六十二《司马迁传》颜师古注
"大经"曰:"经,常,法。"③ 可见"大经"即"纲纪"。《左传》昭公十
五年叔向曰:"礼,王之大经也。"孔《疏》也正是以"纲纪"释"经"④。
因此,当中华文化将某些古代典籍称为"经"时,这就意味着"经典"即
规律与典籍的合一。

并且,这一合一意味着"经"(即通常所谓"道")仅仅记载于"经
典"之中,也就是说,舍"经典"之外,别无所谓"经(道)"。如戴震对
前人之批评就很典型:"仆闻事于经学,盖有三难:淹博难,识断难,精审
难。三者,仆诚不足与于其间,其私自持,暨为书之大概,端在乎是。前
人之博闻强识,如郑渔仲、杨用修诸君子,著书满家,淹博有之,精审未
也。别有略是而谓大道可以径至者,如宋之陆,明之陈、王,废讲习讨论
之学,假所谓'尊德性'以美其名,然舍夫'道问学',则恶可命之'尊
德性'乎?未得为中正可知。群经六艺之未达,儒者所耻。仆用是戒其颓
惰,据所察知,特惧忘失,笔之于书,识见稍定,敬进于前不晚。名贤幸
谅!"⑤ 读"经典"而不能求"经(道)",是为"玩物丧志",真正不如不
读;不读"经典"而欲求"经(道)",是为"离经叛道",实属旁门左
道。只有求"经(道)"于群经六艺,方为中正。

① (唐)陆德明:《经典释文》上册,上海古籍出版社,1985,第73页。
② (西汉)司马迁:《史记》第10册,中华书局,2013,第3967页。
③ (东汉)班固:《汉书》第9册,中华书局,1962,第2712页。原标点为"经,常
  法"。是以"常法"为一词以训"经"。今据《释文》之训重新标点。
④ 《左传》,(西晋)杜预注、(唐)孔颖达疏《春秋左氏传注疏》,载(清)阮元校刻
  《十三经注疏》第6册,艺文印书馆,2007,第825页。
⑤ (清)戴震:《戴震文集》卷九《与是仲明论学书》,中华书局,1980,第141页。

于是对待"经典"的正确方法是"述而不作"（《论语·述而》）①。但此一语之意涵，却十分微妙。刘宝楠即曾力辨孔子是"述"而非"作"："孟子云'孔子作《春秋》'，《春秋》是述，亦言'作'者，散文通称。如周公作《常棣》，召公述之，亦曰'作《常棣》'矣。"② 廖平即于此等经生旧论极致不满：

> 宰我、子贡以孔子"远过尧舜"，"生民未有"。先儒论其事实，皆以归之六经。旧说以六经为帝王陈迹，庄生所谓"刍狗"，孔子删定而行之。窃以作者谓圣，述者谓贤，使皆旧文，则孔子之修六经，不过如今之评文选诗，纵其选择精审，亦不谓选者远过于作者。夫述旧文，习典礼，两汉贤士大夫与夫史官类优为之，可覆案也，何以天下万世独宗孔子？则所谓立来绥和，过化存神之迹，全无所见，安得谓"生民未有"耶？③

王博则对"述而不作"进行了分析：

> 在讨论有关"述"的问题之时，我们不应该局限于表面，而应该关心述者是如何述的这样的实质内容。"如何述"有时候决定了述者只是单纯的述，或者更像作的述。如孔子和子夏的述《诗》，能够从色中读出礼，很显然就有更多"作"的气息。后来《易传》的作者述《周易》，将它从一本卜筮之书变成穷理尽性的经典，也很难完全从"述"的角度来理解。事实上，述者在述的过程中经常加塞、走私，把自己的意思灌注进去［……］这种着眼于作的述最典型地体现了"寓作于述"的精神。外述而内作，一方面满足了作者好古的愿望以及世俗尚古的心理，另一方面却达到了创新的目的。新旧之间融合无间，却若即若离，使古代中国文化呈现出连续性的特征。④

---

① （三国·魏）何晏注、（北宋）邢昺疏《论语注疏》，载（清）阮元校刻《十三经注疏》第8册，艺文印书馆，2007，第60页。

② （清）刘宝楠：《论语正义》上册，中华书局，1990，第252页。

③ 廖平：《知圣篇》，载《续修四库全书·子部》第953册，上海古籍出版社，1996，第787页。

④ 王博：《说"寓作于编"》，《中国哲学史》2006年第1期。

质言之，对"经典"进行重新解释，将经典之中暗含却未曾明确说出的思想予以明白表述，即所谓"述而不作"。这也成为中国思想发展最为重要的方式。

本文即在这一文化背景之下，致力于探讨以"述而不作"之方式发展前人思想的个案：曾元养曾子。

《孟子·离娄》上篇曾言及曾子父子养亲之异：

> 曾子养曾皙，必有酒肉；将彻，必请所与；问有余，必曰有。曾皙死，曾元养曾子，必有酒肉；将彻，不请所与；问有余，曰亡矣，将以复进也。此所谓养口体者也。若曾子，则可谓养志也。事亲若曾子者，可也。①

赵岐《章指》言："上孝养志，下孝养体，曾参事亲，可谓至矣。孟子言之，欲令后人则曾子也。"② 扬曾子贬曾元之意极其明显，但是其处理也过于简单。其实曾元对于曾子孝论的调整极为微妙，值得深入探讨。

历来对于此节的研究多较注重细节。

赵岐注："将彻请所与，问曾皙所欲与子孙所爱者也。必曰有，恐违亲意也，故曰养志。曾元曰无，欲以复进曾子也。不求亲意，故曰养口体也。事亲之道，当如曾子之法，乃为至孝也。"③ 朱子集注大抵本于赵注："曾子养其父，每食，必有酒肉。食毕将彻去，必请于父曰：'此余者与谁？'或父问此物尚有余否？必曰有，恐亲意更欲与人也。曾元不请所与，虽有言无，其意将以复进于亲，不欲其与人也。此但能养父母之口体而已。曾子则能承顺父母之志，而不忍伤之也。"④ 后世学者大抵沿袭赵、朱二注，或略有小补。

值得一辨者，戚学标《四书偶谈》内编下："时解于必曰有，竟有云虽无言有者。此因注于曾元下虽有言无字，谬用为后文作对也。孝子视力可为无不为，曾子体亲之意，酒肉必多具以待与，将彻必请，非虚请也；

① 《孟子》，（清）焦循：《孟子正义》上册，中华书局，1987，第524页。
② （清）焦循：《孟子正义》上册，中华书局，1987，第525页。
③ （清）焦循：《孟子正义》上册，中华书局，1987，第524页。
④ （北宋）朱熹：《四书章句集注》，中华书局，1983，第285页。

问有余必曰有，盖实有也。至曾元则但供亲而不宽备，不请所与，更无可与也；问有余曰亡，亦告以实也。将以复进，元意此亲之膳，还须留以奉亲，不得轻与他人。盖心心念念，只以父母口体为重，不能如其父之默体亲志也。若如时解，则曾氏父子俱不免以不诚事其亲，而曾元惜财吝物，并亦算不得养口体，不特害理，兼害文义矣。"① 此乃出之以理学性理史论，可谓作茧自缚。其后俞樾《湖楼笔谈》卷一则更有进者："夫曾元虽不如曾子之大孝，亦不失为贤者，何至吝惜酒肉，欺谩其亲！且既曰亡矣，又以复进，其父见诘，何辞以对？虽儿童之见，不出于此，而谓贤者为之乎？盖传者以曾子养志，曾元养口体，两两相形，非可以为典要。后之谈士，奋其舌端，叙温郁则寒谷成暄，论严苦则春丛零叶，抑又无足怪矣。"②《古书疑义举例》卷三"高下相形之例"条③说略同。俞氏先将赵、朱之注推至极端，再以夸饰解之，可谓解所不必解，无事生非。孔广森《经学卮言》卷五："此似不然。曾元但不能养志耳，何至啬饮食之费以欺其亲，遂同下愚所为？且以情揆之，既对'无余'，而复以余进其父，能无疑乎？能无怒乎？夫曰'亡矣'者，乃实无也。曾子之'必曰有'，虽无亦曰有，所谓孝子唯巧变，故父母安之者。曾元不能，但道其质而已。此与'必曰有'对文，而不云'必曰亡'，非实有言无明矣。盖'将以复进也'，亦曾元之词。言余则无矣，若嗜之，将复作新者以进云尔。"④ 焦循深以其说为是⑤。曾子的"必请所与"与曾元的"不请所与"，所重在"请"，即向父亲请示应该给谁。因此，曾子和曾元都是将所余食物以父命赐予子孙的，只是具体给谁，曾子请示父亲，曾元则不请示父亲，自作主张。戚学标将曾元的"不请所与"理解为不赐予子孙，割裂了语法——"不"的否定是指向"请"，"所与"是"请"的内容，不是"不"的否定

① （清）戚学标：《四书偶谈》，载《续修四库全书·经部》第 168 册，上海古籍出版社，1996，第 548 页。

② （清）俞樾：《湖楼笔谈》，载（清）俞樾《春在堂全书》第 2 册，凤凰出版社，2010，第 659 页。

③ （清）俞樾：《古书疑义举例》，载（清）俞樾等《古书疑义举例五种》，中华书局，1956，第 61 页。

④ （清）孔广森：《经学卮言》，华东师范大学出版社，2010，第 121 页。

⑤ （清）焦循：《孟子正义》上册，中华书局，1987，第 525 页。

对象。曾子对曾皙问，有固曰有，虽无亦曰有，所以是"必曰有"；曾元对曾子问，有则曰有，无则曰无，故不言"必曰无"。"将以复进"，并非隐瞒下所余食物，下一餐再给曾子食用，而是的确无余。当父亲问有余时，如果确实没有，曾元先据实回答没有了，同时认为父亲还想吃，于是说我马上再去做。即言辞与事实不符，只发生在曾子曰"有"，而不发生在曾元曰"亡"。

曾元的据实回答，可以古语称之为"直"。《论语·公冶长》："子曰：'孰谓微生高直？或乞醯焉，乞诸其邻而与之。'"何晏《集解》引孔安国曰："乞之四邻以应求者，用意委曲，非为直人。"[1] 套用孟子的话说，微生高于其邻也是"必曰有"，哪怕实际没有。为什么曾子"必曰有"受到赞誉，微生高"必曰有"与曾元据实曰"亡"之"直"却被批评？这是因为关系不同。《礼记·檀弓》："事亲有隐而无犯"，郑玄注："隐，谓不称扬其过失也。"[2] 亦即父子之间最重要的不是直面事实，澄清是非曲直，而是维护和增进关系的和睦亲密。正是基于此，曾子"必曰有"顺适了父亲的心意，因此为孟子所称赞。反之，微生高对并无亲亲之情的邻居"必曰有"，是过分地讨好，近于谄媚。《论语·为政》："子曰：'非其鬼而祭之，谄也。'"何晏《集解》引郑玄注："非其祖考而祭之者，是谄求福。"[3] 曾元据实曰"亡"，则颠倒了事实与关系的位序，《论语·子路》："叶公语孔子曰：'吾党有直躬者，其父攘羊，其子证之。'孔子曰：'吾党之直者异于是，父为子隐，子为父隐，直在其中矣。'"[4] 微生高当以"直"待邻，曾元不当以"直"事父。曾子则恰当地把握住了关系与事实的位序，以"隐"事父。

从个人角度来看，"我"不是在"我"之中得到界定，"我"是由"我"与何者相关，亦即关系来予以界定的。从群体角度来看，群体是由关系而非个人构成，个人在群体中仅仅是关系的构成者。于是无论个人还

① （清）刘宝楠：《论语正义》上册，中华书局，1990，第201页。

② （东汉）郑玄注、（唐）孔颖达疏《礼记注疏》，载（清）阮元校刻《十三经注疏》第5册，艺文印书馆，2007，第109页。

③ （清）刘宝楠：《论语正义》上册，中华书局，1990，第74页。

④ （清）刘宝楠：《论语正义》下册，中华书局，1990，第536页。

是群体的生存状况，都取决于其与关系的关系，亦即是否适应关系，此即所谓"关系本位"。

适应关系即"中庸"。微生高将邻里关系作为父子关系来处理，对邻居的关心与尊敬表现得过度，成了"孝心"。邻里关系与父子关系的区分，即在于关系双方之间的距离。如果取消了这一距离，表现得过分亲密，就是"谄"。《荀子·臣道》："从命而不利君谓之谄。"① "谄"即误判了"我"与关系的关系，在理应事实高于关系的场合，却不恰当地以关系高于事实。由此可知，曾子之"必曰有"，就是在理应关系高于事实的场合，恰当地以关系高于事实。父子之间的这一亲密关系即"亲亲"之"爱"。父子关系当然要比邻里关系亲密，即关系双方的距离大为缩短。但问题是，父子之间的距离将收缩至何种程度。也就是说，在父子关系之中，父子之间究竟应当仍然保持一定距离，还是彻底无距离？

曾子对此一问题的回答是有距离。这表现在"必请所与"。《大戴礼记·曾子本孝》："孝子之使人也，不敢肆行，不敢自专也。"② 阮元注："肆，遂也。曾子养曾晳，彻酒肉，必请所与，况使人，敢专乎！《春秋左氏传》曰，专命则不孝。"③ 肆行就是自己怎么想就怎么做，自专就是不请示父命自行决定。《说文》卷十二下《女部》："嫥，壹也。"段《注》："壹下云，嫥也。与此为转注。凡嫥壹字古如此作。今则专行而嫥废矣。"④ 王凤阳认为，"专"的"引申义有专一、集中的意思。《孟子·公孙丑上》'管仲得君，如彼其专也'，又《告子上》'今夫弈之为数（术），小数也，不专心致志则不得也'：'专'都是专一而不杂、集中而不分散的意思。用在独占意义上，'专'也同样表示独自占有，不分散给别人的意思。《左传·庄公十年》'衣食所安，弗敢专也，必以分人'，和独自占有相对的是以之分人；《汉官仪·上》'每朝会，与司隶校尉、御史大夫、中丞，皆专席坐'，'专席'是独占座席，不与人共坐；白居易《长恨歌》'承欢侍宴

① 《荀子》，（清）王先谦：《荀子集解》上册，中华书局，1988，第249页。
② 《大戴礼记》，（清）王聘珍：《大戴礼记解诂》，中华书局，1983，第80页。
③ （清）阮元：《曾子注释》，载《续修四库全书·子部》第932册，上海古籍出版社，1996，第271页。
④ （清）段玉裁：《说文解字注》，上海古籍出版社，1981，第620页。

无闲暇，春从春游夜专夜'，'专夜'是独占过夜之权，不分给其他嫔妃。"① 孝子不肆行、不自专，就是必须请示父命，然后敢行。此即子对父之"敬"。《新书·道术》："接遇肃正谓之敬。"② 如父子之间无距离，也就相应地无"尊尊"之等可言，子对于父的距离，也就是子对于父的"尊尊"之"敬"。

在孟子的孝道叙事中，"必曰有"是孝子对于父的"亲亲"之"爱"，"必请所与"是孝子对于父的"尊尊"之"敬"。因此曾子对于其父乃是"兼敬爱"。《孝经·士章》有谓："资于事父以事母而爱同，资于事父以事君而敬同，故母取其爱而君取其敬，兼之者父也。"③ 父兼有"亲亲"之"爱"与"尊尊"之"敬"。于是以父为基准，只有"亲亲"之"爱"而无"尊尊"之"敬"者即为母。相应地，只有"尊尊"之"敬"而无"亲亲"之"爱"者即为君。有母才有家，有君方有国。父虽然既不足以成家，更不足以成国，但是家国都不能无父。

曾元无疑对曾子的孝道进行了修改。

曾元"不请所与"，意味着对于父亲的不"敬"。也就是说，父子之间的距离被取消了。但这并不意味着对于父亲的不孝。《仪礼·丧服》："世父母、叔父母"，《传》："父子一体也。"贾公彦疏："云父子一体也者，谓子与父骨血是同为体。"④ 在曾元看来，父子"一体"至亲的表现，就应该是消除父子之间的距离，不以"兼敬爱"，而是纯粹以"爱"来构建父子之间的关系，这才是更完美的孝。但这种以纯粹"亲亲"之"爱"建构的父子关系，实质上将"父子一体"变为"父子一位"，由取消父子之间的距离变成了取消父子之间的关系。

既然"父子一位"，那么曾元在处理人际关系时，便不再考虑父子关

五

「无父无君」之孝
曾元养曾子之哲学分析

---

① 王凤阳：《古辞辨》，中华书局，2011，第639页。

② （西汉）贾谊：《新书》，阎振益、钟夏：《新书校注》，中华书局，2000，第303页。

③ （唐）唐玄宗李隆基注、（北宋）邢昺疏《孝经注疏》，载（清）阮元校刻《十三经注疏》第8册，艺文印书馆，2007，第24页。参《礼记·丧服四制》，（东汉）郑玄注、（唐）孔颖达疏《礼记注疏》，载（清）阮元校刻《十三经注疏》第5册，第1032～1033页。

④ （东汉）郑玄注、（唐）贾公彦疏《仪礼注疏》，载（清）阮元校刻《十三经注疏》第4册，艺文印书馆，2007，第355～356页。

系。"不请所与",因为对外而言,"我"的决定也就等同于父亲的决定,那就没有必要再去麻烦他老人家。据实曰"亡",则是因为既然对内不必考虑父子关系,也就不存在关系与事实的位序的问题,所以直接依据事实说"亡"也就行了。

曾元以纯粹的"亲亲"之"爱"实质上取消了父子关系,于是社会便由此消亡。取消父子之间的距离所构建的"尊尊"之"敬",导致君无由推致,于是国也由此消亡,仅仅余由"亲亲"之"爱"所维系的家。曾元的做法,实质上造成的后果就是"无父无君"之孝。

周予同曾将曾子的学说归结为"孝的一元哲学",是对孔子仍然不免矛盾的"仁孝因果论"的进一步发展。① 在曾元看来,曾子"孝的一元哲学"中,"敬"的有距离与"爱"的无距离还是矛盾的。因此,曾元将曾子"孝的一元哲学"的内部再次一元化,成为"爱一元之孝论",真真切切地实现了"父子一体"。

---

① 周予同:《"孝"与"生殖器崇拜"》,载朱维铮编《周予同经学史论著选集》,上海人民出版社,1991,第91页。

六

「墙有耳」读解

吾人将古语视为未经论证之命题，尝试补为论证。

郭店楚墓竹简《语丛四》第 2 简有云："墙有耳。"[1] 此言亦见于《管子·君臣》下："古者有二言：墙有耳，伏寇在侧。墙有耳者，微谋外泄之谓也。伏寇在侧者，沈疑得民之道也。"[2] 可知为古人习语。后世复演此语为"隔墙有耳"[3]。

"墙有耳"，乍观之，此一语之重点所在无疑为"耳"。然则耳何为？在听。听如何可能？必有声。此耳听何声？人之言语。人何为言？交流。交流如何可能？有听者在。听者如何能听？有耳。但此耳异于"墙有耳"之耳。彼为言者不欲其听而听之者，此则为欲其听之者。

然则二者何以别之？以墙。墙如何可能？墙并非自然而生者，乃人为创作之物，故其目的性即在于其功能。试寻墙何所用：长城阻断游牧文明与农耕文明（夏与夷），城墙间离都市与乡野（城与乡），宫墙隔绝朝廷与民间（朝与野），院墙区别社会与家庭（公与私），屋壁划分他人与一己（人与我）。因之墙异于同为建筑之桥梁及高台，其功能并非交通与提升，而在于隔离与区分。因此墙必须建筑于边界之上，墙自身即为边界之具象化！

然则边界如何可能？欲答此一问，首必明乎边界自身为何。边界为一事物终止之处，边界亦一事物开端之处，因之边界乃事物同一性终止之处，亦即事物不是其所是者。于是边界即差异。

然则差异如何可能？在二者。边界即二者关系之显现。

二者如何可能？二者成其为二者，在于其各自均具有区分于他者之内在规定性。

① 荆门市博物馆：《郭店楚墓竹简》，文物出版社，1998，图版：第 105 页，释文：第 117 页。

② 《管子》，黎翔凤：《管子校注》中册，中华书局，2004，第 578 页。

③ 参刘洁修《汉语成语源流大辞典》，开明出版社，2013，第 408 页。

于是，"墙有耳"一语中，墙之建立即取决于墙内之人之内在规定性之建立。墙乃凿破混沌，区分人群，形成并保障每一人之内在规定性。人之内在规定性则基于自我意识。与之相应，桥沟通隔绝之人，台则既隔绝众人与天之沟通，又使特定之人得以与天沟通，即所谓"绝地天通"：与天之通成为得登台者之专司与特权，彼由此得以统御群氓。

然则此语之中人具有何种内在规定性？此可由斯墙之特性推演得之。此墙可遮蔽视线而不能阻断声音，因此该墙决非长城与城墙；此墙使偷听成为可能，因此必非圈围公共场所之墙——此处无须偷听。于是此墙必为形成私人空间之屋壁。

然则人在此中何为？安居乐业。墙使个人在其所形成之私人空间中得以言说其内心。权力之建立即在于深入人之内心，也因此使偷听成为必须。

然则为何偷听？为权力。何种权力？话语权力。亦即人们为能在茶余饭后谈论别家之长短、他人之隐私而偷听。于是每一个人都因此而较其他人高贵，于是每一个人都因此而比其他人低贱。于是人人平等。也正是在这彻底的平等中每一个人都成为所有人的敌人，每一个人都感受到人对人是狼，于是每一个人都失去了自由，他们不能代表自己，而一定要由他人代表自己，同时这代表者也必须是他们的主宰，他们必须成为主宰者的奴隶。于是另一种偷听的权力便降临人间，那就是暴力强权。

因此，正是这墙使偷听成为可能而且必需，因为正是它使监控进入每一个人的内心深处。于是这"耳"便不再为墙所有，这耳就在每一个人的心中！也正是在这偷听中，墙不再能捍卫使人成其为人的私人空间。于是个人的边界被摧毁，内在规定性被践踏，个人便销熔于话语权力与暴力强权中，成为权力的奴隶与附庸，成为铁屋中的必死者。倘有人仍存留自我意识的残片，不过徒增死亡的痛苦。

七

垓下歌

——古典专制批判

公元前 203 年十二月，叱咤风云的西楚霸王项羽终于战败，被汉军围于沛郡洨县之垓下。《史记》卷七《项羽本纪》惟妙惟肖地记述了当时项羽的情形："项王军壁垓下，兵少食尽，汉军及诸侯兵围之数重。夜闻汉军四面皆楚歌，项王乃大惊曰：'汉皆已得楚乎？是何楚人之多也！'项王则夜起，饮帐中。有美人名虞，常幸从；骏马名骓，常骑之。于是项王乃悲歌忼慨，自为诗曰：

> 力拔山兮气盖世，
>
> 时不利兮骓不逝。
>
> 骓不逝兮可奈何，
>
> 虞兮虞兮奈若何！

歌数阕，美人和之。项王泣数行下，左右皆泣，莫能仰视。"[1]《汉书》卷三十一《陈胜项籍传》略同[2]。学界一般认为《史记》的这一段是根据汉初陆贾所著《楚汉春秋》(已佚)，《汉书》则又是袭自《史记》。

其中项羽所歌之诗，《乐府诗集》卷五十八引《琴集》题曰"力拔山操"[3]，南宋朱熹《楚辞后语》卷一冠以"垓下帐中之歌"[4]，明冯惟讷《古诗纪》卷十二命为"垓下歌"[5]，三名俱为后起[6]，但"垓下歌"一名

① (西汉) 司马迁：《史记》第 1 册，中华书局，2013，第 418 页。

② (东汉) 班固：《汉书》第 7 册，中华书局，1962，第 1817 页。《汉书》记载的最大区别是以虞为氏。南朝宋裴骃《史记集解》引徐广曰"一云姓虞氏"(中华书局，2013，第 1 册，第 418 页)，当即本《汉书》为言。"虞"究为名为氏，今已无从判断，本文亦仅依通行称呼称为"虞姬"。

③ (北宋) 郭茂倩编《乐府诗集》第 3 册，中华书局，1979，第 849～850 页。

④ (南宋) 朱熹：《楚辞集注》，上海古籍出版社，1979，第 222 页。逯钦立《先秦汉魏晋南北朝诗》仅谓陈仁子《文选补遗》卷三十五作"垓下帐中歌"(中华书局，1983，上册，第 89 页)，考陈亦南宋人而后于晦庵，是此名实袭朱子。

⑤ (明) 冯惟讷：《古诗纪》，载《景印文渊阁四库全书》，台湾商务印书馆，1986，第 1379 册，第 87 页。

⑥ 参逯钦立《先秦汉魏晋南北朝诗》上册，中华书局，1983，第 89 页。

现已通行①，也便不妨沿用。至于诗句的文字，日本桃源瑞仙《史记抄》谓“力拔山兮气盖世时不利兮”“古本此后有‘威势废威势废兮’七字”，同为日本旧本的英、房、枫三诸本同②。但我们现在需要分析的对象并非二千年前项羽个人的诗句，而是中国文化中项羽形象诗句的效果史。因此，我们仍然按照历代流传的诗句字词。

项羽此处所用的，应当就是当时楚地民歌曲调。如将衬字“兮”另看③，可在现存楚地文学作品中看到不少与《垓下歌》相同或相近的句式。如《楚辞·九歌·山鬼》：

若有人兮山之阿，
被薜荔兮带女罗。
既含睇兮又宜笑，
子慕予兮善窈窕。④

《荀子·成相》：

请布基，慎圣人，
愚而自专事不治。⑤

西汉刘向《说苑·善说》载《越人歌》：

---

① 如南宋何梦桂《潜斋集》卷七《章明甫诗序》：“如《垓下歌》《塞上曲》，令人噫呜嘘唏，不能已已。”（载《景印文渊阁四库全书》第1188册，台湾商务印书馆，1986，第464页）清乾隆朝《续通志》卷一二七《乐略》“琴操七十六曲”下即有《垓下歌》，自注：“亦名《力拔操》。”（《十通》本，浙江古籍出版社，2000，第1册，第4027页。）

② 〔日〕水泽利忠：《史记会注考证校补》，载〔日〕泷川资言、〔日〕水泽利忠《史记会注考证》附“校补”，上海古籍出版社，1986，上册，第229页。参〔日〕吉川幸次郎《中国诗史》，章培恒等译，复旦大学出版社，2001，第38～39页；徐少舟《〈垓下歌〉的另一版本》，《文学遗产》1981年第1期。

③ 参廖序东《释“兮”及〈九歌〉句法结构的分析》，载廖序东《楚辞语法研究》，语文出版社，1995，第19～63页。

④ 《楚辞》，（南宋）洪兴祖：《楚辞补注》，中华书局，1983，第79页。

⑤ 《荀子》，（清）王先谦：《荀子集解》下册，中华书局，1988，第457页。《成相》用楚人之曲，参骆瑞鹤《荀子补正》，武汉大学出版社，1997，第177页。

山有木兮木有枝，

心说君兮君不知。①

张登勤先生说：

> 屈赋句法，变化不拘，然统观之，《离骚》、《九章》多长句，除去"兮"字语助词，《离骚》基本是六字句，偶尔间以五、七、八、九字句。《离骚》、《九章》基本上两句为一语义单位，以"兮"字分隔为上下两分句，上分句末缀"兮"字，下分句末用韵。上下两分句义必相关相对。②

此语也正可移以论《垓下》。正因为这是楚地民歌曲调，因此"书足以记名姓而已"（《史记》卷七《项羽本纪》）③的项羽也能唱上一曲。甚至我们还可进而推测，项羽唱《垓下歌》所用的曲调，就是现用其时汉军四面楚歌的曲调之一。

下面，我们就来逐句分析这首诗。

"力拔山兮气盖世"。先说"力拔山"，这其中"拔"字的意义应当是"动摇""移动"，而非"举起"④。历来都把"拔山"作为力大无比的象征。可是，能撼动山只是单纯表现力大吗？下面我们来看看山在上古时期的喻象：

> 《易·遁·象传》："天下有山，遁。"三国魏王弼《注》："天下有山，阴长之象。"唐孔颖达《疏》："天下有山遁者，山者，阴类，进在天下，即是山势欲上逼于天。天性高远，不受于逼，是遁避之象，故曰，天下有山，遁。《注》天下有山至之象，精阳为天，积阴为地。山者，地之高峻，今上逼于天，是阴长之象。"⑤

---

① （西汉）刘向编《说苑》，向宗鲁：《说苑校证》，中华书局，1987，第279页。

② 张登勤：《屈原赋论笺》，内蒙古教育出版社，2001，第344~345页。

③ （西汉）司马迁：《史记》第1册，中华书局，2013，第376页。

④ 参张博《"拔山扛鼎"解》，载张博《古代汉语词汇研究》，宁夏人民出版社，2000，第206~207页。

⑤ （三国·魏）王弼注经、（东晋）韩康伯注传、（唐）孔颖达疏《周易注疏》，载（清）阮元校刻《十三经注疏》第1册，艺文印书馆，2007，第85页。

《文选》卷二十八陆士衡《挽歌》李善注引《春秋运斗枢》："山者地基也。"①

《汉书》卷八十四《翟方进传》载李寻奏记曰："山川水泉，反理视患。"唐颜师古《注》引三国魏张晏曰："元延中，岷山崩，壅江，江水不流。山，地之镇，宜固，而崩；水逆流，反于常理，所以示人患也。"②

由上引可知，山并非只是独自的存在，它是地的一部分，以其高峻，成为大地力量的象征；山是大地的根基——正是山的力量赋予大地以存在的意义；于是山便成为大地的存在及其意义的守护者。

"气盖世"，气，气势。汉人言气势者，略引数例于下：

《韩诗外传》卷三："勇猛强武，气势自御，难在前则处前，难在后则处后，免我于危难之中者，吾又以为次。"③

《淮南子·兵略》："兵有三势，有二权。有气势，有地势，有因势：将充勇而轻敌，卒果敢而乐战，三军之众，百万之师，志厉青云，气如飘风，声如雷霆，诚积［精］④逾而威加敌人，此谓气势。"⑤

《太平御览》卷三八六引《东观汉记》："盖延，字巨卿，身长八尺，弯弓三百斤，以气势闻。"⑥

《汉纪》卷十《孝武》一："立气势，作威福，结私交，以立强于世者，谓之游侠。"⑦

大致说来，气势即所显现的力量⑧，在诗中，它压倒了一切世间之人。

---

① 《日本足利学校藏宋刊明州本六臣注文选》，人民文学出版社，2008，第439页。

② （东汉）班固：《汉书》第10册，中华书局，1962，第3421、3422页。

③ 《韩诗外传》，许维遹：《韩诗外传集释》，中华书局，1980，第112页。

④ 精，从于省吾说据唐抄本补。见于省吾《双剑誃诸子新证》，上海书店出版社，1999，第427页。

⑤ 《淮南子》，张双棣：《淮南子校释》下册，北京大学出版社，2013，第1617～1618页。

⑥ （北宋）李昉等：《太平御览》第2册，中华书局，1960，第1783页。

⑦ （东汉）荀悦：《汉纪》，《两汉纪》上册，张烈点校，中华书局，2002，第158页。

⑧ 桂胜《周秦势论研究》："势是一切事物运动所蕴含的力量趋向。"（武汉大学出版社，2000，第2页。）

而这一气势是如何形成的？这里我们所关心的实际是"力拔山"与"气盖世"究竟是什么关系。并列？递进？因果？还可能会想出更多来。单就本句而言，这几种关系似乎都可成立。但问题是，哪一种关系可以作为全诗的开端。如果我们把《垓下歌》全诗作为一个整体看待，很明显，首联是非常对仗的。一共四个主谓结构先是两两相对成为两句，然后两句再相对仗。因此，上下两句即第一、二句的结构应当是相同的。毫无疑问，第二句"时不利兮骓不逝"是因果关系，因为"时不利"，所以"骓不逝"。既然第一、二句句式相同，我们就可据以推论，"力拔山"和"气盖世"也应当是因果关系。亦即，正是项羽的"力拔山"才使他得以"气盖世"。正是"力拔山"所显现的巨大威力，形成了世人的恐惧。英国哲学家柏克指出："没有哪种情绪能像恐惧那样有力地支配心灵的一切感受和推理。由于恐惧是对伤痛或死亡的一种惧怕心理，所以从某种意义上说，它的作用与实际的伤痛相似。……王侯将相们所具有的强力来自制度，它同样是与恐怖相关联着的。对君主们讲话时，我们经常使用'令人惶恐的陛下'这类称谓。"① 无疑，正是"拔山"所带来的震撼与恐惧形成了项羽的"盖世"之"气"。在下院慷慨陈词，痛斥印度总督黑斯丁兹残暴不仁的英国绅士柏克似乎并不屑于讨论赤裸裸的暴力，而只是彬彬有礼地点出"王侯将相们所具有的强力来自制度"。但赤裸裸的暴力却正是中国传统政治的特色，或者说"这就是制度"。可与相提并论的，是蒋介石对来华调解的马歇尔的评价，干脆认为这位五星上将、二战中的美国陆军参谋长不懂政治！

"然而，当读者还沉浸在项羽往日英雄气象的回忆之中时，一句'时不利兮骓不逝'，使诗歌风格陡转，由激昂慷慨的豪迈变化为英雄末路的悲哀。"② 在此"'骓不逝'是果，而'时不利'为因；第二句这用'举因知果'的联想和手法来'达难达之情'"。③ 关于"时不利"一语，日本学者吉川幸次郎先生有很好的解说：

七　垓下歌——古典专制批判

① 〔英〕柏克：《自由与传统》，蒋庆等译，商务印书馆，2001，第312～322页。

② 陈晓芸：《悲壮凄美霸王情——读项羽的〈垓下歌〉》，《语文教学与研究》1998年第4期。

③ 李杰：《千载不平〈垓下歌〉》，《淮阴师范专科学校学报》1997年第2期。

所谓"时不利",是指对自己不利时刻的到来。我以为这句诗的前提是下述这种看法：在时间的推移中含有对一部分人有利、对一部分人不利的因素。而且，联系本文后面将要解释的、项羽屡次说过的"天亡我也"这句话来看，我认为当时还存在这样一种看法：有利与不利的因素在时间的推移中不断交替，是人类的主宰者天之所为。这使人想到《孟子·公孙丑·下》"天时不如地利"的"天时"。汉赵岐《孟子章句》注云："天时，时日、干支、五行、王相、孤虚之属也。"朱熹注沿之。时日、干支以下，是占星术师测定天所给予的时间之吉凶的术语。①

以"时"为天时，无疑是正确的。《国语·越语》下："时将有反"，三国吴韦昭《解》："时，天时。"② 是其证。接下来，吉川先生还指出："项羽这个人物，不是把自己的失败归之于军事力量与政治力量的不足，而是归之于不可抵抗的天意。司马迁在《项羽本纪》中反反复复地叙述了项羽的这种意识。"③

第一，是接着"帐中悲歌"的这一段：

项王乃复引兵而东，至东城，乃有二十八骑。汉骑追者数千人。项王自度不得脱，谓其骑曰："吾起兵至今八岁矣，身七十余战，所当者破，所击者服，未尝败北，遂霸有天下。然今卒困于此，此天之亡我，非战之罪也。"④

第二，紧接着这一段，又云：

今日固决死，愿为诸君快战，必三胜之，为诸君溃围、斩将、刈旗，令诸君知天亡我，非战之罪也。⑤

① 〔日〕吉川幸次郎：《中国诗史》，章培恒等译，复旦大学出版社，2001，第33页。
② 《国语》下册，上海古籍出版社，1988，第645、646页。
③ 〔日〕吉川幸次郎：《中国诗史》，章培恒等译，复旦大学出版社，2001，第35页。
④ （西汉）司马迁：《史记》第1册，中华书局，2013，第419页。
⑤ （西汉）司马迁：《史记》第1册，中华书局，2013，第419页。

第三，项羽终于走到了穷途末路，但他谢绝了在乌江岸边舣船以待的
亭长的厚意：

> 项王笑曰："天之亡我，我何渡为！"①

吉川先生说："我们可以看到，'天亡我'这句话重复了三遍。项羽所
说的天，一定是作为人类的主宰、作为使人类的命运发生偶然变化的存在
物而被意识到的。"②

此外，《史记》不仅记载了项羽对自己的灭亡的这种想法，而且记载
了对方汉阵营抱有的同样想法。张良、陈平催促汉王与楚作最后的决战
时说：

> 汉有天下太半，而诸侯皆附之。楚兵罢食尽，此天亡楚之时也，
> 不如因其机而遂取之。③

吉川先生曰："又因为这种想法是全篇的重点，所以司马迁在论赞中也
仔细地讨论了这一点。据司马迁的看法，项羽的失败，是他的骄慢、无知
与暴力主义的结果，也就是搞错了努力方向的结果，不是如项羽所说的
'天亡'。'天亡'的说法是荒谬的。"④ 司马迁论道：

> 自矜功伐，奋其私智而不师古，谓霸王之业，欲以力征经营天下，
> 五年卒亡其国，身死东城，尚不觉寤而不自责，过矣。乃引"天亡我，
> 非用兵之罪也"，岂不谬哉！⑤

班固《汉书》的论赞也原封不动地采纳了司马迁的这个批评。⑥ 又扬
雄《法言·重黎篇》里，也有如下议论：

> 或问：楚败垓下，方死，曰："天也！"谅乎？曰：汉屈群策，群

① （西汉）司马迁：《史记》第1册，中华书局，2013，第420页。
② 〔日〕吉川幸次郎：《中国诗史》，章培恒等译，复旦大学出版社，2001，第35页。
③ （西汉）司马迁：《史记》第1册，中华书局，2013，第415页。
④ 〔日〕吉川幸次郎：《中国诗史》，章培恒等译，复旦大学出版社，2001，第35~36页。
⑤ （西汉）司马迁：《史记》第1册，中华书局，2013，第424页。
⑥ （东汉）班固：《汉书》第7册，中华书局，1962，第1826页。

策屈群力。楚戆群策而自屈其力。屈人者克，自屈者负，天曷故焉。①

吉川先生说："同样是把项羽'天亡我'这个见解作为迷妄而加以否定的。然而，把'天亡我'作为仔细议论的对象，正好从反面说明了把自己的灭亡归咎于天意无常这一点是项羽生平的一个重要特征。"②

此外，笔者还查到东汉末年的徐幹所著《中论·慎所从》亦曰：

> 昔项羽既败，为汉兵所追，乃谓其余骑曰："吾起兵至今八年，身经七十余战，所击者服，遂霸天下。今而困于此，此天亡我，非战之罪也。"斯皆存亡所由，欲南反北者也。夫攻战，王者之末事也，非所以取天下也。王者之取天下也，有大本，有仁智之谓也。仁则万国怀之，智则英雄归之。御万国，总英雄，以临四海，其谁与争！若夫攻城必拔，野战必克，将帅之事也。羽以小人之器，暗于帝王之教，谓取天下一由攻战，矜勇有力，诈虐无亲，贪啬专利，功勤不赏。有一范增既不能用，又从而疑之，至令愤气伤心，疽发而死。豪杰背叛，谋士违离，以至困穷，身为之虏。然犹不知所以失之，反嗔目溃围，斩将取旗，以明非战之罪，何其谬之甚欤！③

吉川先生还认为：

> 这首诗就是那种意识到人类为不可知的命运之丝所支配的人物的心声了。人类的幸福是偶然的，不幸也是偶然的。这是因为人类被某种超人类之物——大概就是通过"天"这个词被意识到的那种东西——所支配的缘故。天所操纵的命运之丝，一会儿任性地摆向幸福，一会儿又任性地摆向不幸。操纵者是无常的，但它所产生的结果却是绝对的。命运之丝一旦有一度摆向不幸，那就会使人类的力量和努力通通无效。我们可以发现，这种意识是产生《垓下歌》的根源。④

① （西汉）扬雄：《法言》，汪荣宝：《法言义疏》下册，中华书局，1987，360～361 页。
② 〔日〕吉川幸次郎：《中国诗史》，章培恒等译，复旦大学出版社，2001，第 36 页。
③ （三国·魏）徐幹：《中论》，孙启治：《中论解诂》，中华书局，2014，第 330～331 页。
④ 〔日〕吉川幸次郎：《中国诗史》，章培恒等译，复旦大学出版社，2001，第 34～35 页。

在《垓下歌》中，"时"是天时，而"山"则相关于地，"世"无疑指人。于是，这里就有着天地人的相关性。他以对地的征服来威慑人，却因无常的天而丧失一切。在古代思想观念中，天、地、人形成三分，亦即所谓"三才"：

> 《周易·系辞传》下："《易》之为书也，广大悉备。有天道焉，有人道焉，有地道焉。兼三材而两之，故六。六者非它也，三材之道也。"①

> 《周易·说卦》："立天之道曰阴与阳，立地之道曰柔与刚，立人之道曰仁与义。"②

> 《管子·五辅》："所谓三度者何？曰，上度之天祥，下度之地宜，中度之人顺，此所谓三度。故曰，天时不祥则有水旱，地道不宜则有饥馑，人道不顺则有祸乱。"③

> 《管子·宙合》："天不一时，地不一利，人不一事，可正而视，定而履，深而迹。"④

> 《管子·霸言》："立政出令用人道，施爵禄用地道，举大事用天道。"⑤

> 《管子·君臣》上："天有常象，地有常刑，人有常礼，一设而不更，此谓三常。"⑥

> 《管子·五行》："天道以九制，地理以八制，人道以六制。"⑦

> 《管子·内业》："天主正，地主平，人主安静。春秋冬夏，天之时也；山陵川谷，地之枝也；喜怒取予，人之谋也。"⑧

① （三国·魏）王弼注经、（东晋）韩康伯注传、（唐）孔颖达疏《周易注疏》，载（清）阮元校刻《十三经注疏》第1册，艺文印书馆，2007，第175页。
② （三国·魏）王弼注经、（东晋）韩康伯注传、（唐）孔颖达疏《周易注疏》，载（清）阮元校刻《十三经注疏》第1册，艺文印书馆，2007，第183页。
③ 《管子》，黎翔凤：《管子校注》上册，中华书局，2004，第199页。
④ 《管子》，黎翔凤：《管子校注》上册，中华书局，2004，第206页。
⑤ 《管子》，黎翔凤：《管子校注》上册，中华书局，2004，第473页。
⑥ 《管子》，黎翔凤：《管子校注》中册，中华书局，2004，第550页。
⑦ 《管子》，黎翔凤：《管子校注》中册，中华书局，2004，第859页。
⑧ 《管子》，黎翔凤：《管子校注》中册，中华书局，2004，第937页。

《管子·禁藏》："顺天之时，约地之宜，忠人之和。"①

实际上，在古代所谓兵阴阳家中，即有占天时以用兵的思想。检《汉书》卷三十《艺文志》四《兵书略》三兵阴阳家小序曰：

> 阴阳者，顺时而发，推刑德，随斗击，因五胜，假鬼神而为助者也。②

例如《楚辞·九歌·国殇》："天时坠兮威灵怒，严杀尽兮弃原野。"东汉王逸《章句》："坠，落也。言己战斗，适遭天时，命当堕落，虽身死亡，而威神怒健，不畏惮也。"③《周礼·春官·大史》：

> 大师，抱天时，与大师同车。

东汉郑玄《注》：

> 郑司农云："大出师，则大史主抱式，以知天时，处吉凶。史官主知天道，故《国语》曰：'吾非瞽史，焉知天道。'《春秋传》曰：'楚有云如众赤鸟夹日以飞，楚子使问诸周大史。'大史主天道。"玄谓瞽即大师。大师，瞽官之长。

唐贾公彦《疏》：

> 云"大师"者，大起军师也。云"抱天时"者，大史知天道。天时，谓天文见时候者。史抱此天时，与大师瞽人知天道者同在一车之上。共察天文，故同车也。先郑云"大出师，则大史主抱式，以知天时，处吉凶"者，云"抱式"者，据当时占文谓之式，以其见时候有法式，故谓载天文者为式。"知天时，处吉凶"者，候天时，知吉凶，以告王，故云处吉凶。④

---

① 《管子》，黎翔凤：《管子校注》中册，中华书局，2004，第1018页。
② （东汉）班固：《汉书》第6册，中华书局，1962，第1760页。
③ 《楚辞》，（南宋）洪兴祖：《楚辞补注》，中华书局，1983，第83页。
④ （东汉）郑玄注、（唐）贾公彦疏《周礼注疏》，载（清）阮元校刻《十三经注疏》第3册，艺文印书馆，2007，第403页。

则所谓太史抱天时，实是抱推测天时之式盘①。至于兵阴阳的具体内容，《韩非子·饰邪篇》：

> 初时者，魏数年东乡（向）攻尽陶卫，数年西乡以失其国。此非丰隆、五行、太一、王相、摄提、六神、五括、天河、殷抢、岁星，非数年在西也；又非天缺、弧逆、刑星、荧惑、奎、台，非数年在东也。故曰，龟策鬼神不足举胜，左右背乡不足以专战。然而恃之，愚莫大焉。②

《淮南子·兵略》：

> 明于星辰日月之运，刑德奇赍之数，背乡（向）左右之便，此战之助也。（东汉许慎《注》："奇赍，阴阳奇秘之要，非常之术。"）③

《汉志·兵书略》分为四部，即权谋、形势、阴阳、技巧。清儒刘光蕡曰：

> 阴阳即天时，地利即形势，人和则兼权谋技巧也。④

《孟子·公孙丑》下曰：

> 天时不如地利，地利不如人和。三里之城，七里之郭，环而攻之而不胜。夫环而攻之，必有得天时者矣；然而不胜者，是天时不如地利也。城非不高也，池非不深也，兵革非不坚利也，米粟非不多也，委而去之，是地利不如人和也。故曰，域民不以封疆之界，固国不以山溪之险，威天下不以兵革之利。得道者多助，失道者寡助。寡助之至，亲戚畔之；多助之至，天下顺之。以天下之所顺，攻亲戚之所畔，故君子有不战，战必胜矣。⑤

---

① 参（清）孙诒让《周礼正义》第8册，中华书局，1987，第2092~2094页。
② 《韩非子》，张觉：《韩非子校疏》上册，上海古籍出版社，2010，第324页。
③ 《淮南子》，张双棣：《淮南子校释》下册，北京大学出版社，2013，第1590、1594页。
④ 刘光蕡：《前汉书艺文志注》，载《二十五史补编》第2册，中华书局，1955，第1725页。
⑤ 《孟子》，（清）焦循：《孟子正义》上册，中华书局，1987，第251~254页。

《尉缭子·天官》亦曰：

> 梁惠王问尉缭子曰："黄帝刑德，可以百胜，有之乎？"尉缭子对曰："刑以伐之，德以守之，非所谓天官时日、阴阳向背也。黄帝者，人事而已矣！何者？今有城，东西攻不能取，南北攻不能取，四方岂无顺时乘之者邪？然不能取者，城高池深，兵器备具，财谷多积，豪士一谋者也。若城下池浅守弱，则取之矣。由是观之，天官时日，不若人事也。案天官曰，背水陈为绝纪，向阪陈为废军。武王伐纣，背济水、向山阪而陈，以二万二千五百人击纣之亿万而灭商。岂纣不得天官之陈哉！楚将公子心与齐人战，时有彗星出，柄在齐。柄所在胜，不可击。公子心曰：'彗星何知！以彗斗者，固倒而胜焉！'明日与齐战，大破之。黄帝曰：'先神先鬼，先稽我智。'谓之天时，人事而已。"①

在《垓下歌》中，"时""山""世"分别相关于天、地、人。但项王恰同孟子相反，他以对地的征服来威慑人，却因无常的天而丧失一切。我们可以认为，这里的天代表着神秘性，地是自然性，人就是人，是人的社会性。

也正如上引《尉缭子·天官》所言，"天官时日，不若人事"，我们也正可直接将天与人相对应——地不过是介于其中的物质条件。

回到上引《周礼》，出师之所以要让太史抱式随军，无非是要让他测度天时，预知吉凶。于是在人们的观念中，"时"就可等同于天命。古人常以"时命"连言，"时"即"命"：

> 《庄子·外篇·缮性》："古之所谓隐士者，非伏其身而弗见也，非闭其言而不出也，非藏其知而不发也，时命大谬也。当时命而大行乎天下，则反一无迹；不当时命而大穷乎天下，则深根宁极而待：此存身之道也。"②

> 《楚辞》西汉东方朔《七谏·哀命》："哀时命之不合兮，伤楚国

---

① 《尉缭子》，钟兆华：《尉缭子校注》，中州书画社，1982，第 1 页。
② 《庄子》，（清）郭庆藩：《庄子集释》第 3 册，中华书局，1961，第 555 页。

之多忧。"①

《楚辞》西汉严忌《哀时命》："哀时命之不及古人兮，夫何予生
之不遭时。"②

《汉书》卷八十四《翟方进传》："今积恶二家，迷惑相得，此时
命当殄，天所灭也。"③

《汉书》卷八十七上《扬雄传》上《反离骚》："夫圣哲之遭兮，
固时命之所有；虽增欷以于邑兮，吾恐灵修之不累改。"唐颜师古注引
《离骚》："曾歔欷余郁邑兮，哀朕时之不当。"④

《论衡·偶会》："故孔子称命，不怨公伯寮；孟子言天，不尤臧
仓：诚知时命当自然也。"⑤

《论衡·祀义》："夫夜姑之死，未必厉鬼击之也，时命当死也。"⑥

考《文选》卷五十三三国魏李康《运命论》曰："夫治乱，运也；穷
达，命也；贵贱，时也。"⑦ 则"运""命""时"义实为一。或者说，
"时"的后面即无常的命运。

项羽无论拥有多么巨大的力量，形成多么浩大的气势，都无法与无常
的命运抗衡。

"力"与"命"，是中国古代思想中的一对重要范畴。已知最早将
"力"与"命"对举的是墨子。《墨子·非命》下：

> 天下之治也，汤武之力也；天下之乱也，桀纣之罪也。若以此观
> 之，夫安危治乱存乎上之为政也，则夫岂可谓有命哉！故昔者禹汤文
> 武方为政乎天下之时，曰："必使饥者得食，寒者得衣，劳者得息，乱
> 者得治。"遂得光誉令问（闻）于天下。夫岂可以为命哉？故以为其
> 力也。今贤良之人，尊贤而好功道术，故上得其王公大人之赏，下得

① 《楚辞》，（南宋）洪兴祖：《楚辞补注》，中华书局，1983，第250页。

② 《楚辞》，（南宋）洪兴祖：《楚辞补注》，中华书局，1983，第259页。

③ （东汉）班固：《汉书》第10册，中华书局，1962，第3436页。

④ （东汉）班固：《汉书》第11册，中华书局，1962，第3521、3522页。

⑤ （东汉）王充：《论衡》，黄晖：《论衡校释》第1册，中华书局，第106页。

⑥ （东汉）王充：《论衡》，黄晖：《论衡校释》第4册，中华书局，第1052页。

⑦ 《日本足利学校藏宋刊明州本六臣注文选》，人民文学出版社，2008，第802页。

其万民之誉，遂得光誉令问（闻）于天下。亦岂以为其命哉？又以为力也。然今夫有命者，不识昔也三代之圣善人与？意亡昔三代之暴不肖人与？若以说观之，则必非昔三代圣善人也，必暴不肖人也。①

其后，集中论述的则是《列子·力命篇》。旧题西汉刘向《列子新书目录》：

> 至于《力命篇》，一推分命。②

《列子·力命篇》篇题下东晋张湛注：

> 命者，必然之期，素定之分也。虽此事未验，而此理已然。若以寿夭存于御养，穷达系于智力，此惑于天理也。③

《列子·力命篇》：

> 力谓命曰："若之功奚若我哉！"命曰："汝奚功于物，而欲比朕力！"曰："寿夭、穷达、贵贱、贫富，我力之所能也。"命曰："彭祖之智不出尧舜之上而寿八百，颜渊之才不出众人之下而寿十八，仲尼之德不出诸侯之下而困于陈蔡，殷纣之行不出三仁之上而居君位，季札无爵于吴，田恒专有齐国，夷齐饿于首阳，季氏富于展禽：若是汝力之所能，奈何寿彼而夭此，穷圣而达逆，贱贤而贵愚，贫善而富恶邪！"④

《垓下歌》是力与命抗争的挽歌，是英雄末路的悲泣，是猛虎临死的哀号。正是天命的无常，使项羽的一切努力都付之东流。无论他曾经怎样地辉煌，现在他都将失去以往所拥有的一切。

在狂歌中，项羽对骓马和虞姬反复咏叹，因为宝马与美女的失去是他

---

① 《墨子》，（清）孙诒让：《墨子间诂》上册，中华书局，2001，第279页。
② 旧题（西汉）刘向：《列子新书目录》，载杨伯峻《列子集释》，中华书局，1979，第278页。
③ （东晋）张湛：《列子注》，杨伯峻：《列子集释》，中华书局，1979，第192页。
④ 《列子》，杨伯峻：《列子集释》，中华书局，1979，第192~193页。

参伍以变─古今错综中的经典与义理

最为痛心的——它们是项羽力量与威势的象征。

在宝马与美女的对立中，我们可以发现宝马是自然的精灵，美女则是人类的精华。

"骓不逝"，马是当时速度最快的交通工具，骑兵则是当时最强大的攻击力量，项羽正是凭借暴风般的骑兵冲击取得一次又一次的胜利。[1] 正如阿彻·琼斯先生所指出的：

> 由于骑兵拥有优越的机动和不必下马即可投入行动的能力，以及攻击敌人薄弱翼侧和后方的能力，因此，与运动缓慢的步兵相比，将其称为进攻型部队可能更为合适。[2]

我们可以看看李德龙先生对项羽彭城大捷的评价：

> 项羽所以能取得这次反击会战的胜利，主要在于他握有一支强大而精勇的骑兵，以迅雷不及掩耳的神速行动，给汉军以突然猛烈的打击。善于作破釜沉舟拼死决斗和对敌实施突然猛烈的奇袭，这是项羽战术指挥的两大特色，不论巨鹿决战还是彭城会战，都是这样。这次回袭彭城，项羽不是由南而北实施正面攻击，也不是由东而西将汉军击溃，而是由城阳东北经鲁、胡陵至萧，走了一个反"S"形，绕至汉军的侧后，然后由西而东猛攻，企图全歼汉军于彭城、谷水、泗水、睢水之间，结果基本实现了这一目标。项羽仅以 3 万骑兵的绝对少数兵力，居然对数十万汉军实施迂回歼灭作战，这一决心、勇气和战术，都是战争史上所罕见的。正因为项羽高度发挥了骑兵快速突击的优势、部队破釜沉舟的勇敢精神和奇袭战术的特殊效果……[3]

马是骑兵的生命。东汉一代名将马援曾这样赞叹马：

> 夫行天莫如龙，行地莫如马。马者，甲兵之本，国之大用。安宁则以别

---

① 参张京华《〈垓下歌〉与〈大风歌〉史解》，《学术界》2000 年第 1 期。

② 〔美〕阿彻·琼斯：《西方战争艺术》，刘克俭、刘卫国译，中国青年出版社，2001，第 6 页。

③ 李德龙：《汉初军事史研究》，民族出版社，2001，第 27 页。

尊卑之序，有变则以济远近之难。(《后汉书》卷二十四《马援列传》)①

于是古人便将马神化。唐徐坚所编《初学记》卷二十九引《春秋说题辞》曰：

> 地精为马。十二月而生，应阴纪阳以合功。故人驾马，任重致远，利天下。②

尤其马镫发明于中国六朝时期③，而重装骑兵只有在装备马镫后才能稳坐马上④。也就是说，在楚汉战争之时只有轻装骑兵而无重装骑兵。以轻装骑兵攻击步兵方阵，很难取胜⑤。但项羽之所以锐不可当，正在于他能以轻装骑兵冲击敌阵。此时，速度，是马的全部意义所在。"逝"即有快速之义。《论语·阳货》："日月逝矣。""逝"在此不单表示行进，还表示时间逝去之急速。故而南朝梁皇侃《义疏》径直曰："逝，速也。言日月不停，速不待人。"⑥ 施正康先生《汉魏诗选》解此诗之"逝"为"奔驰"，释道："他不禁叹息命里注定要倒霉的时候连一向忠于主人、英勇善战的乌骓马也不肯冲锋陷阵了。"⑦《汉语大词典》"逝"下有"跑"义项，举例即为《垓下歌》此句和阮籍《咏怀》之十一"青骊逝骎骎"⑧。速度自身成为力量的显现。这力量也是巨大的破坏力量。《史记》卷七《项羽

---

① (南朝·宋) 范晔：《后汉书》第3册，中华书局，1965，第840页。

② (唐) 徐坚：《初学记》，载董治安主编《唐代四大类书》，清华大学出版社，2003，第3册，第1898页。

③ 参齐东方《中国早期马镫的有关问题》，《文物》1993年第4期。

④ 参袁伟主编《中国战争发展史》，第六章第六节"马镫的使用和重装骑兵的崛起"，人民出版社，2001，第210~213页。

⑤ 如《汉书》卷五十四《李广传》，李陵"至浚稽山，与单于相直，骑可三万围陵军。军居两山间，以大车为营。陵引士出营外为陈，前行持戟盾，后行持弓弩，令曰：'闻鼓声而纵，闻金声而止。'虏见汉军少，直前就营。陵搏战攻之，千弩俱发，应弦而倒。虏还走上山，汉军追击，杀数千人"。(中华书局，1962，第8册，第2452~2453页。)

⑥ (南朝·梁) 皇侃：《论语义疏》，中华书局，2013，第444页。

⑦ 施正康：《汉魏诗选》，上海书店，1993，第61~62页。

⑧ 罗竹风主编《汉语大词典》缩印本下册，汉语大词典出版社，1997，第6275页。又《汉语大字典》于"逝"下也收有"跑"义，但书证仅阮籍一语 (缩印本，四川辞书出版社、湖北辞书出版社，1993，第1596页)。

本纪》载项羽在拒绝逃走后对乌江亭长说道："吾骑此马五岁，所当无敌，尝一日行千里，不忍杀之，以赐公。"① 正可见是马的速度赋予了他力量。于是当"骓不逝"时，骓不但失去了它的速度，更失去了它的力量。后果是灾难性的。作为马的主人，项羽也因此失去了自身的力量——他只有骑在马上奔驰时才是"力拔山兮气盖世"的英雄。现在，"时不利"，于是他的力量和气势都消失了。当他失去对自然力的握持时，也就必然要丧失对人的掌控。

对人的掌控首先表现为对女性的掌控，对女性身体的掌控，年轻美貌的身体：

> 在象征交换经济的逻辑中，更确切地说，在亲缘和婚姻关系的社会构造中，存在着文化秩序分配中男性优先的原因，亲缘和婚姻关系的社会构造赋予妇女作为交换物的社会地位，交换物是依照男人利益确定的，因而注定要促进男人的象征资本的再生产。……作为交换主体和婚姻主体的妇女被暴力机制否定了，交换主体和婚姻主体是通过她们建立起来的，暴力机制却将她们简化为物的状态，或更确切地说，简化为男性政治的象征工具：她们注定要作为信用符号流通并建立男人之间的关系，因此沦落为社会和象征资本的生产或再生产的工具。……如安娜—玛丽·达迪尼亚所说，使得"女性身体严格说来成为一个可以估价并互相交换的物品，像货币一样在男人之间流通"。②

正是基于暴力，以及由此产生的"威势"，项羽获得了美女的侍从。

与马的破坏力相对，女性的力量是生殖。于是虞姬也就相当于神话传说中的"母神"③。我们知道，人类社会的生产可以分为生产生活数据的生产和人自身的生产。由于女性在原始观念中同生命的赋予相关联，母神崇拜实质上是对生命和生命再生的崇拜；同时，人类社会由狩猎社会发展到农耕社会以后，女性又自然地同生养农作物的土地发展起象征对应的关系，

---

① （西汉）司马迁：《史记》第 1 册，中华书局，2013，第 420～421 页。
② 〔法〕皮埃尔·布尔迪厄：《男性统治》，刘晖译，海天出版社，2002，第 58～59 页。
③ 参叶舒宪《高唐神女与维纳斯》，陕西人民出版社，2005，第 58～126 页。

这便导致了遍布全球的所谓"母神"信仰。而年轻美貌的女性拥有更健康、更青春的肉体,自然更富有生命活力。于是她理所当然地成为"威势"的象征。对于项羽来说,只有比自己更强大的力量才能把她夺走。在项羽看来,拥有如此力量的只有隐秘的天,或者说,无常的命运。

在失去了天命的眷顾后,项羽的力量正在衰竭,作为力量象征的乌骓马不再飞驰,由此作为威势象征的虞姬也即将失去。这意味着自己的生命毫无意义,以往的一切辉煌现在都只是讽刺,就更显得荒谬。于是在此,国家的意义仅仅是建构权力以满足欲望,而非培养德行。

此时的项羽所能做的,是要做最后一搏,以表明自身的力量并未失去,他的失败不过是命运的捉弄。他必须死得尽量惨烈,他要让每一个人都在恐惧中度过余生,从而得以流芳百世。这是他在与命运的抗争中所能尽的唯一努力。

八

顺阴阳　明教化
——《汉志》儒家小序引述《尧典》发微

　　《汉书》卷三十《艺文志》乃本于西汉刘向、刘歆父子之《别录》《七略》①。其要以天下学术归本于六艺，至于诸子，乃有所谓"诸子出于王官"之论。尝试检儒家小序，则言："盖出于司徒之官，助人君顺阴阳明教化者也。"② 此当本于《尚书·虞夏书·尧典》舜命契之辞："契，百姓不亲，五品不逊，汝作司徒，敬敷五教，在宽。"③

　　五品，孔《传》："五品，谓五常。"④《史记》卷一《五帝本纪》裴骃《集解》引郑玄曰："五品，父母兄弟子也。"复引王肃曰："五品，五常也。"⑤ 孔《疏》则弥缝两端："一家之内，尊卑之差，即父母兄弟子是也。教之义慈友恭孝，此事可常行，乃为五常耳。"⑥ 金景芳以为"郑说是，王说非。郑说应据于《左传》文公十八年'举八元，使布五教于四方，父义母慈兄友弟恭子孝'"。⑦ 按，《诗·大雅·生民》孔《疏》引郑玄《尧典注》云："举八元使布五教"⑧，金说是。《左传》之外，《孟子·滕文公》亦云："使契为司徒，教以人伦，父子有亲，君臣有义，夫妇有别，长幼有序，朋友有信。"⑨ 可证。"明教化"即顺五品，布五教，甚为显明。《尚

①　参余嘉锡《目录学发微》，艺文印书馆，1987，第59～61页。

②　（东汉）班固：《汉书》第6册，中华书局，1962，第1728页。

③　旧题（西汉）孔安国注、（唐）孔颖达疏《尚书注疏》，载（清）阮元校刻《十三经注疏》第1册，艺文印书馆，2007，第44页。

④　旧题（西汉）孔安国注、（唐）孔颖达疏《尚书注疏》，载（清）阮元校刻《十三经注疏》第1册，艺文印书馆，2007，第44页。

⑤　（西汉）司马迁：《史记》第1册，中华书局，2013，第47页。

⑥　旧题（西汉）孔安国注、（唐）孔颖达疏《尚书注疏》，载（清）阮元校刻《十三经注疏》第1册，艺文印书馆，2007，第44页。

⑦　金景芳：《〈尚书·虞夏书〉新解》，辽宁古籍出版社，1996，第161页。

⑧　（西汉）毛公传、（东汉）郑玄笺、（唐）孔颖达疏《诗经注疏》，载（清）阮元校刻《十三经注疏》第2册，艺文印书馆，2007，第589页。参陈品卿《尚书郑氏学》，嘉新水泥公司文化基金会，1977，第176页。

⑨　《孟子》，（清）焦循：《孟子正义》上册，中华书局，1987，第386页。李振兴《王肃之经学》云："王氏好攻郑氏，其所云'五品，五常也。'当指《孟子》五伦而言也。"按五常为仁义礼智信，非五伦，其说非。（嘉新水泥公司文化基金会，1980，第175页。）

书》孔《传》："逊，顺也。"① 是则《诸子略》儒家小序"顺阴阳"之"顺"即本于《尧典》"五品不逊"之"逊"。由此可见，儒家小序"顺阴阳"与"明教化"并非并列结构，而应该理解成以"顺阴阳"为手段达到"明教化"的目的②。

然则其详维何？

细绎《尧典》本文及儒家小序，可以发现二者所述略有歧异。《尧典》"五品不逊"之"逊"固然训为"顺"，结合下文"五教"来看，五品之顺乃是其自身"父子有亲，君臣有义，夫妇有别，长幼有序，朋友有信"，而非别有一"阴阳"来使五品得顺。是则以"顺阴阳"从而"明教化"，非《书》学正脉，当是向歆父子旁采异说以释儒经的结果。

以"顺阴阳"治天下的学说，无疑首先令人想起邹衍的阴阳家。《史记》卷一三〇《太史公自序》载其父司马谈《论六家要旨》曰："阴阳之术，大祥而众忌讳，使人拘而多所畏。然其序四时之大顺，不可失也。"③《汉志》阴阳家小序曰："阴阳家者流，盖出于羲和之官，敬顺昊天，历象日月星辰，敬授民时，此其所长也。及拘者为之，则牵于禁忌，泥于小数，舍人事而任鬼神。"④ 两家所言皆为时令之说，但其论在后世的影响远不如五德终始说显赫，只有残篇断简被偶尔引用而得以存世。《周礼·夏官·司爟》："四时变国火"，郑注："郑司农说以邹子曰，春取榆柳之火，夏取枣杏之火，季夏取桑柘之火，秋取柞楢之火，冬取槐檀之火。"⑤ 检《论语·阳货》"钻燧改火"皇侃《义疏》，改火依季节选用不同的树种，也是依据的阴阳五行，如："榆柳色青，春是木，木色青，故春用榆柳也。"⑥ 不过

---

① 旧题（西汉）孔安国注、（唐）孔颖达疏《尚书注疏》，载（清）阮元校刻《十三经注疏》第1册，艺文印书馆，2007，第44页。参（清）段玉裁《古文尚书撰异》，载《四部要籍注疏丛刊·尚书》中册，中华书局，1998，第1813页。

② 马晓斌《汉书艺文志序译注》标点及翻译皆以"助人君""顺阴阳""明教化"三者并列，误（中州古籍出版社，1990，第37～38页）。

③ （西汉）司马迁：《史记》第10册，中华书局，2013，第3965页。

④ （东汉）班固：《汉书》第6册，中华书局，1962，第1734～1735页。

⑤ （东汉）郑玄注、（唐）贾公彦疏《周礼注疏》，载（清）阮元校刻《十三经注疏》第3册，艺文印书馆，2007，第458页。

⑥ （南朝·梁）皇侃：《论语义疏》，中华书局，2013，第466页。

《论语》此句下《集解》录马融注引《周书·月令》"更火之文"①，略同于邹衍之说，贾公彦《疏》也说"邹子说出于《周书》，其义是一"②，那么邹衍当是将旧时礼制用阴阳五行说予以解释。最为系统的"顺阴阳"之治国论，当推《吕氏春秋》。徐复观尝谓："《吕氏春秋》有《序意》一篇，不缀于全书之后，而缀于《十二纪》之末；且自名其书为《春秋》，正系综括《十二纪》以立名；则在吕氏及其门客的心目中，此书的骨干，是《十二纪》而不是《八览》、《六论》，至为明显。"③ 田凤台进而论曰："十二纪者，吕书思建立其政治之最高原则，而申论其行政纲领者也。此最高原则为何？即顺天，此政治纲领为何？即顺天之春生、夏长、秋收、冬藏之理，而言治国之四大经，养、教、管、卫者也。……《吕氏春秋》作者，师承阴阳家顺天之最高原则，以五德终始，时令配合，灾异祥瑞为架构，而以儒者尚德为施政原则，而到达墨家以爱利人民为施政之目的。其十二纪篇首之旨，将国家一切政令，无不纳入时令，无论天上之星象风露之变，地上虫鱼动植之化、人事、居处、服食、器用、行事之宜，皆应顺此时令而行。此一周密设计政令与时令之配合，可称之为政府或帝王之年行事历。"④

暴秦绝学，专任法律。及汉兴，尚黄老之治，吕氏之学复振。徐复观《〈吕氏春秋〉及其对汉代学术与政治的影响》一文详细排比分析了汉代史料，指出《吕氏春秋》十二纪之纪首（即相当于《礼记·月令》的部分）对汉代政治有着深远的影响。如《汉书》卷七十四《魏相传》，相数表采《易阴阳》及《明堂月令》奏之，曰：

> 臣愚以为阴阳者，王事之本，群生之命，自古贤圣未有不繇者也。天子之义必纯，取法天地，而观于先圣。高皇帝所述书，《天子所服》

---

① （三国·魏）何晏：《论语集解》，（清）刘宝楠：《论语正义》下册，中华书局，1990，第700页。

② （东汉）郑玄注、（唐）贾公彦疏《周礼注疏》，载（清）阮元校刻《十三经注疏》第3册，艺文印书馆，2007，第458页。

③ 徐复观：《〈吕氏春秋〉及其对汉代学术与政治的影响》，载徐复观《两汉思想史》第二卷，华东师范大学出版社，2001，第2~3页。

④ 田凤台：《吕氏春秋探微》，学生书局，1986，第169页。

第八曰："大谒者臣章受诏长乐宫，曰：'令群臣议天子所服，以安治天下。'相国臣何、御史大夫臣昌，谨与将军臣陵、太子太傅臣通等议，春夏秋冬，天子所服，当法天地之数，中得人和。故自天子王侯有土之君，下及兆民，能法天地，顺四时，以治国家，身亡祸殃，年寿永究，是奉宗庙、安天下之大礼也。臣请法之。中谒者赵尧举春，李舜举夏，兒汤举秋，贡禹举冬，四人各职一时。"大谒者襄章奏。制曰："可。"①

《史记》卷五十六《陈丞相世家》：

孝文皇帝既益明习国家事，朝而问右丞相勃曰："天下一岁决狱几何？"勃谢曰："不知。"问："天下一岁钱谷出入几何？"勃又谢不知，汗出沾背，愧不能对。于是上亦问左丞相平，平曰："有主者。"上曰："主者谓谁？"平曰："陛下即问决狱，责廷尉；问钱谷，责治粟内史。"上曰："苟各有主者，而君所主者何事也？"平谢曰："主臣！陛下不知其驽下，使待罪宰相。宰相者，上佐天子理阴阳，顺四时，下育万物之宜，外镇抚四夷诸侯，内亲附百姓，使卿大夫各得任其职焉。"孝文帝乃称善。②

《汉书》卷七十四《丙吉传》：

吉又尝出，逢清道，群斗者死伤横道，吉过之不问，掾史独怪之。吉前行，逢人逐牛，牛喘，吐舌。吉止驻，使骑吏问逐牛行几里矣。掾史独谓丞相前后失问，或以讥吉，吉曰："民斗相杀伤，长安令、京兆尹职所当禁备逐捕，岁竟丞相课其殿最，奏行赏罚而已。宰相不亲小事，非所当于道路问也。方春少阳用事，未可大热，恐牛近行，用暑故喘，此时气失节，恐有所伤害也。三公典调和阴阳，职当忧，是以问之。"掾史乃服，以吉知大体。③

① （东汉）班固：《汉书》第10册，中华书局，1962，第3139～3140页。
② （西汉）司马迁：《史记》第6册，中华书局，2013，第2490页。
③ （东汉）班固：《汉书》第10册，中华书局，1962，第3147页。

参伍以变｜古今错综中的经典与义理

徐氏曰："丙吉的观念，与陈平完全相同。若不了解《十二纪》的思想背景，简直是无法使人理解。"①

如果仔细考察汉代思想史，说丙吉受陈平影响无可置疑，然而要说二人观念"完全相同"，则期期以为不可。

从陈平与丙吉的个人和时代思想背景来看，汉初的治国理念是黄老之学，陈平是"少时家贫，好读书，治黄帝、老子之术"（《汉书》卷四十《陈平传》)②；宣帝时早已罢黜百家，独尊儒术，丙吉"本起狱法小吏，后学《诗》《礼》，皆通大义"（《汉书》卷七十四《丙吉传》)③。可见陈平之"上佐天子理阴阳，顺四时"，乃是承袭阴阳家——《吕氏春秋》一脉的观念；而丙吉之"三公典调和阴阳"，则是汉代吸收了阴阳家学说的儒学观念。

兹说盖本于董生。《春秋繁露·基义》："阴者阳之合，夫者妻之合，子者父之合，臣者君之合。物莫无合，而合各有阴阳。阳兼于阴，阴兼于阳；夫兼于妻，妻兼于夫；父兼于子，子兼于父；君兼于臣，臣兼于君。君臣、父子、夫妇之义，皆取诸阴阳之道。君为阳，臣为阴；父为阳，子为阴；夫为阳，妻为阴。……阴阳二物，终岁各壹出。壹其出，远近同度而不同意。阳之出也。常县于前而任事；阴之出也，常县于后而守空处。而见天之亲阳而疏阴，任德而不任刑也。是故仁义制度之数，尽取之天。天为君而覆露之，地为臣而持载之；阳为夫而生之，阴为妇而助之；春为父而生之，夏为子而养之；秋为死而棺之，冬为痛而丧之。王道之三纲，可求于天。天出阳为暖以生之，地出阴为清以成之。不暖不生，不清不成。然而计其多少之分，则暖暑居百，而清寒居一。德教其与刑罚，犹此也。故圣人多其爱而少其严，厚其德而简其刑，以此配天。"④ 董生所举之伦虽不同于郑君，然顺阴阳以明伦常之意则颇清晰，故刘氏持以释《书》而论

① 徐复观：《〈吕氏春秋〉及其对汉代学术与政治的影响》，载徐复观《两汉思想史》第二卷，华东师范大学出版社，2001，第39～48页。
② （东汉）班固：《汉书》第7册，中华书局，1962，第2038页。
③ （东汉）班固：《汉书》第10册，中华书局，1962，第3145页。
④ （西汉）董仲舒：《春秋繁露》，载《北京图书馆古籍珍本丛刊》第2册，书目文献出版社，1988，第575页。

儒。董生造论，固有取于阴阳家①。且其意盖师诸《易》之《序卦》："有天地然后有万物，有万物然后有男女，有男女然后有夫妇，有夫妇然后有父子，有父子然后有君臣，有君臣然后有上下，有上下然后礼义有所错。"②《易传》则为援阴阳以入儒之肇始③，其以阴阳贯通天人，允为董生之先路④。

综上所述，"顺阴阳"以治国本为阴阳家观念，而为《吕氏春秋》系统化。汉初崇尚黄老，陈平等即以此施政。至武帝时，董仲舒发皇《易》说，援阴阳之说入儒，以阴阳条理五伦。于是丙吉依之论政，向歆用以释《书》。

徐复观先生又以为伪古文《周官》"论三公之职为'论道经邦，燮理阴阳'的观念，必然是《吕氏春秋》以后，在西汉所发展的观念。"⑤ 其实也应当是向歆父子以董生说释《书》以后《书》学之士所造作的伪古文文本。至若《隋书》卷三十四《经籍志》三《子部》儒家类小序乃谓"儒者所以助人君明教化者也"⑥，独删"顺阴阳"三字，亦可略窥时移世变。

① 参黄朴民《天人合——董仲舒与汉代儒学思潮》，岳麓书社，1999，第57~63页。
② （三国·魏）王弼注经、（东晋）韩康伯注传、（唐）孔颖达疏《周易注疏》，载（清）阮元校刻《十三经注疏》第1册，艺文印书馆，2007，第187~188页。
③ 参黄克剑《〈周易〉"经"、"传"与儒、道、阴阳家学缘探要》，《中国文化》1995年第12期。
④ 参韦政通《董仲舒》，东大图书公司，1996，第77~78页。
⑤ 徐复观：《〈吕氏春秋〉及其对汉代学术与政治的影响》，载徐复观《两汉思想史》第二卷，华东师范大学出版社，2001，第40页。
⑥ （唐）魏征：《隋书》第4册，中华书局，1973，第999页。

九

风景的善与美

——由「岘山慨叹」论先秦至六朝风景观念的变迁

风景在中国文化中具有重要的意义。以往对风景的研究多囿于中国古代借景抒情的传统和山水文学的谱系，而极少将对于风景的观念本身作为研究对象，更罕及在思想史的脉络中梳理风景观念的变迁。

李泽厚认为："在先秦，儒家是以山水作为道德精神的比拟、象征来加以欣赏的［……］道家是从人与自然的同一，人在自然中所获得的精神的慰藉与解脱去看自然山水美的。"到魏晋时，"玄学把对自然山水的亲近、观赏看作是实现自由、超脱的人格生活理想的一个重要方面"。① 这种标签式的解读遮掩与混淆的问题恐怕较之其所揭示者更多。

日本京都大学川合康三教授认为先秦时期看风景是一种有节制的快乐。君王与臣子们登山眺望景色，是众乐的行为，此时对风景的观赏仅是娱乐和愉悦。而六朝时期，当独自一人面对风景之时，风景的意义发生了变化，此时的风景之美成为超功利的，发展到"哲学"性质的阶段而未发展到"美"的阶段。② 该研究基于众人与个人的区分来建立审美观照似欠妥当。六朝时期对风景的观赏从整体上来说并非个体性的，朋友在其中扮演了重要的角色。对个体性风景观的强调忽视了与朋友观赏风景的政治意义这一维度，朋友的政治性以及由此构造的山水与朝堂的对立是六朝时期风景观中的新内涵。

本文将对先秦至六朝的风景观念变迁进行探讨。自先秦至六朝，人们对于风景的观念本身发生了变化，先秦时期对于风景与善的相关性的认识逐渐向六朝时期风景自身之美的欣赏转变。六朝时期，人们所欣赏的风景之美是脱离纷争与喧嚣的，但绝非德国哲学式超功利的审美观照。

《晋书》卷三十四《羊祜列传》曰：

九　风景的善与美
　由「岘山慨叹」论先秦至六朝风景观念的变迁

---

① 李泽厚：《中国美学史·魏晋南北朝编》下册，安徽文艺出版社，1999，第477～479页。

② 〔日〕川合康三：《风景的诞生》，载台湾大学中国文学系主编《王叔岷先生百岁冥诞国际学术研讨会论文集》，台湾大学中国文学系，2015，第242～249页。

祜女夫尝劝祜有所营置，令有归戴者，可不美乎！祜默然不应，退告诸子曰："此可谓知其一，不知其二。人臣树私则背公，是大惑也。汝宜识吾此意！"尝与从弟琇书曰："既定边事，当角巾东路，归故里，为容棺之墟，以白士而居重位，何能不以盛满受责乎！疏广是吾师也。"祜乐山水，每风景，必造岘山，置酒言咏，终日不倦。尝慨然叹息，顾谓从事中郎邹湛等曰："自有宇宙，便有此山。由来贤达胜士，登此远望，如我与卿者，多矣！皆湮灭无闻，使人悲伤。如百岁后有知，魂魄犹应登此也。"湛曰："公德冠四海，道嗣前哲，令闻令望，必与此山俱传。至若湛辈，乃当如公言耳。"……襄阳百姓于岘山祜平生游憩之所，建碑立庙，岁时飨祭焉。望其碑者，莫不流涕，杜预因名为堕泪碑。①

在这段话里，我们看到羊祜面对风景时的感慨。"岘山慨叹"可以作为风景观念变迁史中的一个思想性事件来解读。在这里我们看到，对于山的永恒来说，人只是很渺小的，只是一瞬间而已。人来观赏山水风景，山和山的风景是永远存在的，相对于人的渺小来说，山和山的风景是无限的。同样的感受，也出现在吴筠笔下。《艺文类聚》卷七引吴均《与朱元思书》：

> 风烟俱净，天山共色，从流飘荡，任意东西。自富阳至桐庐，一百许里，奇山异水，天下独绝。水皆缥碧，千丈见底，游鱼细石，直视无碍。急湍甚箭，猛浪若奔，夹峰高山，皆生寒树，负势竞上，互相轩邈，争高直指，千百成峰。泉水激石，泠泠作响，好鸟相鸣，嘤嘤成韵。蝉则千转不穷，猿则百叫无绝。鸢飞戾天者，望峰息心；经纶世务者，窥谷忘反。横柯上蔽，在昼犹昏，疏条交映，有时见日。②

在两岸的奇山之下，夹着一条细小的河流，人在河中仰头看着两岸高耸的山峰，也会产生一种渺小感。人的渺小感在上述两则文本中以不同的

---

① （唐）房玄龄：《晋书》第4册，中华书局，1974，第1020、1022页。

② （唐）欧阳询编《艺文类聚》，载董治安主编《唐代四大类书》第2册，清华大学出版社，2003，第813页。

那么，山水对于魏晋时期的人来说究竟具有什么意义？

《晋书》卷八十《王羲之列传》：

> 会稽有佳山水，名士多居之。谢安未仕时亦居焉。孙绰、李充、许询、支遁等，皆以文义冠世，并筑室东土，与羲之同好。尝与同志宴集于会稽山阴之兰亭，羲之自为之序，以申其志。曰："永和九年，岁在癸丑，暮春之初，会于会稽山阴之兰亭，修禊事也。群贤毕至，少长咸集。此地有崇山峻岭，茂林修竹，又有清流激湍，映带左右。引以为流觞曲水，列坐其次，虽无丝竹管弦之盛，一觞一咏，亦足以畅叙幽情。是日也，天朗气清，惠风和畅，仰观宇宙之大，俯察品类之盛，所以游目骋怀，足以极视听之娱，信可乐也。夫人之相与，俯仰一世，或取诸怀抱，悟言一室之内；或因寄所托，放浪形骸之外。虽趣舍万殊，静躁不同，当其欣于所遇，暂得于己，快然自足，不知老之将至。及其所之既倦，情随事迁，感慨系之矣。向之所欣，俯仰之间，已为陈迹，犹不能不以之兴怀，况修短随化，终期于尽。古人云，死生亦大矣，岂不痛哉！每览昔人兴感之由，若合一契，未尝不临文嗟悼，不能喻之于怀。固知一死生为虚诞，齐彭殇为妄作，后之视今，亦犹今之视昔，悲夫！故列叙时人，录其所述，虽世殊事异，所以兴怀，其致一也。后之览者，亦将有感于斯文。"[①]

在《兰亭集序》中可以看到，观赏风景的是一群朋友，"常与同志宴集"。在《兰亭集序》中，同时包含了羊祜和吴筠的两种慨叹，尤其是对于生死的慨叹。所谓："向之所欣，俯仰之间，已为陈迹，犹不能不以之兴怀，况修短随化，终期于尽。古人云，死生亦大矣，岂不痛哉！每览昔人兴感之由，若合一契，未尝不临文嗟悼，不能喻之于怀。固知一死生为虚诞，齐彭殇为妄作，后之视今，亦犹今之视昔，悲夫！"最后，讲道："故列叙时人，录其所述，虽世殊事异，所以兴怀，其致一也。后之览者，亦

① （唐）房玄龄：《晋书》第 8 册，中华书局，1974，第 2098 ~ 2099 页。

将有感于斯文。"那么，个体之人如何超越个体的有限性而达致时间的无限性？正是靠着这种朋友的情怀，是"古今一也"。也就是说，《兰亭集序》虽然是游览风景所作，人在风景之中感到了人的渺小和有限，而突破有限的方式不是依傍于风景，不是把人投射到风景之中，依靠风景去得以无限，而是靠在风景之中的这种朋友之情得以无限。也就是说，观赏者相信无论经过多少个世代，这种朋友之间志同道合的感情是具有超越性的。在以后的多少个世纪里面，都会有同样的人的情感。正是这种人的情感超越了个体的生命的有限性。

在陶渊明的诗文中，朋友之情同样跃然纸上。如《游斜川序》：

> 辛酉正月五日，天气澄和，风物闲美，与二三邻曲，同游斜川。临长流，望曾城，鲂鲤跃鳞于将夕，水鸥乘和以翻飞。彼南阜者，名实旧矣，不复乃为嗟叹。若夫曾城，傍无依接，独秀中皋。遥想灵山，有爱嘉名。欣对不足，率尔赋诗。悲日月之遂往，悼吾年之不留。各疏年纪乡里，以记其时日。①

在此，我们看到，陶渊明也是类似地强调，与二三邻曲同游斜川，共赏风景。面对无限之风景，陶渊明也不禁感慨时间流逝，"悲日月之遂往，悼吾年之不留"。能够把流年留住的，是"各疏年纪乡里，以记其时日"。也即一群朋友、邻里一起游览和观赏风景，在与风景相遇的这样一个特殊时刻把它记录下来，由此足以永恒，能够超越岁月流逝。

当无人相伴，独自一人游览风景之时，会出现什么情形呢？我们来看谢灵运的一个相反的例子。在《登石门最高顶》一诗中，他写道：

> 晨策寻绝壁，夕息在山栖。疏峰枕高馆，对岭临回溪。长林罗户庭，积石拥基阶。连岩觉路塞，密竹使径迷。来人忘新术，去子惑故蹊。活活夕流驶，噭噭夜猿啼。沈冥岂别理，守道自不携。心契九秋干，目翫三春荑，居常以待终，处顺故安排。惜无同怀客，共登青云梯。②

---

① （东晋）陶渊明：《陶渊明集》，王瑶编注本，人民文学出版社，1956，第70页。
② 《日本足利学校藏宋刊明州本六臣注文选》，人民文学出版社，2008，第338页。

谢灵运独自游览风景。"连岩觉路塞，密竹使径迷。来人忘新术，去子惑故蹊。"当他独自一人在山水之中时，其结果是，他完全不知自己在哪里。也就是说，当他独行于山水之中，他失去了自己的自我定位。虽然他援引道家学说，"居常以待终，处顺故安排"，强调个人对于自然的融入与随顺。但是，最后却仍然要慨叹无人与他共同游览。"惜无同怀客，共登青云梯。"也就是说，他心系自然的这种情感需要有共同志向的朋友来倾诉，才能够给自己作为人来进行定位。

既然如此，可见朋友对于单独的个体而言在观赏风景中扮演着重要的角色。那么，我们来看朋友在此具有何种政治意义，即在政治哲学上朋友的意义究竟如何？

《尚书·虞夏书·尧典》记载："帝曰：'契！百姓不亲，五品不逊，汝作司徒，敬敷五教，在宽。'"① 五教有两种解释，一种解释是《左传》的解释。《左传》文公十八年："（舜）举八元，使布五教于四方，父义、母慈、兄友、弟共、子孝，内平外成。"② 五教是"父义、母慈、兄友、弟共、子孝"。这个五教是严格局限于家庭内部，也就是包括夫妻、父子、兄弟三伦。"内平外成"意味着，家庭关系处理好了，社会、国家都是不成问题的。孟子提供了五教的另一种解释。《孟子·滕文公》上："人之有道也，饱食暖衣，逸居而无教，则近于禽兽。圣人有忧之，使契为司徒，教以人伦：父子有亲，君臣有义，夫妇有别，长幼有叙，朋友有信。"③

孟子对于《尚书》的解释突破了家庭范围，进入国家和社会层面。孟子的五教实际上就是后世儒家所谓的五伦：父子、君臣、夫妇、兄弟和朋友。那么，这五伦是怎么来的？实际上是针对《左传》所讲的三伦，在家之上加上国，也就是君臣一伦。在家之下加上社会，也就是朋友一伦。本来家庭是讲亲情的，并不强调尊卑。而君臣则是有尊卑，但是君臣的尊卑必须要有另外的关系来节制，不能无限制地讲尊卑，将其变为主奴。这个

---

① 旧题（西汉）孔安国传、（唐）孔颖达疏《尚书注疏》，载（清）阮元校刻《十三经注疏》第1册，艺文印书馆，2007，第44页。

② （西晋）杜预注、（唐）孔颖达疏《春秋左传注疏》，载（清）阮元校刻《十三经注疏》第6册，艺文印书馆，2007，第353～354页。

③ 《孟子》，（清）焦循：《孟子正义》上册，中华书局，1987，第386页。

节制就是朋友，朋友是讲平等的。所以，在先秦的儒学中，是以朋友来论君臣的。所以儒学的礼仪是讲对等性礼仪，是一种相互式伦理。所以孔子讲的是君君、臣臣、父父、子子，是君要像个君的样子，臣要像个臣的样子，父像个父的样子，子像个子的样子。

《太史公自序》中，司马谈对儒学做了改造：

> 儒者博而寡要，劳而少功，是以其事难尽从。然其序君臣父子之礼列夫妇长幼之别，不可易也。①

司马谈把五伦中的"朋友"一伦去除掉了，只留下君臣、父子、夫妇、长幼。这样一种四伦的结构，实际上就是以伦理为制度。因为如果要以儒学来建构一个国家秩序的话，"朋友"一伦在国家秩序中无法安置。所以，去除掉"朋友"一伦之后，君臣、父子、夫妇、长幼全部成为一种上下关系，臣要服从君，子要服从父，妻要服从夫，弟要服从兄。即以伦理的位置作为一种次序，以这种次序来分配资源，构成国家的秩序与制度。这样，伦理就成为制度。

《淮南子》和《说苑》讲到《尚书》的时候，都有意地以孟子的五伦进行解释，而不再以《左传》的三伦进行解释。《淮南子·人间》："百姓不亲，五品不慎，契教以君臣之义，父子之亲，夫妻之辩，长幼之序。"②《说苑·贵德》："百姓不亲，五品不逊，契教以君臣之义，父子之亲，夫妇之辨，长幼之序。"③并且，在援引《孟子》的原文进行解释的时候，《尚书》的五伦虽然仍是在说五品，却把"朋友"一伦去除掉了，实际上就是司马谈的四伦。这就是很明显地把司马谈的四伦作为国家制度来对待。

《宋书》卷九十五《索虏列传》载北魏献文帝下书：

> 其曲赦淮北三州之民，自天安二年正月三十日壬寅昧爽以前诸犯死罪以下，系囚现徒一切原遣。唯子杀父母、孙杀祖父母、弟杀兄、

---

① （西汉）司马迁：《史记》第 10 册，中华书局，2013，第 3965 页。

② 《淮南子》，张双棣：《淮南子校释》下册，北京大学出版社，2013，第 1897 页。

③ （西汉）刘向：《说苑》，向宗鲁：《说苑校证》，中华书局，1987，第 96 页。

妻杀夫、奴杀主，不从赦例。①

《宋书》所载，不赦的是下面这几种情况："子杀父母、孙杀祖父母、弟杀兄、妻杀夫、奴杀主。""子杀父母、孙杀祖父母"实际上就是父子一伦，"弟杀兄"是兄弟一伦，"妻杀夫"是夫妇伦，"奴杀主"是君臣伦。所以，这四伦实际上已经成为国家制度。并且，这种情形在《唐律》中属于十恶不赦的恶逆。

但是，朋友这种关系，尤其是志同道合这种情感是无法去除的。所以，当"朋友"一伦无法被纳入政治制度时，就成为对政治制度的疏离。于是，山水相对于庙堂，朋友也就相对于政治，由此达到了另外一种结合。也就是说，朋友共赴山水之中成为对于政治的一种隐匿的反抗。这也就是为何魏晋时期会出现这么多的朋友共赴山水的吟咏，也正是因此对于山水的审美价值得以开掘。甚至于，对于山水的道德认知也发生了根本性的颠倒。先秦之时，对于寄情山水实际上是持批判态度的。

《战国策·魏策》二：

> 梁王魏婴觞诸侯于范台。酒酣，请鲁君举觞。鲁君兴，避席择言曰："昔者帝女仪狄，作酒而美，进之禹。禹饮而甘之，遂疏仪狄，绝旨酒，曰：后世必有以酒亡其国者。齐桓公夜半不嗛，易牙乃煎敖燔炙，和调五味而进之，桓公食之而饱，至旦不觉，曰：后世必有以味亡其国者。晋文公得南之威，三日不听朝，遂推南之威而远之，曰：后世必有以色亡其国者。楚王登强台而望崩山，左江而右湖，以临彷徨，其乐忘死。遂盟强台而弗登，曰：后世必有以高台陂池亡其国者。今主君之尊，仪狄之酒也；主君之味，易牙之调也；左白台而右间须，南威之美也；前夹林而后兰台，强台之乐也：有一于此，足以亡其国，今主君兼此四者，可无戒与！"梁王称善相属。②

《战国策》中记载魏王也即梁王，在高台上宴请诸侯，遭到鲁君的批评。鲁君指出了四种欲望可以导致国家破裂，即美酒、美味、美色、美景。

---

① （南朝·梁）沈约：《宋书》第 8 册，中华书局，1974，第 2356、2357 页。
② （西汉）刘向集录《战国策》中册，上海古籍出版社，1988，第 846～847 页。

其中，对于美景的批评，说："楚王登强台而望崩山，左江而右湖，以临彷
徨，其乐忘死。遂盟强台而弗登，曰：后世必有以高台陂池亡其国者。"那
么，鲁君强调指出，美酒、美味、美色、美景，"有一于此，足以亡其国，
今主君兼此四者，可无戒与！"这是先秦之时，中国古典道德中的一个基本
认识。也就是说，任何能激起人的欲望的事物，它的性质都是恶的。人必
须从根本上节制欲望，才是一个道德的人。如果无限制地放纵欲望，就是
天下的大恶。这一点尤其表现在史书对秦二世放纵欲望的观念的批判上。
《史记》卷八十七《李斯列传》载二世之言曰：

> 夫所贵于有天下者，岂欲苦形劳神，身处逆旅之宿，口食监门之
> 养，手持臣虏之作哉？此不肖人之所勉也，非贤者之所务也。彼贤人
> 之有天下也，专用天下适己而已矣，此所以贵于有天下也。夫所谓贤
> 人者，必能安天下而治万民。今身且不能利，将恶能治天下哉！故吾
> 愿赐志广欲，长享天下而无害。①

下面我们看一个《晏子春秋》中的例子。《晏子春秋·内篇·谏》上：

> 景公游于牛山，北临其国城，而流涕曰："若何滂滂去此而死
> 乎！"艾孔、梁丘据皆从而泣。晏子独笑于旁。公刷涕而顾晏子曰：
> "寡人今日游悲，孔与据皆从寡人而涕泣，子之独笑，何也？"晏子对
> 曰："使贤者常守之，则太公、桓公将常守之矣；使勇者常守之，则庄
> 公、灵公将常守之矣。数君者将守之，则吾君安得此位而立焉！以其
> 迭处之，迭去之，至于君也。而独为之流涕，是不仁也。不仁之君见
> 一，谄谀之臣见二，此臣之所以独窃笑也。"②

齐景公游于牛山，牛山是齐国首都临淄旁的一个风景胜地。"流涕曰：
'若何滂滂去此而死乎！'艾孔、梁丘据皆从而泣。"我们可以看到，景公
的这种感慨，也就是人在美景中感到自身生命的短暂并且因此而落泪，这

---

① （西汉）司马迁：《史记》第 8 册，中华书局，2013，第 3082～3083 页。

② 《晏子春秋》，吴则虞：《晏子春秋集释》上册，国家图书馆出版社，2011，第 50～51
页。

同羊祜的堕泪其实是完全一致的。但是，羊祜的堕泪在魏晋时期得到了普遍的同情，并且后人还因此建碑，称之为"堕泪碑"。反之，齐景公在先秦的感慨流泪这样一种情感，却遭到贤人（晏子在《晏子春秋》中是一个贤人的典范）晏子的嘲笑。因此，齐景公就问："寡人今日游悲，孔与据皆从寡人而涕泣，子之独笑，何也？"晏子的回答是："使贤者常守之，则太公、桓公将常守之矣；使勇者常守之，则庄公、灵公将常守之矣。数君者将守之，则吾君安得此位而立焉！以其迭处之，迭去之，至于君也。而独为之流涕，是不仁也。不仁之君见一，谄谀之臣见二，此臣之所以独窃笑也。"因为在晏子看来，景公的流泪是一种贪欲的表现。不肯接受人都会死的这样一种事实，想自己永远在世上活下去，永远地占有美景，却不考虑自己既无才也无德，根本就没有资格，只是靠着前面的君主都死掉了，自己才能成为君主而已。因此，根本不考虑自己的才德，只是想着欲望享受的君主，毫无疑问是不仁的。而跟着这样的君主流泪，毫无疑问也是无道德的表现，这种臣子是谄谀之臣。所以，这一君二臣都受到了晏子无情的耻笑。

在这里，我们看到，先秦与魏晋时期对于风景的态度是完全相反的。在风景之中，慨叹生命的短暂，对这一慨叹的态度，先秦与魏晋时期也是相反的。但是，在先秦时期，并不是一味地绝对地反对山水，仍然有寄情于山水的思想。典型的是《论语·雍也》：

> 子曰："知者乐水，仁者乐山。"①

知者以水为乐，仁者以山为乐。这样一种思想，是否真的是对于山水的乐呢？实际上不是的，它只是一种比象。"智者乐水"，是化一为多。水是无定型的，可以有多样的变化。同样的水，可以变为多种形状、多种状态。这个就是知者的无定型，不可把握，不可捉摸。"仁者乐山"，是化多为一。山是具有包容性的，一座山当中，树木、禽兽等万物都被纳于其中。在山里面，无论树木怎样疯长，鸟兽怎样跃动，山都以其静止来包容一切变动，这是化多为一。所以，这是一种取象，而并不是真的对于山水本身

---

① 《论语》，（清）刘宝楠：《论语正义》上册，中华书局，1990，第237页。

的正面赞叹。

相应地，在《论语·八佾》中我们可以看到："子谓韶，尽美矣，又尽善也。谓武，尽美矣，未尽善也。"① 韶和武是雅乐，相应的是文舞和武舞。韶是舜之乐，在古代祭天的时候，以文德得天下，祭天的时候是先文后武，先奏韶乐后奏武乐。如果是以武德得天下，也就是以征伐得天下，那么在祭天的时候是先武后文，先奏武乐后奏韶乐。孔子在这里表达的意思是，韶和武作为音乐，它的形式是尽美的。但是，武乐仍有征伐，就是"其德未至"，还不能称为尽善，只有韶乐才能称之为尽善的。这样，我们可以看到，儒学的排序是善高于美。尽美而不尽善，仍然是低一档的。

那么，先秦的道家是否对于风景有欣赏呢？《庄子·外篇·知北游》：

> 山林与，皋壤与，使我欣欣然而乐与！乐未毕也，哀又继之。哀乐之来，吾不能御；其去，弗能止：悲夫！②

"山林与，皋壤与，使我欣欣然而乐与。"这话表面上看起来，是对山林与皋壤感到快乐。余英时就据以认为魏晋"士大夫之怡情山水，哀乐无端，亦深有会于老庄之思想也"。③ 但接下来，"乐未毕也，哀又继之。哀乐之来，吾不能御；其去，弗能止：悲夫！"所以，这里并没有说是由山林所导致的乐或哀。山林与皋壤只是提供了一个没有他人存在的我自己独乐独哀的环境而已。也就是说，山林或皋壤这样一种自然性的环境是提供了一个无人的场所，由我自己来发泄心中的哀乐，而不是引起哀乐的对象。所以，在这里，风景仍然不是一种审美的对象。

这样一种对于风景的态度，在汉代的《老子指归》中表现得也很明显。《老子指归·善为道者章》：

> 主如天地，民如草木。岩居穴处，安乐山谷。饮水食草，不求五谷。知母识父，不睹宗族。沌沌偆偆，不晓东西。男女不相好，父子

① 《论语》，（清）刘宝楠：《论语正义》上册，中华书局，1990，第135页。

② 《庄子》，（清）郭庆藩：《庄子集释》第3册，中华书局，1961，第765页。

③ 余英时：《汉晋之际士之新自觉与新思潮》，载余英时《士与中国文化》，上海人民出版社，1987，第340页。

不相恋。不贱木石，不贵金玉。丛生杂处，天下一心。①

同样地，"安乐山谷"是在山谷中自己去安乐，而并非以山谷为安乐的对象，这里强调的是人的无知无识。山谷如果成为审美的对象，实际上也就类似认知的对象。因为如果把山谷作为审美的对象，必然会产生美与不美的区分。美与不美的区分本身就成为认识的对象。因此，"安乐山谷"是指在山谷之中安乐，而没有形成对美丑的区分，它恰恰排斥的是以山谷风景为审美。

所以，在庄子看来，只有道隐了才会有真伪。《庄子·内篇·齐物论》："道恶乎隐而有真伪。"② 道如何才不隐？用老子的话说，就是"人法地，地法天，天法道，道法自然。"③ 最终，人要法自然，处于自然之中，无知无识无为，才没有人为的区分，这才是一种纯然的自然。也就是说，风景只是提供了一个场所，而不是对象。我们身处风景之中而不知欣赏风景，这才是自然的。因为一旦欣赏了风景，就会形成城市与乡村、人为与自然的区分，这样对立就出来了。这种对立在先秦的道家看来本身就是非自然性的。

儒家对于人为的态度很明确。《荀子·性恶》：

> 人之性恶明矣，其善者伪也。故枸木必将待隐栝烝矫然后直，钝金必将待砻厉然后利 [……] 是以为之起礼义，制法度，以矫饰人之情性而正之，以扰化人之情性而导之也。④

这个"伪"不是虚伪，而是人为的意思。也就是说，人的本性是恶的，但是可以通过后天的修养变得善。善是一种后天的人为，是教化的结果。那么，如何对人进行教化，"起礼义，制法度，以矫饰人之情性而正之，以扰化人之情性而导之也"。但是，这样一种作为在道家看来就是一种

---

① （西汉）严遵：《老子指归》，樊波成：《老子指归校笺》，上海古籍出版社，2013，第159页。

② 《庄子》，（清）郭庆藩：《庄子集释》第1册，中华书局，1961，第63页。

③ 《老子道德经》，载浙江书局辑刊《二十二子》，上海古籍出版社，1986，第2页。

④ 《荀子》，（清）王先谦：《荀子集解》下册，中华书局，1988，第435页。

虚假，是"礼相伪也"。这个"伪"是虚伪的意思，所以礼是乱之首也。《庄子·外篇·知北游》：

> 仁可为也，义可亏也，礼相伪也。故曰："失道而后德，失德而后仁，失仁而后义，失义而后礼。礼者，道之华，而乱之首也。"①

最后，我们回到魏晋。《世说新语·品藻》：

> 明帝问谢鲲："君自谓何如庾亮？"答曰："端委庙堂，使百僚准则，臣不如亮；一丘一壑，自谓过之。"②

谢鲲时为王敦长史，并非隐逸。庙堂与丘壑的对立，凸显的是个人的志向与情趣。《世说新语·巧艺》：

> 顾长康画谢幼舆在岩石里。人问其所以，顾曰："谢云：'一丘一壑，自谓过之。'此子宜置丘壑中。"③

这正是以艺术来实现谢鲲未能实现的梦想。再看《宋书》卷九十三《隐逸列传》宗炳传：

> ［高祖刘裕领荆州，］辟炳为主簿，不起。问其故，答曰："栖丘饮谷三十余年。"高祖善其对。妙善琴书，精于言理，每游山水，往辄忘归。……衡阳王义季在荆州，亲至炳室，与之欢燕。命为咨议参军，不起。好山水，爱远游西陟荆巫，南登衡岳，因而结宇衡山，欲怀尚平之志。有疾，还江陵，叹曰："老疾俱至，名山恐难遍睹，唯当澄怀观道，卧以游之。"凡所游履，皆图之于室，谓人曰："抚琴动操，欲令众山皆响。"④

---

① 《庄子》，（清）郭庆藩：《庄子集释》第 3 册，中华书局，1961，第 731 页。

② （南朝·宋）刘义庆：《世说新语》，龚斌：《世说新语校释》中册，上海古籍出版社，2011，第 1010 页。

③ （南朝·宋）刘义庆：《世说新语》，龚斌：《世说新语校释》下册，上海古籍出版社，2011，第 1396 页。

④ （南朝·梁）沈约：《宋书》第 8 册，中华书局，1974，第 2278～2279 页。

"栖丘饮谷三十余年"很明确地设置了隐逸与仕宦的对立。因为自己隐逸了三十余年，已经不能适应仕宦了，所以自己不愿意到刘裕那里去做官。隐逸与仕宦的对立实际上就包含了自然与人为的对立。所以他离开城市住到深山之中，"结宇衡山，欲怀尚平之至"。这个"平"与《左传》中的"内平外成"，两个"平"的意指都是一样的，只是途径不同。《左传》中的路径是家庭和睦了，国家就能太平。而宗炳这里，是人能回归自然，平息各种欲望和追求，天下就能太平。我们看到，最后，感人的一幕是，他生病了回到家里，也就是回到城市当中居住，"叹曰：'老疾俱至，名山恐难遍睹，唯当澄怀观道，卧以游之。'"他即便是住在城市的家里，仍然想象自己要遍游名山。"凡所游履，皆图之于室"，把这些名山画图挂在屋壁上，然后，"谓人曰：'抚琴动操，欲令众山皆响。'"也就是说，他在家里的墙壁上挂满了名山的图画，一旦弹琴响起了回音，感觉如同是在群山之中弹琴的回响一样，想象自己仍然是居于自然之中。这种城市的风景化，也就暗含着人为的自然化。

陶渊明《归园田居》五首之一：

> 少无适俗韵，性本爱丘山。误落尘网中，一去十三年。羁鸟恋旧林，池鱼思故渊。开荒南野际，守拙归园田。方宅十余亩，草屋八九间。榆柳荫后檐，桃李罗堂前。暧暧远人村，依依墟里烟。狗吠深巷中，鸡鸣桑树颠。户庭无尘杂，虚室有余闲。久在樊笼里，复得返自然。①

陶渊明"性本爱丘山"，在此他也是把世俗与自然明确地对立起来，以回归山水来回归自然。此时，山水不再是勾引人的欲望的对象之物，也不是单纯发泄人的情感的场所，而是平息人的欲望的风景，在这里，美直接就是善。也就是说，山水是自然性的，因此是美的，而美直接就是善。美可以论证善，而不是美与善分离，善高于美。

长期以来，有一俗见，即想当然地认为先秦老庄道家是道教求长生的思想源头。此实大谬不然。廖育群指出：

---

① （东晋）陶渊明：《陶渊明集》，王瑶编注本，人民文学出版社，1956，第27页。

在《老子》中，虽然没有直接讨论人的寿命生死问题，但从其一切均不得违反自然规律的宗旨观之，是不可能相信长生不死的，即所谓："飘风不终朝，骤雨不终日"；"天地尚不能久，而况于人乎?"（《老子》上篇《第二十三章》）而成书于其后的《庄子》，对于生死乃自然规律这一点，则有较明确的说明，如："终其天年而不中道夭者，是知之盛也"；"死生，命也"（《庄子》卷三《大宗师第六》）；"生之来不能却，其去不能止"（《庄子》卷七《达生第十九》）。[……]《庄子》在以封人与尧之名写成的对话中，更加明确地表达了道家"不知说（悦）生，不知恶死"，方为"真人"的思想："封人曰：'寿、富、多男子，人之所欲也。女（汝）独不欲，何邪?'尧曰：'多男子则多惧，富则多事，寿则多辱。是三者，非所以养德也，故辞。'"（《庄子》卷五《天地第十二》）类似的言词还有许多，但均说明了一个事实，即先秦道家作为一种富含哲学内容的思想体系，不仅原本不存在追求长生不老、得道成仙的思想，而且与这种思想还是相互对立的。①

廖说至确。《老子》第十六章于"知常容，容乃公，公乃王，王乃天，天乃道，道乃久"之后，续曰："没身不殆"②，"没"指死亡，"此言直至老死，终身没有危险"。③ 可见，老子并不认为人得道之后可以不死，而只是在有生之年没有危险罢了。由此形成的长寿观，不是长生不死，而是得其天年。《吕氏春秋·尽数》：

圣人察阴阳之宜，辨万物之利以便生，故精神安乎形，而年寿得长焉。长也者，非短而续之也，毕其数也。毕数之务，在乎去害。何谓去害？大甘、大酸、大苦、大辛、大咸，五者充形则生害矣。大喜、大怒、大忧、大恐、大哀，五者接神则生害矣。大寒、大热、大燥、大湿、大风、大霖、大雾，七者动精则生害矣。故凡养生，莫若知本，

① 廖育群：《重构秦汉医学图像》，上海交通大学出版社，2012，第380~381页。
② 《老子道德经》，载浙江书局辑刊《二十二子》，上海古籍出版社，1986，第2页。
③ 杨丙安等主编《老子新探——老子与华夏文明》，中州古籍出版社，1994，第48页。

参伍以变——古今错综中的经典与义理

知本则疾无由至矣。①

这里对于"寿"的理解，不是生命的长度，而是生命的质量。高质量地达到既定的长度，就是"寿"。"养生"的目的，就是"去害"以"毕数"，而非"短而续之"。这也正是老子"没身不殆"的具体阐述。甚至在《庄子·外篇·至乐》中有言："人之生也，与忧俱生，寿者惽惽，久忧不死，何苦也！"② 以长寿为苦。《列子》则区分"不死"与"久生"，亦即"久生"只是活得长一些，最终仍然难逃一死。《列子·杨朱》：

> 孟孙阳问杨朱曰："有人于此，贵生爱身，以蕲不死，可乎？"曰："理无不死。""以蕲久生，可乎？"曰："理无久生。生非贵之所能存，身非爱之所能厚。且久生奚为？五情好恶，古犹今也；四体安危，古犹今也；世事苦乐，古犹今也；变易治乱，古犹今也。既闻之矣，既见之矣，既更之矣，百年犹厌其多，况久生之苦也乎！"③

死是必然的，无可逃避。以"久生"来拖延死亡，虽然延长了生命的长度，却是以降低生命的质量为代价的——不合算！"久生之苦"正对应于上引《庄子》的"寿则多辱"。

正是以如此生命观为背景，晏子无情地耻笑了齐景公。齐景公不仅不能接受死亡，甚而他逃避死亡的目的竟然是更多获得感官欲望的享受——增加生命的长度以降低生命的质量！完全陷溺于贪欲之中的齐景公，彻底丧失了对于生命意义的认识，因此晏子讥为"不仁"。

至魏晋时期，"长生不死、得道成仙，这是道教的最高目标"④。其时葛洪便对先秦道家的生命观深致不满。《抱朴子·内篇·释滞》：

> 末学者或不别作者之浅深，其于名为道家之言，便写取累箱盈筐，尽心思索其中。是探燕巢而求凤卵，搜井底而捕鳝鱼，虽加至勤，非其所有也。不得必可施用，无故消弃日月，空有疲困之劳，了无锱铢

① 《吕氏春秋》，许维遹：《吕氏春秋集释》上册，中华书局，2009，第66页。
② 《庄子》，（清）郭庆藩：《庄子集释》第3册，中华书局，1961，第609页。
③ 《列子》，杨伯峻：《列子集释》，中华书局，1979，第229页。
④ 卿希泰主编《中国道教史》第1卷，四川人民出版社，1996，第197页。

之益也。进失当世之务，退无长生之效，则莫不指点之曰，彼修道如此之勤，而不得度世，是天下果无不死之法也。而不知彼之求仙，犹临河美鱼而无网罟，非河中之无鱼也。又五千文虽出老子，然皆泛论较略耳。其中了不肯首尾全举其事，有可承按者也。但暗诵此经，而不得要道，直为徒劳耳，又况不及者乎？至于文子、庄子、关令尹喜之徒，其属文笔，虽祖述黄老，宪章玄虚，但演其大旨，永无至言。或复齐死生谓无异，以存活为徭役，以殂殁为休息，其去神仙，已千亿里矣，岂足耽玩哉！①

在羊祜的慨叹中，必有一死之人在永世长存之山水中，显得愈发渺小。羊祜无疑秉持着早期道家的生命观：死不可免，寿则多辱。面对自身的渺小，羊祜无能为力，只有慨然叹息。这表明道教虽在东汉末年已经兴起，但是并未影响到上层世族的思想观念。至于邹湛的开导，以身后之名超越肉体生命的短暂，乃是汉代儒学的追求。《后汉书》卷五十七《党锢列传》记范滂慷慨赴死，其母曰：

> 汝今得与李、杜齐名，死亦何恨！既有令名，复求寿考，可兼得乎！②

但是这一观念在魏晋时期已让位于自然适性。《世说新语·任诞》：

> 张季鹰纵任不拘，时人号为"江东步兵"。或谓之曰："卿乃可纵适一时，独不为身后名邪？"答曰："使我有身后名，不如即时一杯酒！"③

因此，邹湛之言只能视为场面上的应答，却没有深入生命的思想力量了。

---

① （西晋）葛洪：《抱朴子·内篇》，王明：《抱朴子内篇校释》，中华书局，1980，第138页。按，原标点以"或复齐死生，谓无异以存活为徭役"为句，误。"谓"即"为"也，变文避复。今改。

② （南朝·宋）范晔：《后汉书》第8册，中华书局，1965，第2207页。

③ （南朝·宋）刘义庆：《世说新语》，龚斌：《世说新语校释》下册，上海古籍出版社，2011，第1437页。

以往关于魏晋思想的研究大多沿袭西方史学对于文艺复兴的研究路径，凸显个人的自觉①。然而我们在魏晋风景观中所看到的，却是在天地之永恒与山水之壮美中感受到个人的渺小——人的发现并不必然带来人的张扬。必有一死的渺小之人仍然需要建构此世生命的意义。可是儒学的衰落又导致建功立业以追逐身后之名的路径被放弃。羊祜身为西晋平吴的统帅，出镇襄阳，不是虎视江左，指画天下，反而在美景之中慨叹个人的渺小，正表明个人的生命意义在传统思想观念中已无所寄托，只能移情山水，以风景之美来作为渺小个人短暂生命的寄托。吴世昌曾言，对于山水之美的认识和欣赏，是魏晋以后才兴起来的。一直到魏晋，自然风景才被人发现。"说起来似乎不可信，在魏晋以前我们几乎找不到一本描写自然风景的书。一到此时便不同［……］中国文人爱好山水的习惯，盛起于此时。"② 这也就决定了，无论山水画还是山水诗，甫一问世便是抒发个人的生命情怀。

综上，对于先秦至六朝风景观念变迁中的"岘山慨叹"事件，我们可以形成三重理解：其一，大一统王朝政制之下，儒学德性中无法安放的朋友一伦与自然山水结合，成为对于庙堂政治的隐喻性反抗。其二，在美景中慨叹生命的短暂，在先秦被视为贪欲的表现，魏晋则翻转为对美的欣赏。其三，魏晋士人秉承了先秦人必有一死与不求长生的观念，却放弃了儒学以身后之名超越短暂生命的方式，只能将在永恒的天地与壮美的山水中人的渺小感转化为山水艺术。

---

① 如余英时《汉晋之际士之新自觉与新思潮》，载余英时《士与中国文化》，上海人民出版社，1987，第 237~400 页，尤其第 313~314 页。

② 吴世昌：《魏晋风流与私家园林》，载吴令华编《文史杂谈》，北京出版社，2000，第 99~100 页。

十

也谈「在金石日坚」一语的出处

　　《语文建设》1998 年第 9 期刊登了蔡永贵先生《一则引文的出处》①一文，读后深受启发。特别是蔡先生那一丝不苟、严谨认真，为求真理，不辞万难的精神，尤其值得我们学习。

　　蔡先生是在对勘沈兼士先生《右文说在训诂学上之沿革及其推阐》与洪诚先生《训诂学》引用晋杨泉《物理论》的文字时发现问题的。沈先生的引文是："《艺文类聚·人部》引杨泉《物理论》'在金曰坚，在草木曰紧，在人曰贤。'"洪先生则将首句引作"在金石曰坚"，并在脚注中注明："是杨泉《物理论》佚文，见《艺文类聚》人部。"究竟是作"在金曰坚"还是"在金石曰坚"？蔡先生查阅了《艺文类聚·人部》，却意外地发现"压根儿就没有这段话"。于是蔡先生又翻检了裘锡圭先生的《文字学概要》，其文字、出处均同沈文。接下来，蔡先生表现出了惊人的毅力，对《艺文类聚》以及《北堂书钞》等类书进行了穷尽性搜索，终于在《太平御览·人事部·叙贤》中找到了这段文字，并由此得出结论："文字与洪先生所引同，沈裘两先生有误；至若引文的出处，当然三家均错了。"至于致误的原因，蔡先生认为是"两书编排体例相近"、两书引文语意相近。最后，蔡先生还总结了三点，即应尽量"复核材料来源"，"引文出处尽可能注详细"，慎用类书。

　　说来惭愧，这则佚文笔者前后也看过不下数十次，却从未发现这一问题，一经蔡先生指出，真是有如醍醐灌顶。现在再去翻检其他书籍，可以看到这一歧异是普遍存在的。例如何九盈先生所著《中国古代语言学史》引文的出处与文字就同于沈先生②，周大璞先生主编的《训诂学初稿》则与洪先生一致③。但笔者驽钝，于钦敬之余却还有些许疑惑，斗胆写下来，

---

①　蔡永贵：《一则引文的出处》，《语文建设》1998 年第 9 期。本文引蔡文不再一一出注。

②　何九盈：《中国古代语言学史》，广东教育出版社，1995，第 186 页。

③　周大璞主编《训诂学初稿》，武汉大学出版社，1987，第 148 页。

以就教于蔡先生及诸大方之家。

正如蔡先生所指出的，洪先生引文的文字是正确的，但出处却错了。于是这里就有一个矛盾：出处错误，可见洪先生未曾核对《太平御览》；可是这样一来，洪先生补进去的那个"石"字，究竟是从天上掉下来的还是从地下钻出来的？既然能够正确地补入"石"字，就必有所据，那么洪先生究竟是依据了什么呢？首先，洪先生既然没有直接根据《太平御览》，也未曾查过《艺文类聚》，所依据的必定是另外一种在文字上至少引用了《太平御览》，在出处上至少注明了《艺文类聚》的材料。其次，这一材料至少也应为沈先生等人所援引，因而带有普遍性。要找到诸位前辈所根据的材料，只能由"在金石曰坚"一段文字的内容与形式出发，依据上述两个条件来推测。从内容来看，符合上述两个条件的，唯有数据汇编性质的书，如语言学数据汇编之类。但在沈先生的时代，还没有这类书。于是我们只能从形式上着眼。这当然不是说去查杨泉《物理论》原书，因为一则原书已佚，二则不符于上述两个条件。但唯其已佚，才会有符合上述两个条件的书出现，并成为查阅杨泉《物理论》的必备书。这类书在沈先生之时已有多种，那就是辑佚书。

查阅孙启治、陈建华二先生所编《古佚书辑本目录（附考证)》，杨泉《物理论》的辑本共有5种，且均为清人所辑。其中王仁俊《玉函山房辑佚书续编·子编·儒家类》所收《物理论》辑本每字每句均详细注明出处，不可能是沈、洪诸先生所依据的辑佚书，而且其书写成后仅有稿本传世，1989年上海古籍出版社方影印出版，故而沈先生也恐怕难以看到。《曼陀罗华阁丛书》所收杜文澜《古谣谚》卷三十四之《物理论》辑本乃仅由孙星衍辑本录出2节俚语民歌，殊不足据，且亦无此句。黄奭《汉学堂丛书·子史钩沈·子部·儒家类》及《黄氏逸书考·子史钩沈》所收辑本全袭孙辑。《清风室丛刊》所收辑本则为钱保塘校补之孙星衍辑本[1]。由此可见，孙星衍辑本实为最主要也是流传最广的《物理论》辑本。该辑本版本众多，先后被收入《平津馆丛书》《龙溪精舍丛书》《丛书集成》初编等书，因而沈、洪诸先生极有可能是依据此书。试着打开孙辑本一看，果

---

[1]　孙启治、陈建华编《古佚书辑本目录（附考证)》，中华书局，1997，第250页。

不其然，《物理论》此句佚文赫然在目："在金石曰坚，在草木曰紧，在人曰贤。千里一贤，谓之比肩。贤人为德，体自然也。故语曰：黄金累千，不如一贤。"其下所注出处为："《艺文类聚·人部》、《太平御览·人事部》。"① 复核原书，《艺文类聚》卷二十引作："贤人为德，体自然也。故语曰：黄金累千，不如一贤。"② 《太平御览》卷四〇二引作："在金石曰坚，在草木曰紧，在人曰贤。千里一贤，谓之比肩。故语曰：黄金累千，不如一贤。"③ 可见孙辑乃是综合二书所得。因此，孙氏将二书并列为此则佚文的出处，又因《艺文类聚》时代早于《太平御览》，故而将《艺文类聚》排在《太平御览》的前面。至此，沈、洪等先生所以致误之由也就清楚了。诸先生引用杨泉《物理论》时，是依据的孙星衍辑本，由于孙氏未曾注明每句话各自的出处，人们误以为整则佚文同样地见于《艺文类聚》和《太平御览》，于是为了简洁，在注出处时就只注了时代在前的《艺文类聚》，而未注《太平御览》，从而带来了一连串的误解与纷扰。

蔡先生如能想到辑佚书，无疑将会减少很多不必要的麻烦。尤其是王仁俊辑本就详细注出了《物理论》此则佚文每句各自的出处："黄金累千，不如一贤。(《意林》、《帝范注》) 俊按：《意林》作《傅子》，接二句见《艺文类聚》引《物理论》，上有谚曰。《唐类函》引作贤人为德，体自然也。故语曰云云。《御览》引作在金石曰坚，在草木曰紧，在人曰贤。千里一贤，谓之比肩。故语曰云云。"④ 可见学术研究善于利用工具书，是极其重要的。

王辑所见，却引出了一个问题：此则佚文究竟是出自《傅子》，还是出自《物理论》？关于这个问题，马瑞辰在为孙辑写的序言中认为是由于《物理论》"盖博采秦汉诸子之说为之，而引《傅子》为尤多……杨子是

---

① （清）孙星衍辑《平津馆丛书》，清嘉庆十七年（1812）孙氏刊本，册十一，页八 b；郑尧臣辑《龙溪精舍丛书》第 3 册，中国书店，1991，第 656 页；《丛书集成》初编据《平津馆丛书》排印本，中华书局，1985，第 0594 册，第 8 页。

② （唐）欧阳询：《艺文类聚》，载董治安主编《唐代四大类书》第 2 册，清华大学出版社，2003，第 899 页。

③ （北宋）李昉等：《太平御览》第 2 册，中华书局，1965，第 1859 页。

④ （清）王仁俊：《玉函山房辑佚书续编》，载（清）王仁俊《玉函山房辑佚书续编三种》，上海古籍出版社，1989，第 185 页。

书，正足与《傅子》相表里已"①。其后侯外庐等先生的《中国思想通史》更进而提出："原书既皆佚失，而辑本又多屡越，势难强为分别；只有认二书为一家之学，合称傅玄＝杨泉的思想，较为稳妥。"② 但在清代就已有学者指出二书并不相混。如严可均、叶德辉即据宋本《意林》对二书佚文进行了订正③。今人张岱年、萧萐父等先生也从文献学及思想史的角度区分了杨泉、傅玄之学④。因此，此则佚文的出处仍当为杨泉《物理论》，王仁俊所据《意林》乃后世传刻误混。

---

① （清）马瑞辰：《〈物理论〉辑本序》，载（清）孙星衍辑《平津馆丛书》，清嘉庆十七年（1812）孙氏刊本，册十一，卷首，页一ｂ。

② 侯外庐、赵纪彬、杜国庠：《中国思想通史》，第 3 册，人民出版社，1957，第 340 页。此当为赵纪彬说，参赵纪彬《范缜以前唯物主义和无神论的战斗传统的演进》（《赵纪彬文集》第三卷，河南人民出版社，1991，第 420～424 页）。

③ 见（清）严可均辑《全上古三代秦汉三国六朝文·全晋文》卷四七《傅子》按语，中华书局，1958，第 2 册，第 1727 页；（清）严可均《铁桥漫稿·傅子叙》，载《清代诗文集汇编》第 470 册，上海古籍出版社，2010，第 651 页；（清）叶德辉《旧刊郎园序跋杂文·傅子叙》，载王逸明主编《叶德辉集》第 4 册，学苑出版社，2007，第 287 页。

④ 见张岱年《〈物理论〉和〈傅子〉是否"一家之学"?》，载《文史》第三辑，中华书局，1963，第 226 页；萧萐父《略论杨泉的〈物理论〉》，载萧萐父《中国哲学史史料源流举要》，武汉大学出版社，1998，第 336～339 页。

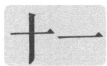

十一

颜师古论汉魏、晋宋、齐梁之学发微

六朝中土颇染于殊俗,儒道之徒疏释旧籍,乃效瞽释子,好为科段。儒家如皇侃《论语义疏》卷一篇题"论语学而第一"下即注曰:"中间讲说,多分为科段矣。"① 道家则宋文明注《灵宝经》于前,成玄英疏《道德经》于后,皆详分科段,循序渐进。以至谢守灏《混元圣纪》在述及《老子》分章时云:"每章分别,于文为繁,则其所择科段可了,不复每章皆题也。"② 其时颜师古独发异声,所著《玄言新记明老部》明言:

> 第一道可道章,所以最在前者,政言常道既有理教之殊,犹上德下德,有空之有异,皆从庶以入妙,弃俗而崇道故也。寻晋宋之前,讲者旧无科段;自齐梁以后,竞为穿凿:此无益能艺,而有妨听览。且乾坤之道,贵存简易。今宜从省,皆没而不说。③

观颜监此语,其鄙薄齐梁,追慕晋宋之情,跃然纸上(在介绍王弼注本时,颜氏也特别强调了"宋古本"的独特之处④)。检《旧唐书》卷七十三《颜籀列传》:

> 太宗以经籍去圣久远,文字讹谬,令师古于秘书省考定五经。师古多所厘正,既成,奏之。太宗复遣诸儒重加详议。于时诸儒传习已久,皆共非之。师古辄引晋宋已来古今本,随言晓答,援据详明,皆出其意表,诸儒莫不叹服。于是兼通直郎、散骑常侍,颁其所定之书

于天下，令学者习焉。①

师古所据，同为晋宋古本。

考颜之推尝述晋宋之后，经籍旧本改易之状。《颜氏家训·杂艺》：

> 晋宋以来，多能书者。故其时俗，递相染尚，所有部帙，楷正可观，不无俗字，非为大损。至梁天监之间，斯风未变。大同之末，讹替滋生。萧子云改易字体，邵陵王颇行伪字，朝野翕然，以为楷式，画虎不成，多所伤败。至为"一"字，唯见数点，或妄斟酌，逐便转移。尔后坟籍，略不可看。②

至若师古校本今日莫传，赖其《匡谬正俗》得存一例。其卷二"尚书"条曰：

> 孔安国《古文尚书序》云："先君孔子生于周末，睹史籍之烦文，惧览者之不一，遂乃定礼乐，明旧章。""览者"谓习读之人，犹言学者尔。盖思后之读史籍者以其烦文，不能专一，将生异说，故删定之。凡此数句，文对旨明，甚为易晓。然后之学者辄改"之"字居"者"字上，云"览之者不一"，虽大意不失，而颠倒本文，语更凡浅，又不属对，亦为妄矣。今有晋宋时书不被改者往往而在，皆云"览者之不一"。③

刘晓东《平议》："今各本《尚书序》皆作'惧览之者不一'（日本内野本、足利本、上图影天正本、八行本均同），《文选》卷四五录此文、《初学记》卷二一引此句，亦皆作'之者'。阮刻注疏本《校勘记》据武英殿翻刻岳氏相台本（原本阮氏亦未见）云：'岳本"之者"作"者之"。'果如是，则唯相台本与师古所见之晋宋旧本合也。按以'览者'与'史籍'对文，诚辞当而旨明，甚为易晓，晋宋旧本良胜于今本。《史通·自

① （后晋）刘昫等：《旧唐书》第8册，中华书局，1975，第2594页。
② （北齐）颜之推：《颜氏家训》、王利器：《颜氏家训集解》，中华书局，1980，第514页。
③ （唐）颜师古：《匡谬正俗》，刘晓东：《匡谬正俗平议》，山东大学出版社，1999，第33页。

叙》云：'睹史籍之繁文，惧览者之不一。'暗用序文以遣语，正同于师古所云晋宋旧本。"① 皮锡瑞《经学历史》尝论皇侃《论语义疏》曰："名物制度，略而弗讲，多以老庄之旨，发为骈俪之文，与汉人说经相去悬绝。此南朝经疏之仅存于今者，即此可见一时风尚。"② 鹿门泛言南朝，由颜氏语观之，则晋宋乃异于齐梁，而皇氏固梁人也。又《汉书集注》为师古一生名山事业，其《叙例》亦谓："服应曩说疏紊尚多，苏晋众家剖断盖尠，蔡氏篡集尤为抵牾，自兹以降，蔑足有云。"③ 故其所录旧注二十三家，汉晋之后，仅一北魏崔浩。《叙例》又言："近代注史，竞为赅博，多引杂说，攻击本文，至有诋诃言辞，掎摭利病，显前修之纰僻，骋已识之优长，乃效矛盾之仇雠，殊乖粉泽之光润。今之注解，翼赞旧书，一遵轨辙，闭绝歧路。"④ 南朝宋裴松之注《三国志》，梁刘孝标注《世说新语》，皆博采群书，而鲜疏解本文，可见宋齐间学风丕变，为师古所不齿。《汉书》俗本改字的现象同样严重："《汉书》旧文多有古字，解说之后屡经迁易，后人习读，以意刊改，传写既多，弥更浅俗。今则曲核古本，归其真正，一往难识者，皆从而释之。"⑤ 甚至随意增损原文："古今异言，方俗殊语，末学肤受，或未能通，意有所疑，辄就增损，流遁忘返，秽滥实多。今皆删削，克复其旧。"⑥

考陈子昂《陈子昂集》卷一《修竹篇序》有云：

> 文章道弊，五百年矣！汉魏风骨，晋宋莫传，然而文献有可征者。仆尝暇时观齐梁间诗，彩丽竞繁，而兴寄都绝，每以永叹，思古人，常恐逶迤颓靡，风雅不作，以耿耿也。⑦

亦以汉魏风骨，于晋宋可征文献，而湮灭于齐梁。可惜自来论此文者莫与颜氏之学比勘。尝试论之，《新唐书》卷一〇七《陈子昂列传》："唐

① 刘晓东：《匡谬正俗平议》，山东大学出版社，1999，第 34 页。
② （清）皮锡瑞：《经学历史》，周予同注本，中华书局，2004，第 123 页。
③ （东汉）班固：《汉书》第 1 册，中华书局，1962，颜师古《汉书叙例》，第 1 页。
④ （东汉）班固：《汉书》第 1 册，中华书局，1962，颜师古《汉书叙例》，第 3 页。
⑤ （东汉）班固：《汉书》第 1 册，中华书局，1962，颜师古《汉书叙例》，第 2 页。
⑥ （东汉）班固：《汉书》第 1 册，中华书局，1962，颜师古《汉书叙例》，第 2 页。
⑦ （唐）陈子昂：《陈子昂集》，中华书局，1960，第 15 页。

兴，文章承徐庾余风，天下祖尚，子昂始变雅正。"① 齐梁文风的特征即讲究形式，文体骈俪，流连抒情，而轻论道经邦。《周书》卷四一《庾信列传》："子山之文，发源于宋末，盛行于梁季。其体以淫放为本，其词以轻险为宗。故能夸目侈于红紫，荡心逾于郑卫。"② 唐初一统天下，开盛世之局，有识之士颇欲力革斯弊，归天下于正道。王勃《王子安集》卷四《上吏部裴侍郎启》云："苟非可以甄明大义，矫正末流，俗化资以兴衰，家国由其轻重，古人未尝留心也。自微言既绝，斯文不振，屈宋导浇源于前，枚马张淫风于后。……周公孔氏之教，存之而不行于代。天下之文，靡不坏矣。"③ 在颜师古看来，要倡明周孔之教自当尊经，齐梁之颓正是由于经术不明，经书古本遭篡改，经学旧说被毁弃。因此唐人论文，也一再重复汉魏、晋宋、齐梁的圣道递减论。如殷璠《河岳英灵集》卷首《集论》："孔圣删诗，非代议所及。自汉魏至于晋宋，高唱者十有余人，然观其乐府，犹有小失。齐梁陈隋，下品实繁，专事拘忌，弥损厥道。"④ 但汉魏六朝经学是附于世家大族以传的，唐代恰恰是世家衰亡之期，故而日趋僵化没落的经学难以承载一匡天下的重任。于是文士代兴，以宏道自任。如《全唐文》卷三八八独孤及《唐故殿中侍御史赠考功郎中萧府君文章集录序》："君子修其词，立其诚，生以比兴宏道，殁以述作垂裕，此之谓不朽。"⑤《全唐文》卷五二二梁肃《祭独孤常州文》又录独孤氏语曰："文章可以假道，道德可以长保，华而不实，君子所丑。"⑥ 柳宗元则明确提出"文以明道"的主张，《柳河东集》卷三十四《答韦中立论师道书》："始吾幼且少，为文章，以辞为工。及长，乃知文者以明道，是故不苟为炳炳烺烺，务采色、夸声音而以为能也。"⑦《新唐书》卷二〇一《文艺列传》上《序》论有唐一代之文曰：

---

① （北宋）欧阳修、宋祁：《新唐书》第 13 册，中华书局，1975，第 4078 页。
② （唐）令狐德棻等：《周书》第 3 册，中华书局，1971，第 744 页。
③ （唐）王勃：《王子安集》，（清）蒋清翊：《王子安集注》，上海古籍出版社，1995，第 130~131 页。
④ （唐）殷璠：《河岳英灵集》，王克让：《河岳英灵集注》，巴蜀书社，2006，第 4 页。
⑤ （清）董诰主编《全唐文》第 4 册，中华书局，1983，第 3941 页。
⑥ （清）董诰主编《全唐文》第 6 册，中华书局，1983，第 5306 页。
⑦ （唐）柳宗元：《柳河东集》下册，上海人民出版社，1974，第 542 页。

唐有天下三百年，文章无虑三变。高祖太宗，大难始夷，沿江左余风，缔句绘章，揣合低印，故王杨为之伯。玄宗好经术，群臣稍厌雕琢，索理致，崇雅黜浮，气益雄浑，则燕许擅其宗。是时，唐兴已百年，诸儒争自名家。大历贞元间，美才辈出，攟咿道真，涵泳圣涯。于是韩愈倡之，柳宗元、李翱、皇甫湜等和之，排逐百家，法度森严，抵轹晋魏，上轧汉周，唐之文完然为一王法，此其极也。①

可谓知言。

然由宋儒观之，经生固不足以言道，文士去道亦远。《二程遗书》卷六《二程语录》："今之学者，歧而为三：能文者谓之文士，谈经者泥为讲师，惟知道者乃儒学也。"② 斯言不仅为道学之开宗，亦分天下之学为三：讲师之考据，文士之辞章，儒学之义理。至戴震《东原文集》卷九《与是仲明论学书》倡言："由字以通其词，由词以通其道，必有渐。"③ 则欲以贯通三学，获道之全。

---

① （北宋）欧阳修、宋祁：《新唐书》第18册，中华书局，1975，第5725～5726页。
② （北宋）程颢、程颐：《二程集》上册，中华书局，1981，第95页。
③ 张岱年主编《戴震全书》第6册，黄山书社，1995，第370页。

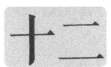

十二

船山《周易内传》「肝居左而主谋」考辨

《周易·明夷》有云："六四，入于左腹，获明夷之心，于出门庭。"①
岳麓书社本《船山全书》初版船山《周易内传》此下注语文字及标点作：

> 此象商容、胶鬲之事。左腹者，肝居左而主谋，预闻其恭周之谋
> 也。"明夷之心"，乃殷民被伤而望周之心。"于出"犹言爰出；出门
> 庭，输于周而劝其伐也，六四与坤为体，盖居于暗邪者，四为退爻，
> 下就内卦之明，故有此象。不言吉利者，非人臣之常道，不轻奖
> 其功。②

其后《船山全书》修订再版，"肝居左而主谋"一语被改为"心居左
而主谋"③。《全书》第十六册所附《船山全书第一至十五册（第一版第一
次印刷本）勘误表》亦明以作"肝"为误，作"心"为正④。杨坚先生所
撰《船山全书编辑纪事》则详记其由曰：

> 按《全书》逐册出版后，最先来信指出书中错误者，有湖北黄钟
> 先生。《勘误表》中第一册第五条改"肝"字为"心"字，即黄钟先
> 生所赐教。此字见《周易内传》船山对明夷爻辞"六四，入于左腹，
> 获明夷之心，于出门庭"之训释"此象商容、胶鬲之事。左腹者，肝
> 居左而主谋，预闻其恭周之谋也。"黄氏第一次函指出"肝"当为
> "心"之误，予遍查此书所有四个版本，皆是"肝"字，回信相告，
> 得第二次函云："肝字为心字之误，我提几点理由。一、肝居右，心居

---

① 此依《船山全书》本《周易内传》所录文及其标点。（清）王夫之：《船山全书》第
1 册，岳麓书社，1988，第 309 页。
② （清）王夫之：《周易内传》，载《船山全书》第 1 册，岳麓书社，1988，第 309~310
页。
③ （清）王夫之：《周易内传》，载《船山全书》第 1 册，岳麓书社，1996，第 309 页。
④ 杨坚：《船山全书第一至十五册（第一版第一次印刷本）勘误表》，载（清）王夫之
《船山全书》第 16 册，岳麓书社，1996，第 1489 页。

主。二、古人云：心之官则思，肝则不是。三、《易经》原文可证：
'六四，入于左腹，获明夷之心'；'象曰：入于左腹，获心意也。'"
予乃涣然冰释。此一改正，例须作一校记，故于此抄录黄钟先生来信，
读者鉴之。①

然细绎黄氏三证，殊不足以服人。今一一辨之如下。

肝居右而心居左，这是今人的医学知识，古人未必作如是观。《黄帝内
经素问》卷十四《刺禁论》："肝生于左。"王冰《注》："肝象木，王于
春。春阳发生，故生于左也。"②《难经》卷下《五十六难》："肝之积名曰
肥气，在左胁下。"③ 此古医书以为肝居左。又《明史》卷三〇一《列女
传》一："后有张氏，仪真周祥妻。姑病，医百方不效。一方士至其门曰：
'人肝可疗。'张割左胁下，得膜如絮，以手探之没腕，取肝二寸许，无少
痛，作羹以进姑，病遂瘳。"④ 是民间亦以肝居左。我国首言肝居右者，盖
清人李炳。《碑传集》卷一四七焦循《名医李君炳墓志铭》："君尤所自得
者，曰，肝之本在右，而行于左。学者骇其言，多攻之。歙人汪颜超为举
一证曰：秦越人书谓肝七叶，左三右四。⑤ 右赢其一，斯为本乎？予亦举

---

① 杨坚：《船山全书编辑纪事》，载（清）王夫之《船山全书》第16册，岳麓书社，
1996，第1483页。

② 《黄帝内经素问》，载浙江书局辑刊《二十二子》，上海古籍出版社，1986，第929页。

③ 《难经》，凌耀星主编《难经校注》，人民卫生出版社，1991，第98页。

④ （清）张廷玉等：《明史》第25册，中华书局，1974，第7701页。张氏姑所患盖目
疾。《文子·九守》："肝主目。"（王利器《文子疏义》，中华书局，2000，第116
页。）北宋范镇《东斋记事》卷一："庆历中，广南西路欧希范以白崖山蛮蒙赶内寇，
破环州及诸寨。时天章杜待制杞自京西转运使徙广西。既至，得宜州人吴香等为向
导，攻破白崖等寨，复环州，因说降之。大犒以牛酒，既醉，伏兵发，擒诛六百余
人。后三日，始得希范，醢之，以赐溪洞诸蛮。取其心肝，绘为《五藏图》，传于
世。其间有眇目者，则肝缺漏。"（中华书局，1980，第7页。）《宋史》卷四五六
《孝义列传》吕升传："吕升，莱州人。父权失明，剖腹探肝，以救父疾，父复能视
而升不死。"（中华书局，1977，第38册，第13388页。）

⑤ 靳斯先生标点本分别于"秦越人"之"秦""越"二字下加地名标线，殆以"秦"
"越"为地名〔（清）钱仪吉编《碑传集》，靳斯标点本，中华书局，1993，第12册，
第4348页〕。若晖谨按：肝七叶，左三叶右四叶之说见《难经》卷下，《四十二难》：
"肝重四斤四两，左三叶右四叶，凡七叶，主藏魂。"（凌耀星主编《难经校注》，人
民卫生出版社，1991，第75页。）（元）滑寿《难经本义》卷首《汇考》（转下页注）

两证曰：肝为乙木，乙为庚妻，妻必从夫，宜其本在右。郑康成之注《周礼·疾医》也①，言肝气凉，肺气热。贾公彦申其说云，肝在心下近右，其位当秋。是肝右之说，不始自君矣。然予验之十数年，凡右胁痛者，君以甘缓之，和以芍药，无不应手瘥。治肺必剧。乃知君以积验得之，真能发前人所未言，可为后世法也。彼攻者，乌足以知之。"②盖古人无解剖之学，故徒以阴阳五行定五脏之位。《黄帝内经素问》卷三《六节藏象论》云："肝者罢极之本，魂之居也。其华在爪，其充在筋，以生血气。其味酸，其色苍，此为阳中之少阳，通于春气。"③而古以左为阳。《国语·越语》下："凡陈之道，设右以为牝，益左以为牡。"韦昭《注》："陈其牝牡，使相受之。在阴为牝，在阳为牡。"④《礼记·檀弓》上："二三子皆尚左。"郑玄《注》："左，阳也。"⑤又《周易》此句下李鼎祚《集解》引荀爽曰："阳称左。"⑥故医理以肝属阳而居左。

古人诚然以思之官为心，但船山所言乃谋而非思。《说文》卷三上《言部》："谋，虑难曰谋。"⑦又卷十下《思部》："虑，谋思也。"⑧段玉裁《注》："《心部》曰：'念，常思也。''惟，凡思也。''怀，念思也。''想，冀思也。''勰，同思之和也。'同一思而分别如此。《言部》曰：'虑

（接上页注⑤）云："《十一难》云肝有两叶，《四十一难》云肝左三叶右四叶，凡七叶。"（商务印书馆，1956，《汇考》第3页。）第按肝两叶见《四十一难》，左三叶右四叶（见《四十二难》，凌耀星主编《难经校注》，第74、75页），此盖传抄之误。《难经》旧题秦越人撰。秦越人即扁鹊，姓秦氏，名越人（见《史记》卷一〇五《扁鹊仓公列传》，中华书局，2013，第9册，第3351页）。

① 勒斯先生标点本将"周礼疾医"标点为"《周礼》'疾医'"（第12册，第4348页）。若晖谨按：理堂所引郑、贾之说，见于《周礼·天官·疾医》"以五气五声五色视其生死"〔（东汉）郑玄注、（唐）贾公彦疏《周礼注疏》，载（清）阮元校刻《十三经注疏》第3册，艺文印书馆，2007，第74页〕下，则此语当标为"《周礼·疾医》"。

② （清）钱仪吉编《碑传集》，靳斯标点本，中华书局，1993，第12册，第4348页。

③ 《黄帝内经素问》，载浙江书局辑刊《二十二子》，上海古籍出版社，1986，第887页。

④ 《国语》下册，上海古籍出版社，1988，第653、655页。

⑤ （东汉）郑玄注、（唐）孔颖达疏《礼记注疏》，载（清）阮元《十三经注疏》，艺文印书馆，2007，第5册，第130页。

⑥ （唐）李鼎祚：《周易集解》，（清）李道平：《周易集解纂疏》，中华书局，1994，第347页。

⑦ （东汉）许慎：《说文解字》，中华书局，1998，第52页。

⑧ （东汉）许慎：《说文解字》，中华书局，1998，第217页。

难曰谋.'与此为转注。"① 是"思"为"谋"之上位概念。而古正以肝主谋。《黄帝内经素问》卷三《灵兰秘典论》："心者君主之官也，神明出焉。……肝者将军之官，谋虑出焉。"王冰《注》："勇而能断，故曰将军；潜发未萌，故谋虑出焉。"② 盖古人以魂居肝中。《黄帝内经素问》卷三《六节藏象论》："肝者罢极之本，魂之居也。"③《黄帝内经灵枢》卷二《本神》："肝藏血，血舍魂。"④

立此说而以《周易》原文为证，最为可怪。试问：此文历来注家何曾有人解"获明夷之心"之"心"为心脏？而《象传》则明以"获心意"为解，王弼《注》亦云："入于左腹，得其心意，故虽近不危。"⑤ 黄氏误。

综上所述，黄钟先生所举三证无一可信，而杨坚先生复据此以改船山原文，是改正以就讹，异日此书倘得重印，当再回改为"肝居左而主谋"。且此字之改易，毫无版本依据，而纯以理校法为之，诚如陈垣先生《元典章校补释例》卷六《校法四例》所言："最高妙者此法，最危险者亦此法。"⑥ 又《陈垣学术论文集》二集《关于徐氏庖言》亦曰："理校不如对校稳当。"⑦ 姑且不论改字之正误，理校如无旧本依据，自应慎改或不改原书，以存旧本之真。斯例亦可为一证。

---

① （清）段玉裁：《说文解字注》，上海古籍出版社，1981，第501页。
② 《黄帝内经素问》，载浙江书局辑刊《二十二子》，上海古籍出版社，1986，第885页。
③ 《黄帝内经素问》，载浙江书局辑刊《二十二子》，上海古籍出版社，1986，第887页。
④ 《黄帝内经灵枢》，载浙江书局辑刊《二十二子》，上海古籍出版社，1986，第1004页。
⑤ （三国·魏）王弼注经、（东晋）韩康伯注传、（唐）孔颖达疏《周易注疏》，载（清）阮元校刻《十三经注疏》第1册，艺文印书馆，2007，第89页。
⑥ 陈垣：《元典章校补释例》，页八十八a，载陈垣《励耘书屋丛刻》中册，北京师范大学出版社，1982。
⑦ 陈垣：《关于徐氏庖言》，载《陈垣学术论文集》第二集，中华书局，1982，第366页。

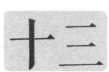

十三

——追忆无端

李商隐《锦瑟》解读

李商隐的《锦瑟》是中国历史上的名篇。在中国，所谓名篇的含义就是谁都说不清它是什么意思。关于这首诗，各种各样的说法有一二十种。有以为悼亡者，有解以咏物者，有释为讽喻者，有归于自伤者，有释作哀时者，有谓为暗恋者，有视为集序者，有疑为思乡者①。但诸家之说皆为钩沉史料、稽考史实，试图由复原诗之背景来寻绎诗之主旨，乃至以诗篇为断片，以背景为主旨，最终也都是无充足理由的推理，亦即猜测。

那么可不可以换一种思路呢？我们应该使它从单纯的历史思维上升到理性思维。也就是说人作为人，不是由过去的历史所规定的，而是由自身的理性所规定的。在这种情形之下，我们要回到诗自身，在诗之中保持人

---

① 黄世中先生总结旧说，以为："其诠释至少在十四解以上，一曰：'令狐青衣说'，有刘攽、李颀、计有功、洪迈、胡应麟、冯舒、施闰章等七家之解；二曰：'咏瑟'说，有邵博、苏轼、黄朝英、张邦基、胡仔、张侃、方回、姚燧、郎瑛、王世贞、冯班、吴景旭等十二家；三曰：'令狐青衣'和'咏瑟'调和合一之说，有许顗、刘克庄、都穆、屠隆四家；四曰：'咏瑟以自伤身世'说，有廖文炳、徐德泓二家；五曰：'情诗'说，有元好问、释圆至、胡震亨、周珽、钱龙惕、杜诏、胡以梅、陆鸣皋、纪昀等九家；六曰：'悼亡'说，有朱鹤龄、钱澄之、朱彝尊、王士禛、钱良择、查慎行、何焯（后转为'自伤身世'说）、杨守智、徐逢源、陆昆曾、孙洙、姚培谦、程梦星、袁枚、汪存宽、许昂霄、翁方纲、冯浩、梁章钜（后转入'自伤身世'说）、姚莹、陈婉俊、章燮、程韵篁、张采田（后转入'自伤身世'说）等共二十四家，为清代最多的一种解说；七曰：'自伤身世'说，有王清臣、陆贻典、何焯、徐燮、汪师韩、田同之、薛雪、姚燮、梁章钜、张采田等十家；八曰：'自伤兼悼亡'说，有杜庭珠、宋翔凤二家；九曰：'令狐恩怨'说，有吴乔、沈雄、史念祖三家；十曰：'诗序或自题其诗'说，有程湘衡、王应奎、纪昀（两说并存）、姜炳璋、宋于亭、邹弢、马长海等七家；十一曰：'伤唐祚或感国祚兴衰'说，有方文辂、吴汝纶二家；十二曰：'寄托君臣朋友'说，有屈复、林昌彝二家；十三曰：'情场忏悔'说，有叶矫然一家；十四曰：'无解'说，有孙绪、胡薇元二家。以上十四解八十八家，约二百处诠释，真是言人人殊，莫衷一是。"（黄世中：《论王蒙的李商隐研究》，《文艺研究》2004年第4期。）但黄说也有不当之处，如以"无解"为十四解之一；又如将薛雪误作"薛雷"，按薛雪《一瓢诗话》三四云："锦瑟一弦一柱，已足令人怅望年华，而锦瑟不知何故有此许多弦柱，令人怅望不尽。"（人民文学出版社，1979，第101页。）

的倾听。荷马是盲人，他不会看，他的诗都是听缪斯所言。于是，在此，倾听使我们达到自身的宁静，让文本自身言说。人的存在是为了让思想在倾听中聚集。于是我们就达到了否定。这否定为自身的理性确立了边界，也就是否定自我，也否定这一思路，理性从而得以建立自身为存在。

现在，让我们回到诗本身。

> 锦瑟无端五十弦，一弦一柱思华年。
> 庄生晓梦迷蝴蝶，望帝春心托杜鹃。
> 沧海月明珠有泪，蓝田日暖玉生烟。
> 此情可待成追忆，只是当时已惘然。①

这是一首七律，律诗是很讲究对仗的，它的基本格局是"起承转合"。关键是在中间的两联，即颔联和颈联，历史上对《锦瑟》这首诗最难讲的也是这两联。像梁启超先生说，《锦瑟》《碧城》"这些诗，他讲的什么事，我理会不着。拆开一句一句的叫我解释，我连文义也解不出来。但我觉得他美，读起来令我精神上的一种新鲜的愉快"②。

我们可以发现，这首诗的首联和末联，有一对同义词，就是"思"和"忆"。"思"，在这里不是思考、思想或思维，而是思念，也就是追忆。所以我们在这首诗的开端直接达到了这首诗的终结。也就是说，作为开端，它自身直接就是终结。"锦瑟无端"——它自身又是一个开端。那么在这里，开端将与其自身相区分。作为开端，它要成为开端，它自身要区分于什么？总的来说，开端是一个整体的一部分，它要区分于作为一个整体的其他部分，也就是"中间"和"终结"。只有这样，才能构成完整的整体。也只有在整体之中，开端才成为真正的开端。如果没有这个整体，它直接就是自身的终结。在这里，作为开端的开端，它自身就是使自身成为整体的可能性。这可能性实现自身为可能，也就是实现自身为现实。这样也就达到了整体的中间，亦即其现实性。终结又是什么？它达到了自身的不可

---

① （唐）李商隐：《锦瑟》，载刘学锴、余恕诚《李商隐诗歌集解》第 3 册，中华书局，1998，第 1420 页。

② 梁启超：《中国韵文内所表现的情感》，载《饮冰室文集》之三十七，第 119～120 页，《饮冰室合集》第 4 册，中华书局，1989。

能性。任何真正的开端必须具有自身成为可能的可能性，也只有在成为可能的可能性之中，它才能实现自身为现实。但是在这里，没有开端。

下面，我们就从头开始。"锦瑟无端五十弦"，古书里有关五十弦的记载，就是《史记》卷二十八《封禅书》：

> 太帝使素女鼓五十弦瑟，悲，帝禁不止，故破其瑟为二十五弦。①

所以以后一般的瑟都是二十五弦瑟②，到唐朝以后一般用的瑟也是二十五弦。我们要问，这个典故所揭示的是什么？它所揭示的是二十五弦瑟的开端。而这开端同时就是终结，是五十弦瑟的终结，达到了它自身的完结——它成了两个二十五弦瑟。但是五十弦瑟的开端呢？它在这个故事里没有开端。应该说这里是我们所见到的关于五十弦瑟的唯一出处。或许以后还可能找到别的，但是就现在来说，至少在这个故事里面他没有告诉我们五十弦瑟是从哪来的。在故事里面它直接呈现给我们，并且它的呈现就直接是它的终结。它没有开端，我们不知道五十弦瑟是从哪儿来的，所以这就是"锦瑟无端五十弦"——锦瑟没来由五十弦③。这样一种外在之物，它达到了自身的终结。可现在怎么办？只有自身存在。于是"我"来追忆，"一弦一柱思华年"。但是，"我"怎么追忆？"我"追忆我自身可能吗？因为"我"时刻在梦与觉、生与死之中。

"庄生晓梦迷蝴蝶"，这里当然又有典故。一般把李商隐认为是西昆派的祖师爷，杨亿等人的《西昆酬唱集》在文学史上最主要的特色就是堆砌典故。所以以前山东大学历史系王仲荦先生，年轻时山阴任董叔先生教他说，你如果要熟悉古书的典故，最好的办法就是给《西昆酬唱集》作注释。把里面的典故全都找出来，你把这本书弄通了，别的书里的典故一般

十三

追忆无端
——
李商隐《锦瑟》解读

---

① （西汉）司马迁：《史记》第 4 册，中华书局，2013，第 1669 页。

② 当然，从考古发现的实物来看，固然有诸多二十五弦瑟，但也有二十一弦、二十二弦、二十四弦、二十六弦等（参徐宝贵《殷商文字研究两篇·释瑟》，载《出土文献与古文字研究》第 1 辑，复旦大学出版社，2006，第 158~163 页）。

③ 叶葱奇说："'无端'犹无因、无由，和杜甫《送郑十八虔贬台州司户，伤其临老陷贼之故，阙为面别，情见于诗》中的'邂逅无端出饯迟'的'无端'义同。"（叶葱奇：《李商隐诗集疏注》上册，人民文学出版社，1985，第 3 页。）在此，事情的原因、来由就是事情的开端。

不成问题。所以他以后就注了这本书，一直到现在都是古典文学研究的名著①。李商隐当然也是同样的，金朝的元好问有一首《论诗绝句》说"望帝春心托杜鹃，佳人锦瑟怨华年。诗家总爱西昆好，独恨无人作郑笺"②。就是说大家都说李商隐的诗好，可是就没有人给他一个权威的注释，讲清楚他到底讲的是什么。在这里所用的典故，出自《庄子·齐物论》。"齐物论"的意思就是"万物齐一"。什么样的东西到头来说都是归于混一的，没有什么区别。"彼亦一是非，此亦一是非"，"方生方死，方死方生"，都差不多，在他看来都是一样的。所以庄子的哲学叫作"绝对相对主义"，即什么东西都是相对的，只有相对是绝对的。《齐物论》说：

> 昔者，庄周梦为胡蝶，栩栩然胡蝶也，自喻适志与，不知周也。俄然觉，则蘧蘧然周也。不知周之梦为胡蝶与，胡蝶之梦为周与？③

庄子有一天做了一个梦，梦见自己成了一只蝴蝶，飞上了天。飞得正高兴，突然醒来了，这一下麻烦来了：到底是"我"刚才做梦变成了刚才的那只蝴蝶，还是现在的我庄周是刚才那只蝴蝶做梦变来的？"庄生晓梦迷蝴蝶"，这里还有一个"晓"字，白日梦啊，就是说不是他晚上做梦成了蝴蝶的时候"迷"，而是他白天回想到蝴蝶的时候"迷"。他在白天的时候怀疑是蝴蝶做梦，成了庄周，所以他感到"迷"。这个"迷"我们可以分析一下。日常生活中的"迷"我们一般可以把它分为两种情况：一种是"迷路的孩子"，一个孩子迷路了，他"迷"的是手段，而不是目的。因为目的很清楚——我要回到妈妈的身边，我要回到家里去。但是他不认识路，不知道怎么回去。他是因为没有相应的手段而导致其目的的丧失，他没有达到这个目的的任何手段，所以这个目的对他来说只是一个梦，没有意义。虽然他是意识到了目的的存在才意识到手段的缺失。这是工具性的"迷"。另一种就是《庄子》所谓的"屠龙之术"（《列御寇》）④。有人倾家荡产学

① 王仲荦：《西昆酬唱集注》，上海书店出版社，2001，"前言"，第7页。

② （金）元好问：《论诗绝句》，载姚奠中主编《元好问全集》上册，山西古籍出版社，2004，第269页。

③ 《庄子》，（清）郭庆藩：《庄子集释》第1册，中华书局，1961，第112页。

④ 《庄子》，（清）郭庆藩：《庄子集释》第4册，中华书局，1961，第1046页。

会了杀龙的本领，但问题是在这个世界上无龙可杀。那怎么办？这本事是很好，他也学得挺不错。但是，没有对象，没有目的。他因为目的的缺失而导致手段丧失意义。这是对于外在之物的对象性的"迷"。然而，在这里，"庄生晓梦迷蝴蝶"似乎哪种都不是，它是什么？它是对于自我的本源性的迷。他所迷的，是"我是谁"。并且这种"迷"之所以可能，事实上正是由于追忆。就是说，当我醒来的时候，如果我的梦都忘掉了，那就没有蝴蝶这码事了，也就不会"迷"了。正是由于我庄周回忆"我"的梦，过去得以再次当下化，"我"才恍然觉得我是蝴蝶。一般说来，"我"之为"我"，是"我"能通过追忆来认识自身，一切过去经验的积累在回忆中整体性地当下化，构成了现在的我的现实。但是在此，追忆的结果是什么？对于梦境的追忆使两个异质的存在共现于一个实体之中。于是"我"可能非"我"。庄周成了一只蝴蝶，庄周没有了，甚至连现在的追忆者，"我"是谁，"我"都不知道了。我们的追忆，可以说完全没有达到对"我"自身的认识，只是带来了更多的迷惘，现实存在的实体被幻化了。

下面一句，"望帝春心托杜鹃"，此处当然也有一个典故。但是我引一个最简单的出处。《成都记》："望帝死，其魂化为鸟，名曰杜鹃。"[①] 我们只需要知道这一点就行了：望帝死后化为杜鹃。"望帝死"，"死"是什么？"死"就是望帝作为望帝的终结。而这"死"同时又是开端，谁的开端？杜鹃。"杜鹃啼血"也是从这个典故来的。但是，杜鹃为什么啼血呢？因为它有一个悲惨的身世，然而杜鹃作为一只鸟，它会有悲惨的身世吗？没有。那个悲惨的身世是谁的？是望帝的。那么，杜鹃悲惨的身世是靠什么得到的？回忆。它作为一只杜鹃鸟在现实中没有任何悲剧。或者我们直接就说，作为一只杜鹃，它只有在回忆当中才能达到望帝。杜鹃不是望帝，一是人一是鸟。但是在此又达到了同一性，这同一性是如何达到的？回忆。然而何谓同一？当一个陈述在言说同一的时候，在说相同的时候，实际上

十三

李商隐《锦瑟》解读

追忆无端

---

① （唐）卢求：《成都记》，（北宋）王洙、赵次公：《分门集注杜工部诗》卷二十三《杜鹃》"礼若奉至尊"下洙引，载《续修四库全书·集部》第1306册，上海古籍出版社，1996，第614页。

是描述了一种关系。但是，作为关系，它必须要包含二者，至少要有两个事物才能构成关系。要成其为二者，它们之间要有区分，要有作为二者的边界。要可以区分，我们才可以认识到它们是两个事物。成为二者，它们之间就存在区分了，就不是相同。所以这里就有一个悖论。完全相同，就是没有任何差异①。但是，如果不存在差异不存在区分的话也就无所谓相同，因为相同是两个事物之间的关系。于是在此，"杜鹃"和"望帝"，"庄生"和"蝴蝶"，是在追忆之中才达到同一的，但由此而来的是对于正在追忆的"我"自身的消解。

我们看到，在追忆的时候，对于以前的事情，以至于连我自己是谁都不知道了。那么好，我退一万步，不回忆以前了，就看现在，我就把现在认识清楚了留给以后来追忆总可以吧。那好，我们看一看现在可不可以认识。作为认识，它怎样才可能？在西方哲学史上一般来说真理论主要有四种，我们回顾一下相关的两种。一是亚里士多德的符合论。比如说，我说这里坐着一位老者。大家看，我撒没撒谎？你看看就知道了，究竟是不是坐着一位？坐着就是真的，没坐就是假的。就是说，我的陈述与事实是不是符合。陈述与事实相符合的真理观自身还是有缺陷的。要我去看，但是事物被遮蔽了怎么办？所以需要事情自身的显现。只有达到自身的显现，我们才能实现对于它的认识。于是我们就达到了海德格尔的解蔽论：真理就是去蔽，事情自身由此得以显现。如何才能达到事情自身的显现？或者说事情对于自身的显现如何才能达到？《圣经·创世纪》中，上帝是如何创造世界的？他不是像中国的女娲一样用泥巴捏出人来就完了，他在最初开始创世时，只是说了一句话："有光。"所以上帝创造世界不是说他去制造世界，而是他自身为世界的存在提供了根据。《圣经·创世纪》在描述上帝即将创世时说："天主的神在水面上运行。"② 这水显然并不是一种自然性的、物质性的水，因为此时物质世界尚未形成。那是什么？它区分于陆地，是无根基。就是说，当你的双足站立在大地上的时候，大地为你的

---

① 胡塞尔认为，最高阶段的"相似性"是"最完善的相近性""无间距的相同性"（参倪梁康《胡塞尔现象学概念通释》，生活·读书·新知三联书店，1999，第13页）。

② 思高圣经学会译释《圣经》，思高圣经学会，1968，第1248页。

站立提供了根据，但是上帝在水面上行走的时候水面并没有提供任何根据。那么，根据从哪儿来？上帝自身就是根据。上帝自身成为自身存在的根据，因此上帝自身也成为万物存在的根据。我们在追究任一事情存在的根据时，都是归因于另一事情，形成因果链。如此无穷无尽，随于无涯，因果链有无终结？其必不能终结于根据在自身之外者，只有根据在自身之内，亦即自身能成为自身存在的根据，才能成为这一链条上一切存在者存在的根据。所以只有上帝才能让光显现，也只有上帝才能让世界在光之中显现，从而获得自身存在的根据。所以海德格尔的《形而上学导论》开篇就说，西方哲学的根本问题就是"究竟为什么在者在而无反倒不在？"①

同样的，很有意思，我们在这里也看到了光。但是光还有两种，一是黑夜之光，二是白昼之光。现在我们一一看来。在黑夜，"沧海月明珠有泪"，我们都知道，海上是什么样子？水天一色。月光是从哪儿来的？反射太阳光②。当然这里还有一个典故，我们可以看《博物志·异人》：

南海外有鲛人，水居如鱼，不废织绩，其眼能泣珠。③

"珠有泪"是什么典故呢？有一种鱼，就是美人鱼，它流出的眼泪都化作珍珠，那它流出来的到底是眼泪还是珍珠？这一切都是似是而非的。就是说在沧海月明的情况之下，我们能够认识现在的世界吗？我们所达到的都是一种似是而非，是海还是天？是月光还是阳光？你说它是人，它又是鱼；你说它是鱼，它又是人。你说它是眼泪，它又是珍珠；你说它是珍珠，它又是眼泪。到底什么是什么？不知道。

那么好，换一个环境，我们看白天。"蓝田日暖玉生烟"，当然这又是一个典故，司空图《司空表圣文集》卷三《与极浦书》引戴容州云：

---

① 〔德〕海德格尔：《形而上学导论》，王庆节译，商务印书馆，1996，第3页。

② 《续汉书·天文志》上："言其时星辰之变，表象之应，以显天戒，明王事焉。"刘昭《注》引张衡《灵宪》曰："夫日譬犹火，月譬犹水。火则外光，水则含景。故月光生于日之所照，魄生于日之所蔽。当日则光盈，就日则光尽也。"〔（南朝·宋）范晔：《后汉书》，中华书局，1965，第11册，第3125、3126页。〕可见东汉时即已知月映日光。

③ （西晋）张华：《博物志》，范宁：《博物志校证》，中华书局，1980，第24页。"眼"原作"眠"，据《校证》说改（第31页）。

诗家之景，如蓝田日暖，良玉生烟，可望而不可置于眉睫之前也。①

这个"眉睫之前"就是说你不能凑近了看，凑近了去看什么都没有。你只能远远看到。太阳在这里是什么？太阳是作为显现者出现的——它照亮黑暗，它去蔽，它使事情显现。但实际上显现者没有使事情显现，它只是使事情的遮蔽显现！"玉生烟"，这是遮蔽，而这烟是怎么来的？它是太阳晒出来的。所以，白天，在阳光之下，我们还是不能达到对事情的认识。怎么办？所以说"此情可待成追忆，只是当时已惘然。"

我们可以看一看，"此情可待成追忆"，这"此情"，就是"此情此景"。他为什么不说"此景"？这是律诗的平仄所规定的。"景"是一个仄声字，而这里要求一个平声字。"可待成追忆"，"可"是什么？就是可能，就是说在当时的情景有没有可能成为追忆呢？并且使他成为追忆的方式是什么？等待。等待又是什么？一般来说我们有一个等待者，或者按照西方哲学的说法，有一个主体。还有一个，你等待什么，就是客体。主体在等待客体或者说我们在等待什么——"等待"一语内在地包含着什么？我在等待，无疑就是我对于当下之物的否定。我在等一个人来，就是说在这儿的诸位都不是这个人。所以我才在等。这种否定如何可能？就在于我的内在标准的建立。我把所有的存在之物用这个标准进行区分，这才是我等的可能。但是，等又意味着什么？我没有任何主动的行为，我没有任何主动的行动。"等"区分于什么？我在等人，我站在这里等，像中国古代的那位女性，变成了望夫石②。她等自己的丈夫回来，等呀等等呀等，自己都变成了石头还在等。并且这石头使她的等待永恒，也就是说她等的人永远都不会来。于是"等"区分于"找"。孟姜女的故事是去万里寻夫，去寻找③。

---

① （唐）司空图：《司空表圣文集》，载张元济编《续古逸丛书》，江苏古籍出版社，2001年，第4册，第539页。

② 《太平御览》卷四四〇引刘义庆《幽明录》曰："武昌阳新县北山上有望夫石，状若人立者。传云，昔有贞妇，其夫从役，远赴国难。妇携弱子饯送此山，立望而死，形化为石。"（中华书局，1960，第2册，第2025页。）

③ 参顾颉刚《孟姜女故事研究集》，上海古籍出版社，1984；黄瑞旗《孟姜女故事研究》，中国人民大学出版社，2003。

如果从女性文学的角度来说的话，在这一方面写得最好的，最具有哲学意味的是清朝陈端生的一部长篇弹词《再生缘》①。国学大师陈寅恪、郭沫若晚年都花费相当精力在这部弹词上。黄梅戏"孟丽君"就是根据《再生缘》改编的。孟丽君既不是等也不是找，而是直接去建立一个人。她是通过自己的主动争取来达到自己的幸福。她不只为个人的爱情，还保家卫国。于是这也是对于人自身的建立。她不再像"望夫石"和"孟姜女"那样以男性为自身存在的根据，虽然那有一块爱情的遮羞布——或者套用马克思的话说，"温情脉脉的面纱"，而是勇敢地掀开那块破布，用自己的智慧和才能，去建立新的国、新的家、新的人，以及新的自我。这里没有"诺拉出走以后"，这里实现了女性与男性的平等。

接下来我们还是来回答"等"，也就是说"此情可待成追忆"。在等待之中，我们保持自身的宁静，让时间的流逝使之成为可忆之情。这就是"此情可待成追忆"。有古典文学研究专家，例如南京大学的程千帆先生，在给这首诗加标点的时候，是在"此情可待成追忆"的后面打一个问号，把这一句作为问句②。为什么会可能？什么时候可能？可是，问题自身是什么？讨论这之前，我们有两点基本认识作为我们讨论的前提。第一点，任何一个问题必须用语言表述出来。即任一问题首先必须是一个语言陈述。第二点，作为一个问题它必须陈述无知，这个语言表述的内容必须是无知。无知又如何可能？比如说，我现在问，他叫什么名字。这是一个问题，它表达了我的无知：我不知道他的名字是什么。但是我这个问题有一个前提，他作为生活在社会上的人，必定有名字。这就是说，我的无知，是基于有知而得来的无知。所以作为问题，并不是单纯的无知，并不是完全彻底的无知，它必须基于有知，是基于有知的无知。因此，我们就必须对于什么是有知、什么是无知有清楚的认识。于是问题也就是关于无知的知识。所以在科学研究当中提出问题往往比解决问题重要。作为问题，实质上就是我们知识的边界，而我们的知识就是我们理性的边界，所以真正的问题就

---

① （清）陈端生：《再生缘》，北京古籍出版社，2002。

② 程千帆：《李商隐〈锦瑟〉诗张〈笺〉补正》，载程千帆《古诗考索》，莫砺锋编《程千帆全集》，河北教育出版社，2000，第八卷，第328页；程千帆：《古诗今选》（下），《程千帆全集》第十一卷，第150页。

是作为人自身的边界。大家都知道苏格拉底的提问。苏格拉底的辩证法同我们现在通常说的马克思主义辩证法，即同形而上学对立的辩证法不同。他是通过提出问题，揭示对方知识中间的矛盾，来达到对于无知的认识。所以苏格拉底并不认为自己拥有绝对真理，他也从来不试图在讨论中得出终极答案。我们现在的辩证法是说通过揭示事物的内在矛盾来认识事物的本质。在古希腊神话里所有的光都是来源于太阳，因为人类的火也是从太阳上盗来的。所以太阳神阿波罗掌握的是光，也就是对于事物的认识的可能性。在德尔菲的阿波罗神庙的墙壁上有一行字，在古希腊的文化当中，在西方哲学当中是非常著名的，就是"认识你自己"。在此，"认识你自己"，是作为神对人的言说。他所说的就是，作为一个人你要认识你自己。由此认识实现区分。与谁相区分？与神相区分，就是作为一个人，你不是神。在古希腊作为凡人所能达到的最高境界是什么？半人半神。从来没有一个人，作为人而直接成为神。那是他死后的事，达到人的终结以后的事。这不同于中国道教的白日飞仙，凡人可以直接成为神仙。所以，在神谕里，就是人要认识自身的边界，此中包括了西方哲学的整个框架，就是对于存在者的区分。无生命物质与生命体的区分在于是否具有生命。生物体内部的区分，即植物与动物的区分是什么？运动。动物与人有什么区分？目的。人是具有目的的，而动物是无目的的合目的性。它意识不到自身的目的，但它的活动却合乎上帝的目的。人与神的区分是什么？人的目的在自身之外，所以我们要去追求。而神的目的在自身之内，神自身就是目的，神自身就是自身存在的根据。所以古希腊的学说主要是区分为物理学、数学和神学。物理学是研究不变的——我们得出了一条定律，就应该说是永远不变的，否则就不是一条物理学的定律了。而数学是研究变的，研究数字系统的转换规律。最后是神学，研究不变之变者，就是以神为目的。人与神相区分就是人对于自身边界的认识。所以在古希腊神话中，但凡人与神作战，神要让人知道自己是凡人，他用什么方式？阿喀琉斯是古希腊最伟大的英雄，当他与太阳神作战的时候，他得到了什么？死亡。① 小时候看斯

---

① 〔德〕斯威布：《古希腊神话与传说》，高中甫等译，北京燕山出版社，2002，第 364 ~ 365 页。

威布《古希腊神话与传说》，女神勒托生有阿波罗和阿耳忒弥斯这一双儿女，底比斯王后尼俄柏向她炫耀自己的儿女是她的七倍，于是阿波罗和阿耳忒弥斯便杀死了尼俄柏的十四个儿女。① 以前一直觉得神怎么能这么残忍，现在我开始理解其中的哲学或者说神学意义了。你的死亡就达到你的边界，当你达到你的边界的时候你就知道你不是神，你无法与神对抗。当然了，有学者论证说，"认识你自己"一语来源于奥尔弗斯教的一句箴言，是他们教徒之间见面的问候语："记住你一定要死。"② 而"认识你自己"到了苏格拉底那里成了他的一句口头禅，他提问的时候常说的一句话是什么？"自知其无知。"③ 这就是说，认识你的边界，这个边界就是你与神的区分。现在我们可以回到"问题"来了，我们达到了追忆的边界："此情可待成追忆？"它内在地包含对于"追忆"之可能性的反思，也就是内在地包含对着于"追忆"的否定。

于是，"只是当时已惘然"。"当时"是哪个当时？就是我在认识的当时。在当时"惘然"，已经无法认识。而当时就是追忆的开端，追忆成为可能就在于我们达到了对当时的认识。我们对于以前的事常常说记不清。记不清是什么意思？我当时还是看清楚了，只不过现在忘掉了。但是如果当时都没看清楚你怎么办？那还存在追忆吗？你可能怀念一个你从来都没见过的人吗？因为当时的情景就是追忆的可能性，也就是追忆的开端。

于是，我们达到了此诗的主旨。我认为这首诗的主旨就是，追忆无端。作为追忆，没有开端。因而追忆不可能。但不可能性却是现实性的敞开，因为现实性的实现正是对于可能性的否定。于是不可能性就是最大的可能性。于是追忆得以实现自身为追忆，但这追忆并无外在于自身的事情，亦即追忆实现自身为对于自身的追忆。于是《锦瑟》便成为追忆对于追忆的追忆。

① 〔德〕斯威布：《古希腊神话与传说》，高中甫等译，北京燕山出版社，2002，第50～54页。

② 〔德〕云格尔：《死论》，林克译，生活·读书·新知三联书店，1995，第44～45页。

③ 〔古希腊〕柏拉图：《申辩篇》，载王晓朝译《柏拉图全集》第1册，人民出版社，2002，第6～9页。

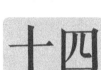

十四

欲为奴才而不可得

——鲁迅《祝福》与国民性批判

"欲为奴才而不可得"，"欲"，一般来说，就是欲望、愿望。实际上，在古汉语中，对于这二者是不进行任何区分的。但是在这里，我们有必要对此进行区分。也就是说，"我想要"，这可以作为欲的一个基本意义，但是我为什么想要和我究竟想要什么，可以导致对于"想要"的区分。简单地说，我们可以说"欲望"是导源于现实的需求，这需求直接来源于我们感官的感觉，这感官的感觉源于外物的物质刺激，这刺激导致我们感受到一种需要的产生，这需要直接形成我们的欲望：所以这欲望是被外物所规定的欲望，我们可以称之为"物欲"。而"愿望"则可以区分于"欲望"。我们产生愿望，这愿望促使我们去实现它，而这过程，作为一个过程，它仅仅是一种行为，这行为自身如何来实现我们的愿望？我们需要对与愿望相关的各种行为进行区分。如何区分？如果没有一个标准来区分，我们只能说这个行为是一种无规则的任意行为，也就无法说它是在实现愿望。这个行为要成为一个有箭头的行为，就要对这个箭头的方向进行规定。这规定，就是这箭头运行的目的，于是目的就成为判断各种行为的标准，我们也可以简单地称之为"目标"——当然，在古汉语里，目和标是同一个意思，在这里我们借用它作一种另外的区分——于是行为指向我们的目标，这就显现为前进，对于愿望来说它就是实现；如果行为逆向于这个目标的话，那么它就是后退，或者说是我们愿望实现的不可能性的增加。当愿望实现了，目标达到了，比如我们今天晚上去听讲座，来到教室的过程我们可以称之为前进，你来到这里之后，即便你还在走动，也不能再称为前进。当我们的前进到达了目的之后，就实现了这种前进，它存在的意义和价值也就自然消亡，于是前进显现自身为悖论：前进在自身的实现中消亡。同样，依赖于这种前进而实现自身的愿望，它最终也在自身的实现中消亡了。在此，我们必须具备的一个概念就是"目的"。人的愿望作为目的去规定行为的价值，如果我们把人的一生作为某种行为，来实现我们一生的愿望的时候，那么目的就规定了你这个人作为人在世界上生存的价值。

十四　鲁迅《祝福》与国民性批判

我们可以看到，祥林嫂的人生愿望是成为一个好奴才。

鲁迅的小说，我们可以把某几篇对照着读。欲为奴才而不可得的是祥林嫂①，奴才的反面无疑是主子。在鲁迅的小说中，是谁一辈子想做主子而没有做成？孔乙己②。孔乙己一生欲为主子而不可得。大家也许会对孔乙己产生讥笑、嘲讽，甚至鲁迅的《孔乙己》这部小说，全文也是以那个咸亨酒店的小伙计的视角来叙述的，这个小伙计也是对孔乙己带有嘲讽的口吻。但是作为鲁迅个人来说，他对孔乙己还是有同情的一面，哀其不幸，怒其不争。孔乙己之所以还值得他拿出来作为一个主人公来描写，就在于他也有自己与众不同的品质。这种品质的全部价值，就在于他不甘于做一个庸人。鲁迅一生最痛恨那种庸人，也就是旁观者。大家可以看到他在《野草》中就拼命地嘲弄这种旁观者。一个男人、一个女人站在那里，大家来看，看了很久，可那两个人什么也没有做，这些人只有悻悻地，没有办法，可谓极尽地对这种旁观者、庸人的嘲讽之情③。我们还可以再举两篇，一是《药》④，一是《狂人日记》⑤。在《药》和《狂人日记》中我们也可以看到鲁迅对庸人的态度：《狂人日记》可以说是先觉者眼中的庸人。整个日记是用狂人的视角来写的，写狂人眼中的这个世界，这个世界不是由其他组成的，而是这些人，这些人实际上全是庸人，庸人所组成的世界。他们对狂人进行扼杀，让狂人感觉到自己就要被吃，从而发现中国数千年的历史全是吃人。另一篇《药》，可以说通篇没有出现对夏瑜的直接描写，哪怕他说的那句话，也是从牢头阿义口中转述出来的，而且是以一种极端嘲讽的甚至是岂有此理的口吻，竟然说大清的天下是咱们大家的——这就是庸人眼中的先觉者，整个夏瑜的形象就是通过这些庸人去描述的。唯一的一个正面描述的场景，只有行刑那一段，也没有写到夏瑜，而只是写这

---

① 鲁迅：《彷徨·祝福》，载《鲁迅全集》第 2 卷，人民文学出版社，1981，第 5 ~ 21 页。本文所引《祝福》皆见于此，不再一一注明。

② 鲁迅：《呐喊·孔乙己》，载《鲁迅全集》第 1 卷，人民文学出版社，1981，第 434 ~438 页。

③ 鲁迅：《野草·复仇》，载《鲁迅全集》第 2 卷，人民文学出版社，1981，第 172 ~ 173 页。

④ 鲁迅：《呐喊·药》，载《鲁迅全集》第 1 卷，人民文学出版社，1981，第 440 ~449 页。

⑤ 鲁迅：《呐喊·狂人日记》，载《鲁迅全集》第 1 卷，人民文学出版社，1981，第 422 ~432 页。

些庸人的旁观，他们一个个伸长了脖子。

现在重新回到我们的主题。我们的祥林嫂是欲为奴才而不可得，孔乙己是欲为主子而不可得。实际上，这也正是鲁迅所批判的中国人的国民性，也就是中国人的主奴性。当时在上海，西方人的摄影术发明之后，中国人本来是怕拍照的，怕人的魂给带跑了，但有些人是胆大的，有些出过国的，有人去拍，久而久之，大家就开始在照片上玩起了花样。其中有一种花样，当时在报刊上面登出来，就是所谓"求己图"。就是说都是自己，拍两张照片，经过技术处理之后，把它叠压成一张照片，就成了一张照片上有两个自己，"一个自己傲然地坐着，一个自己卑劣可怜地，向了坐着的那一个自己跪着"①。跪着求谁？就是求自己，这就是"求己图"，求自己的图。鲁迅就说，这一张照片充分揭示了中国人的国民性，也就是主奴性。一个人，他在世上的地位和价值只有两种，一个是主子，一个是奴才，没有超越于主子与奴才之上的独立人格。孔乙己是奴才的地位，却一心不愿做奴才，一心想做主子；祥林嫂就不同了，她实际上是生就的奴才地位，但她还在追求做一个好的奴才。这也正是鲁迅说的，中国古代的历史，说盛世，说乱世，比如说唐朝，贞观之治算是盛世，安史之乱算是乱世，整个中国的历史就是治和乱的循环。这种"'先儒'之所谓'一治一乱'"，鲁迅"有更直捷了当的说法"——"一，想做奴隶而不得的时代；二，暂时做稳了奴隶的时代。"② 就是所有中国人，你做稳了奴才，大家平平安安过日子，这就是盛世。兵荒马乱、打打杀杀，你就是安安心心地想跟人做牛做马，都做不到，这就是乱世。然而我们在《祝福》里看不到世道的治乱，有的只是祥林嫂她是否做稳了奴才。作为祥林嫂这种愿望的实现，基于什么，基于她对自我的认识。就是说，你能期待什么，基于自己是什么，你不可能期待你所不是的，这是祥林嫂对自我的定位，也造成了她命运的悲剧。一般来说，西方的悲剧，像《俄狄浦斯王》是命运悲剧，《麦克白斯》是性格悲剧，以后的，特别是祥林嫂这种我们一般把它归结为社会悲剧，就是说由社会制度造成的悲剧。但是在鲁迅的作品里，这种社会悲剧是作为一

---

① 鲁迅：《坟·论照相之类》，载《鲁迅全集》第 1 卷，人民文学出版社，1981，第 184 页。

② 鲁迅：《坟·灯下漫笔》，载《鲁迅全集》第 1 卷，人民文学出版社，1981，第 213 页。

种命运悲剧来写的。就是说，祥林嫂所面对的是社会制度所凝结成的不可抗拒的命运。而在这命运中祥林嫂对自己的认识就是做一个好奴才。

我们怎么来定义它？我们要达到对祥林嫂的认识，我们就必须知道什么是一个好奴才。我们可以把祥林嫂和 Stanley Kubrick 导演的电影《斯巴达克斯》中斯巴达克斯形象进行对比。不过电影中的斯巴达克斯和历史上的斯巴达克斯是有区别的。当然也是色雷斯人。历史上的斯巴达克斯曾经被招募进罗马军队成为雇佣兵，然后打过仗，负过伤，开过小差，被抓起来，最后由于他的不断反抗，被卖作奴隶，成了一名角斗士。其实有很多色雷斯人都是角斗士，色雷斯人的历史相当悠久。《斯巴达克斯》这部电影把斯巴达克斯说成一个生就的奴隶，说他的祖父、他的父母都是奴隶，但这是一个不安分的奴隶，他时时刻刻都在反抗。电影的一开头就是他与监工打架，把监工的脚筋都咬断了。就因为这一点就被角斗学校的人看中了，把他弄去做了一名角斗士。作为一个大范畴的奴，包含着人身自由的丧失和对自身命运的无能为力。但是，奴才和奴隶，鲁迅曾做过区分："一个活人，当然是总想活下去的，就是真正老牌的奴隶，也还在打熬着要活下去。然而自己明知道是奴隶，打熬着，并且不平着，挣扎着，一面'意图'挣脱以至实行挣脱的，即使暂时失败，还是套上了镣铐罢，他却不过是单的奴隶。如果从奴隶生活中寻出'美'来，赞叹，抚摩，陶醉，那可简直是万劫不复的奴才了，他使自己和别人永远安住于这生活。就因为奴群中有这一点差别，所以使社会有平安和不安的差别，而在文学上，就分明的显现了麻醉的和战斗的的不同。"[1] 民国年间，著名史学家陈垣先生考证，奴才这个词是北方少数民族骂人的话，当时各少数民族之间的混战，导致战败的异族被抓来做奴隶，在各民族的社会史上都能看到这种情景[2]。像希腊的那种野蛮人和文明人的区分，亚里士多德就明确地说，野蛮人就

---

[1] 鲁迅：《南腔北调集·漫与》，载《鲁迅全集》第 4 卷，人民文学出版社，1981，第 588 页。

[2] 陈垣：《释奴才》，载《陈垣集》，中国社会科学出版社，2000，第 402 ~ 405 页。有趣的是，陈先生此文中说，清代满大臣奏折称奴才，汉大臣称臣，满汉大臣会衔皆称臣。"与汉大臣会衔，何必不称奴才乎？不与（与，许也）汉人之为奴才也。汉人求为奴才且不可得乎！"

是给希腊人这种文明人为奴的，他就应该为奴。而奴隶就只是一种身份的标志，我们在这里对奴隶和奴才的区分标准，就是他心中是否还有自由和平等，是否还有着对于自身作为人的希望和努力。斯巴达克斯正是有着对自由的追求，所以他能够带动其他的奴隶也起来争取自由。电影里最感人的一段，是斯巴达克斯战败之后，六千名奴隶被围困在一座山上，已经被缴了械，坐在山坡上。这时克拉苏让人传令，说我可以给你们自由，但是你们必须交出一个人来，就是斯巴达克斯。于是斯巴达克斯站起来说，我就是斯巴达克斯。但同时其他的奴隶们也纷纷站起来说，我是斯巴达克斯。这样的呼声在山冈上此起彼伏，连绵不断。最后克拉苏没有办法，只好把这六千名奴隶全部钉死。他们说"我是斯巴达克斯"，从剧情来看，是为了保护他们的领袖；但如果从我们现在的哲学来看，这恰恰是奴隶对于自身命运的决定。就是说，现在我可以自己把握自身的命运，而不由任何其他的人来决定。于是，我站起来说我是斯巴达克斯，的确，我这样说的时候是选择了死亡，但这死亡作为我的命运恰恰是我自觉的选择。我的命运有生以来第一次不再掌握在其他人的手里，而由我自己来选择。所以这死亡是作为人对于自身的建立，人在死亡中达到了自身的自由。这自由值得用我的生命来换取。但我们的祥林嫂不是这样。她正是要扼杀自己的一切独立性，消灭自己的一切自由，放弃一切可能给自己的平等，做一个好奴才。难道在她看来还有一个比人格更高的价值吗？有。就是生命继续存在，活下去。

我们再来看祥林嫂的生平经历。祥林嫂叫什么名字？你会说叫祥林嫂，但这是她的名字吗？这只是一个称呼。这个称呼，不是说她是谁，而是说她相对于他者是谁。这个称呼只表明她的丈夫叫祥林，从她丈夫与他人的关系来说，叫她祥林嫂。还可以再进一步推测，祥林嫂的推荐人卫婆子，她的家在卫家村那边，所以可以推测，她姓卫。实际上，这也不是祥林嫂的姓，而是她婆家的姓，也就是她丈夫姓卫。至于她是谁，不知道。再一个，祥林嫂的出场。小说中她有两次出场，第一次是在"我"面前的出场，她是以乞丐的身份出现的，这是文本中的出场。第二次出场，是在四叔家的出场，是作为一个丧夫的寡妇到别人家做佣人出场的，这是祥林嫂故事的开始。作为故事的叙述，我们姑且可以从这里开始：一开始祥林嫂就是以一种悲惨的命运站在我们面前。整个故事，没有谈到祥林嫂的娘家人，与她有血缘的、与她血肉相连的家里人，一个也没有。从她同前夫的关系来看，她比她丈夫大十岁，而她丈夫死的时候，才十六七岁。如果他们成亲还有几年的话，那她丈夫是个什么年纪？而祥林嫂又是个什么年纪？所以祥林嫂很可能是卖给她第一个丈夫家的童养媳。这当然是一种推测，但还只是种一般性的推测。如果让鲁迅来写，他可能给你讲述一个更悲惨的故事。她一出场，鲁迅就给她做了手术：相对于一般人来说，她没有娘家人，没有任何血缘上的亲戚，以后她有了个儿子阿毛，这次她仍然是奴隶，但是有一层温情脉脉的面纱，至少她不是女佣，但实际上她还是奴才。所以祥林嫂一出场就是一个质朴的奴才，一个纯粹的奴才，一个有着最高奴才道德的奴才，一个没有任何遮掩的奴才，一个一心想做个好奴才的奴才。而祥林嫂对于这样一种没有遮掩的奴才，却过得十分地惬意，脸也红了，人也胖了，生活得很好，干活也非常卖力，一个人当几个人用，以至于鲁四老爷家过年都不要请帮工，真是创造了人间奇迹。

但她平静的生活被打破了，这个打破我们可以作一个推测，祥林嫂是冬初到鲁家来的，丈夫死了半年，然后到鲁家来，是冬初来的。到过年，这都用的是旧历，也就是待了两三个月，到新年刚过没多久，她就被婆家给抓了回去。祥林嫂为什么会到鲁镇来？很简单，因为她已经察觉到她的婆婆要把她卖掉，所以她要逃，但她的这种逃又显示出她极端的幼稚。她要逃，却去找她婆家的邻居给她介绍工作，那么她为什么过了年就被抓了回去？你从卫婆子叙述祥林嫂被卖的经历——她是回家过了个年，然后打听到祥林嫂被卖到山里的情形——这就很简单了，祥林嫂的婆家之所以可以到这里来抓她，就是卫婆子回去过年，把祥林嫂的行踪告诉给了她的婆家。所以，浩浩荡荡的大军驾着船，把祥林嫂给抓回去了。这里最卖力的就是她的小叔子，因为他有所求，卖了他的嫂子，就能给他娶媳妇。所以他一直把祥林嫂送去拜堂。但是，在这里，我们可以看到祥林嫂发生了一次大的奴才暴动。她闹了一次起义，但是这次起义没有什么伤亡，除了她自己。她这一次，就像卫老婆子所说的，这个闹总是有的，哭喊的、闹着上吊的、要跳水的，这样的人他们也见多了，但是唯独祥林嫂这次闹得太出格了，竟然对着桌子的角，狠命地撞了过去，脑袋上撞了一个大窟窿，别人马上往她脑袋上抹香灰，但她还在哭喊，还在闹。可见祥林嫂是发了狠了，她是真想寻死，而不是简单的示威，不然她可以往平面上撞，不用往桌子角上撞。为什么要寻死？她为什么要这么激烈地反抗？这就是她对于自身命运的恐惧。她不想再做一个男人的奴才，她恐惧。我们也可以由此推想她第一个丈夫和婆家给她留下了怎样的心灵创伤。但是，她生了孩子，男人也很能干，日子过得很好。然后我们可以看到，祥林嫂又一次做稳了奴才。但她付出了巨大的代价，就是一个女人的贞操。其实，现在一个女人丈夫死了再嫁，是很平常的事，但祥林嫂却付出了沉重的代价。贞操之所以是一种代价，是时代使它成为一种代价。大家要说了，鲁迅发表这篇小说的时间是1924年，新文化运动已经发生了好些年了，还那么封建吗？其实鲁迅在小说背景的设置上早把宋明理学安插了进来。请看，"我"开始到鲁四老爷即四叔家里头，四叔的那个房间，屋里有副对联，对联只剩下了一边，这边写的是"事理通达心气和平"，这句话出自朱熹的《四书章句集注》①。鲁迅就用朱熹这句话来表明鲁四老爷家这种沉浸于宋明理学的氛围。但对联只剩下了一边，又可见出他们是多伪善呀！这种理学用清代思想家戴震的话来说，就是"以理杀人"②，"人死于法，犹有怜之者；死于理，其谁怜之！"③ 有个人犯了罪，被判了死刑，我们说很可惜。但是在当时的条件下，祥林嫂竟然不守妇道，嫁了两个男人，该死！而且，祥林嫂还留下了她耻辱的标记，就是她额头上的疤。古代妇女，在家从父，出嫁从夫，夫死从子，她死了第二个丈夫就是她受到的又一个重大的打击。但是事情还没有到不可收拾的地步，她还有个儿子。阿毛是她的儿子，表面上归她管，她要他在门口剥豆，他就在门口剥豆。但再一次的打击出现了，祥林嫂本来还可以守着，但儿子死了之后，大伯就来收了房子，把她赶了出去。这样看来，阿毛就是祥林嫂的主子。读到这一点，我们用一句不太恭敬的话说，鲁迅真的是很恶毒，他用人类有史以来最为残酷的方式杀死了这个孩子。他有一个细节的描述，阿毛的鞋子挂在树枝上，人躺在

① （宋）朱熹：《四书章句集注》，中华书局，1983，第173～174页。
② （清）戴震：《与某书》，载《戴震全集》第1卷，清华大学出版社，1991，第212页。
③ （清）戴震：《孟子字义疏证》，载《戴震全集》第1卷，清华大学出版社，1991，第161页。

十四 欲为奴才而不可得 鲁迅《祝福》与国民性批判

草丛里，肚子都被吃空了——这个情节本来可以不写出来，他却用极其简洁的手笔，极其心狠手辣地把阿毛死的惨状描写出来。这只狼是谁？这只狼只是一个动物，祥林嫂面对的是无数只狼。吃人是在鲁迅小说中一直盘旋的幽灵：有直接的吃人，有隐喻的吃人，还有思想上的吃人。在鲁迅第一篇白话小说《狂人日记》里，鲁迅要救救孩子，孩子是未来的希望。但是几年之后，鲁迅就如此恶毒地把一个几岁的孩子让狼这样吃掉了，这说明什么？这说明鲁迅内心的一种绝望，没有出路。

祥林嫂带着最大的痛苦和恐惧，回到了鲁镇。她能想到鲁镇、鲁镇能记起她，把祥林嫂和鲁镇联系起来的只有一种关系，就是主和奴——四叔和他的夫人之所以还能够想到世上还有个祥林嫂，是他家没有奴才，或者是没有好奴才；祥林嫂之所以惦念着鲁镇的鲁四老爷家，就在于只有在那里她才做稳了奴才。于是，我们在这里看到了鲁四老爷的虚伪，他一方面要这样一个奴才帮她做事，另一方面又抱着那种理学的思想，认为祥林嫂是个不洁的女人，不能够让她来操持圣洁的事情，不能让她沾边。但这恰恰暴露了他的恐惧：祥林嫂并不仅仅是一个奴才，她首先是一个人。祥林嫂的愿望似乎实现了，但是这种似乎的实现却带来了更大的恐惧。从这里我们看到祥林嫂的愿望，她不是低头干活就完了，她还有自身作为人的要求，要求显现在哪里？我们可以看到小说后半部全部的焦点集中到祥林嫂是否可以参与祭祖，帮祭祖做些事情。我们从这一点可以看到祥林嫂作为一个人的最低要求，她不同于一个动物，一台机器，就在于她要求自己能够参与祭祖，哪怕那不是她的祭祖，哪怕她在祭祖里面只是做一个奴才应当做的事，但她要求自己所做的奴才是完整的，是一个有灵魂的人在做奴才，是有未来可以得救的奴才。这就是说，她自己也要能接近神，为此她不惜一切代价。在《故乡》里，我们读到闰土到"我"家来时，"我母亲"和"我"都要他想拿什么就拿什么，闰土"拣好了几件东西：两条长桌，四个椅子，一副香炉和烛台，一杆台秤。他又要所有的草灰"①。当然，这显示了闰土的朴实，为此鲁迅特意描写了一个"豆腐西施"杨二嫂，来和闰土作对比。但是我们还要问，闰土为什么只要这几样？其实这是点睛之

---

① 鲁迅：《呐喊·故乡》，载《鲁迅全集》第1卷，人民文学出版社，1981，第483页。

笔，尤其是香炉和烛台、草灰。它充分揭示了闰土的人生理想和人生信仰。草木灰象征着闰土的辛勤劳作，香炉和烛台象征着闰土对神的虔诚。闰土正是希望依靠这两者来改变自己的命运，过上好日子。其实祥林嫂也一样。但就是这一点要求，鲁迅也无情地把它消灭掉：四婶赶紧叫住她，叫她放手，当她要为祭祖帮忙的时候。于是她连香炉都没有帮忙抬，讪讪地走开了，从此她就失去了平日的神采。但是厄运还没有终结，神不单是没有亲近她，甚至还要泯灭她的一切希望，并给她带来无边的恐惧。这恐惧是和希望的泯灭一起到来的——在阴间，她的两个丈夫要争夺她，而这争夺将导致阎王把她锯成两半。这样的恐惧最终毁了祥林嫂。这恐惧意味着什么？她死了之后她的鬼魂要被两个丈夫争夺而被锯成两半，也就是说不但她活着的时候不能做一个好奴才，即使在她死后，她的鬼魂竟然也是欲为奴才而不可得！如果她只有一个丈夫，那么她死后还可以继续给这个丈夫做奴才，这就完了。但是她有两个丈夫，要把她锯掉，因此她在阴间都无法做成奴才，这是最为彻底的绝望。当一个人在世上的一切希望都灭绝的时候，他至少还能寄希望于来世，至少他还有死后的安宁。一般说来，我们会理所当然地认为这是任何力量也不能剥夺的。但是由于神的惩罚，祥林嫂连来世的希望都没有，不要说来世，连鬼魂的安宁都没有了。她所有的希望、所有的可能性，不管是在尘世的还是在阴间的，无论是今生的还是来世的，都已彻底灭绝。这也是鲁迅对祥林嫂下的最后的毒手，这也正是基于祥林嫂最终对自己人格的抛弃，所必须付出的代价——她的一切，从肉体到灵魂。但这样的代价换来却是彻底的绝望。于是祥林嫂死了。她是在身体的极度痛苦与灵魂的极度恐惧中死去的。作为死亡，苏格拉底的死是承担，孔子的死是安息，诸葛亮的死是遗憾，希特勒的死是逃避，东条英机的死是惩罚。可祥林嫂的死却什么也不是，也就是说，她的死没有形成任何价值，没有构成任何意义，她的死是最后一丝希望彻底破灭的产物，这产物使她的一切恐惧成为现实。

现在，我们可以回头看看这个社会和祥林嫂的关系，实际上我们也能看到鲁迅的毒手。法国的格雷马斯说，一般的故事（叙事）的基本结构是，一个主人公有一个行动，这个行动向一个目标努力，这时就出来两类人，一类人是帮助者，一类人是反对者。他说作为一般的叙事模式就是这样①。但是由这种叙事模式来看，在鲁迅的小说里，往往缺乏帮助者。我们可以看到，像孔乙己，像《药》里面的夏瑜，是没有一个帮助者的。夏瑜的母亲为他做的一切就是变卖所有家产，以保留他的尸首拿去埋葬，所以可以看出鲁迅对夏瑜比对祥林嫂要好多了。我们也可以看到，在《祝福》里，祥林嫂有许多帮助者，比如卫老婆子帮她介绍工作，但这种介绍是帮助她逃跑，结果是她做稳了奴才，但是同样是卫老婆子却泄露了她的行踪，导致她受到更残酷的惩罚，被卖到山里去，得了钱。她的小叔子这些人帮她拜了堂，帮助她找到了第二个主子。阿毛被狼叼走之后，村里人去帮她找，最后找到了阿毛的尸体——这种帮助者说句老实话还不如不帮，如果她没有找到儿子的尸体，没有发现那悲惨的场景的话，她后来的命运至少在她心中没有那么悲惨。如果她到鲁镇去说，我儿子丢了，现在还没找到，能够赚到眼泪吗②？柳妈帮她出主意，最后导致她人格的彻底毁灭，就是成为千人踩万人跨的门槛：不是没有帮助者，但全是虚假的帮助者，每一种帮助都导致祥林嫂命运更加悲惨。

我们再看，祥林嫂要成为奴才，她是谁的奴才？她是她第一个丈夫的奴才，是她第一个婆婆的奴才，是鲁四老爷家的奴才，是她第二个丈夫的奴才，是她儿子的奴才，是鲁镇的奴才，是所有人的奴才，还有呢？我们可以进一步看，虽然已经民国多年了，鲁镇还是一个原始的、传统的社会。鲁镇仍然有君权，鲁迅在《祝福》里开头就点出了皇帝的存在，鲁四老爷和叙述者"我"谈话，开口就骂新党，"我"知道他骂的不是我，而是康有为。但是终究是没趣的人，于是聊了两句我就走了。骂康有为，康有为何许人也，也值得骂？新党？新党和康有为能够联系上只有在戊戌变法的时候，到了民国他是属于旧党，是保皇党，1917 年张勋复辟，他还去参加了的。所以在这里，在鲁四老爷的心目中，皇权是至尊无上的，不能有丝毫的损害，乃至于像康有为这种搞维新、改革、主张君主立宪都是对皇权

---

① 〔法〕格雷马斯：《结构语义学》，蒋梓桦译，百花文艺出版社，2001，第 257~264 页。

② 鲁迅对于祥林嫂的诉苦实则极为蔑视。《野草·聪明人和傻子和奴才》："奴才总不过是寻人诉苦。只要这样，也只能这样。"载《鲁迅全集》第 2 卷，人民文学出版社，1981，第 216 页。

的损害，这种人应该骂他一百年，一万年，所以鲁镇里是有皇帝的。有神权，很简单，比如说，祥林嫂捐的门槛在土地庙里面，像柳妈这种人是念佛吃斋的，包括来听祥林嫂阿毛故事的人，都有些念佛做善事的老太太。鲁镇里面信佛做善事的人何其多也，而祥林嫂的命运又何其惨也！有族权，她没有娘家，但她的每一次婚姻都是一次出卖，是贩卖，每一次都是夫家的附属品，是奴才，他们可以把她再一次地贩卖，她就是一个物品，像一条狗，像一头猪。还有夫权，她是她丈夫的奴才，实际上，她还是她儿子的奴才。鲁迅为什么要用一个女性来作为她的主人公？就在于，鲁镇里任何一个人都是奴才，他是族的奴才，他是君的奴才，他是神的奴才，然而只要他是一个男人，"无须担心的，有比他更卑的妻，更弱的子在"①。所以为什么要用一个女性来做主人公？因为她是社会最底层的，她的下面再没有任何人，她是一个纯粹的奴才，她是奴才的奴才的奴才，一个最为彻底的奴才，然而也是最没有做成奴才的奴才。祥林嫂拥有中华民族的一切优秀美德，勤劳、努力、善良、老实，等等，只要大家想得到的各种美德，祥林嫂全都具备。然而正如有人说，中国"地大物博，人口众多"，鲁迅评论道："倘是狮子，自夸怎样肥大是不妨事的，但如果是一口猪或一匹羊，肥大倒不是好兆头。"② 地大物博，长得壮，长得肥，要是一头狮子，那当然很好，可是你要是一头猪怎么办？那不就是任人宰割吗？而且还会有更多的人来宰你来吃你。祥林嫂也是，她拥有这么多美德，但当她把所有的美德都用来为成为一个奴才而努力奋斗的时候，这种命运何其可悲，何其可怜，何其可恨，更是何其可耻！祥林嫂可以说是中华文化史上最伟大的奴才，她这样锲而不舍，这样付出一切代价。最终通过她，我们可以看到当时中国人的劣根性所在。所以，对于鲁迅来说，祥林嫂的死，是一种毁灭、灭绝，没有做稳奴才的任何希望。也就是说，你们任何一个人不要再去想做奴才，我们必须彻底把祥林嫂这样的奴性灭绝掉。

祥林嫂死了。

祥林嫂必须死，因为中华民族必须生！

---

① 鲁迅：《坟·灯下漫笔》，载《鲁迅全集》第1卷，人民文学出版社，1981，第215页。

② 鲁迅：《准风月谈·黄祸》，载《鲁迅全集》第5卷，人民文学出版社，1981，第336页。

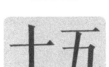

十五

爱的奉献

——张爱玲《色，戒》的政治哲学分析

《色，戒》是张爱玲最为喜爱的一部小说，她虽约在 1953 年就已草就全文，但经过近 30 年的不断修改，直到 1977 年才将之发表。1983 年，《色，戒》收入《惘然记》，张爱玲在"序"中写道：

> （《色，戒》等）这三个小故事都曾使我震动，因而甘心一遍遍改写这么些年，甚至于想起来只想到最初获得材料的惊喜，与改写的历程，一点都不觉得这期间三十年的时间过去了。爱就是不问值得不值得。

在我看来，《色，戒》这篇小说也就是对于爱的反思，探讨什么是爱。通常，我们说一个人爱不爱我，往往看他愿不愿意为我做奉献，他会不会在为我做事情的时候总是斤斤计较，问这样做值不值得。正如张爱玲所言，"爱就是不问值得不值得"，爱也就是心甘情愿，只问付出不问回报的纯粹的奉献。

当然，爱不仅仅限于男女之间的情爱。大而言之，比如说爱家乡、爱祖国、爱社会、爱人类，都可以称之为爱。而这一篇小说，实则混杂了两种爱，一是男女之爱，二是爱国。

人如何可能爱？或者换一句话说，爱有没有前提？我们常常忽略了这一点，尤其是当我们爱得死去活来的时候。在张爱玲看来，爱无疑是有前提的。这并不是说爱不是无缘无故的，而是说，只有人才能爱。为什么只有人才能爱？或者人如何才是一个人？《色，戒》中不露声色地对这一点进行了探讨。我们可以看易先生在处死王佳芝之后内心的辩白：

> 当然他也是不得已。日军宪兵队还在其次，周佛海自己也搞特工，视内政部为骈枝机关，正对他十分注目。一旦发现易公馆的上宾竟是刺客的眼线，成什么话，情报工作的首脑，这么胡涂还行？
>
> 现在不怕周找碴子了。如果说他杀之灭口，他也理直气壮：不过

是些学生，不像特务还可以留着慢慢地逼供，榨取情报。拖下去，外间知道的人多了，讲起来又是爱国的大学生暗杀汉奸，影响不好。

他对战局并不乐观。知道他将来怎样？得一知己，死而无憾。他觉得她的影子会永远依傍他，安慰他。虽然她恨他，她最后对他的感情强烈到是什么感情都不相干了，只是有感情。他们是原始的猎人与猎物的关系，虎与伥的关系，最终极的占有。她这才生是他的人，死是他的鬼。①

奇怪，易先生竟然在为自己杀王佳芝辩护！莫非他真爱她？我们可以不去管他辩护的究竟是一些什么内容，当然主要是从政治局势，从实际利益入手进行的。但是如果仅仅是政治局势、实际利益，易先生并没有必要在自己内心翻来覆去地想——他以实际利益杀的人还少吗？都要辩护一番，根本就不要活了——他应该早就麻木了。他之所以要颠来倒去地说这些东西，其实是为了安慰自己。为什么他需要安慰？因为杀了王佳芝之后他良心不安。所以，问题的奥妙不是在于他安慰自己，也不是在于他良心不安，而是易先生靠这安慰来发现自己还有良心。也就是说，他是用这安慰来表明自己是有良心的。正因为他有良心，所以对自己干的一切坏事都可以心安理得了。通过这安慰，他认为自己并非丧尽天良，因此可以在自我的良心的谴责 - 安慰当中，继续心安理得地活下去。

在这方面开掘得最深的，无疑是曹禺的《雷雨》。周朴园为什么要保留侍萍的房间 30 年？为什么总是要到侍萍的房间里去自责和反省？其实不是在于他有良心，而是在于他要用这个来证明自己有良心，不断地用这空洞的自责和反省来证明自己是一个有良心的人，从而可以继续心安理得地活下去，继续心安理得地造孽。而真正的侍萍没有死，并且在 30 年之后重新出现在他的眼前，真正地戳破了他的画皮，这才是故事的点睛之笔所在。

王佳芝确实是被杀掉了，所以易先生大可以良心安宁地继续活下去了。易先生找到了自己的良心，得以心安理得地活下去。在这里，鳄鱼泪也并

---

① 本篇引用张爱玲《色，戒》原文，皆据《色，戒》，限量特别版，皇冠文化出版有限公司，2007，《色，戒》见第 9 ~ 48 页，《色，戒》手稿影印见第 49 ~ 115 页，下不再注。

非全无益处。那么，王佳芝能不能找到自己的良心呢？这一点通常看来似乎是毫无问题的：一个爱国青年为了国家奉献了一切，难道我们能说她没有良心？然而恰恰就是这一点出了问题。

在爱国者看来，王佳芝应该天经地义地对易先生充满了愤恨与厌恶。然而张爱玲轻轻地告诉我们："事实是，每次跟老易在一起都像洗了个热水澡，把积郁都冲掉了，因为一切都有了个目的。"爱国志士怎可有这等感受?!

我们来看，在刺杀易先生的这一段，王佳芝首先是到咖啡馆中打电话，与自己的同学联系。按照约定的暗号，她先打了一下，然后铃声响了四次就挂断了，再拨，这一次有人接听，是邝裕民。于是她用广东话说道：

> "喂，二哥，这两天家里都好？"
> "好，都好。你呢。"
> "我今天去买东西，不过时间没一定。"
> "好，没关系。反正我们等你。你现在在哪里？"
> "在霞飞路。"
> "好，那么就是这样了。"

这一段对话是约定好的暗语，是以兄妹两人日常的对话为掩饰的特务接头暗语。看起来平淡无奇，但我们仔细来看，奥妙就在下面的几句。当邝裕民脱口而出讲"好，那么就是这样了"，张爱玲写道："片刻的沉默。"接下来是王佳芝的声音：

> "那没什么了？"她的手冰冷，对乡音感到一丝温暖与依恋。

我们听到的是王佳芝内心的孤独和凄凉，哪怕是特务接头的暗语，但它仍然是包裹着一层温情脉脉的面纱，是以家庭的日常语言作为特务接头的暗语。当然，王佳芝心里明明知道这是特务接头的暗语，并且话已说完，但是，她仍然依依不舍——对这样明知虚假的温情都如此地依恋和不舍。最后，当邝裕民讲了"好，那么就是这样了"，她沉默片刻之后，应该说是打破了特务的纪律，继续多问了一句："那没什么了？"这句话表明了她对这温情脉脉——哪怕只是表面的——强烈的渴望。张爱玲在这时候特意点出"对乡音感到一丝温暖与依恋",也就是说,邝裕民这个时候随便说几句,只要他用广东话,随便说什么都行,哪怕就再给她说两句话,让她能够感受到一丁点,即便是虚假的、明知虚假的人间温暖。然而,邝裕民仍然是冷冰冰地说道——"没什么了"。

可见王佳芝的内心是何等的凄凉、何等的无助、何等的孤寂。这几句问答虽然看起来平淡无奇,但是王佳芝的内心,真的是要让我们看着忍不住掉下泪来。李安导演的电影《色,戒》仅仅将这一段处理成特工接头,甚至让汤唯扮演的王佳芝在讲完了接头暗语之后,主动说出"那么就这样吧",可以说完全没有领会到张爱玲的用意所在。

接下来易先生来见她了。按照计划,王佳芝上了易先生的车,然后同易先生说她的耳环上掉了一颗小钻要拿去修。于是就把易先生赚到了预定的暗杀地点珠宝店。行文至此,王佳芝真是一名出色的特工,滴水不漏地完成了任务。然而此时,她的内心却是极度的凄苦——张爱玲看似漫不经心地写道:"她是最完全被动的"。

在店里王佳芝还当真"在手提袋里取出一只梨形红宝石耳坠子,上面碎钻拼成的叶子丢了一粒钻。'可以配。'那印度人看了说,她问了多少钱?几时有",这时候张爱玲漫不经心地插进了——"易先生便道:'问他有没有好点的戒指'"。王佳芝顿了一顿道:"干什么?"易先生笑道:"我们不是要买个戒指做纪念吗?就是钻戒好不好?要好点的。"显然易先生是进了珠宝店之后,临时起意想给王佳芝买个戒指做纪念,然而就是这个一点点的不经意,却开启了一扇魔鬼之门。

坐在书桌边等戒指的时候,王佳芝心中可真是五味杂陈。她的任务眼看马上就要结束了,很可能在一分钟之后易先生就会被枪手暗杀,她也就从此可以得到解放。然而恰恰问题就出在这里,当人在没有生的希望的时候,可以死心塌地地去干任何事,但是一旦出现了生的希望,那么他就会想活着该怎么活了。易先生马上就要死了,她的任务就要完成了,可是任务完成之后她该怎样活呢?

张爱玲的原稿中并无这一大段,明显是后来才加上的。如此洗练的文字却特意补入七百余字,可见这一段是张爱玲特别用心之处。这一段首先长篇大段地写王佳芝的心思,讲可能哪些人是刺客,他们会怎样暗杀。突然笔锋一转，王佳芝想到了自己的未来。作为一个女人，她自然而然地、理所当然地把自己的未来维系于一个男人之上。老天，一个什么样的男人可以作为她的未来呢？虽然王佳芝明里对于"到女人心里的路通过阴道"的谬论是嗤之以鼻的——张爱玲写道："她就不信名学者说得出那样下作的话"，简直令人目瞪口呆，刚刚骗到了老特务的王佳芝竟然如此单纯——然而，恰恰是然而，她第一个想到的男人就是梁闰生，第二个就是易先生，两个通过了她的阴道的男人，两个占有过她身体的男人，这是王佳芝真正的悲哀。当然，梁闰生马上就被她否定了，这个人"一直讨人嫌惯了，没自信心，而且一向见了她自惭形秽，有点怕她"。那么接下来，"那，难道她有点爱上了老易？她不信，但是也无法斩钉截铁地说不是，因为没恋爱过，不知道怎么样就算是爱上了"。在这里，我们只能为王佳芝感到悲哀，她不知道什么是爱——她一直认为自己在爱国，但是不会爱人的人能够爱国吗？一个找不到自己心灵的人能够爱国吗？

接下来，张爱玲用了一段短短的文字，来描写现在的场景：

> 只有现在，紧张得拉长到永恒的这一刹那间，这室内小阳台上一灯荧然，映衬着楼下门窗上一片白色的天光。有这印度人在旁边，只有更觉得是他们俩在灯下单独相对，又密切又拘束，还从来没有过。但是就连此刻她也再也不会想到她爱不爱他，而是——
>
> 他不在看她，脸上的微笑有点悲哀。

紧接着，张爱玲用拉镜头的手法来描写，她从易先生的脸写到王佳芝看易先生的脸，然后由此拉到王佳芝的内心：

> 陪欢场女子买东西，他是老手了，只一旁随侍，总使人不注意他。此刻的微笑也丝毫不带讽刺性，不过有点悲哀。他的侧影迎着台灯，目光下视，睫毛像米色的蛾翅，歇落在瘦瘦的面颊上，在她看来是一种温柔怜惜的神气。

易先生显然是情场老手，无数次陪欢场女子买东西。每当这时候他只是一旁随侍，总使人不注意他，也正是这种时候易先生不是平常那样一副高高在上、张牙舞爪的样子，显得有一点点温柔、怜惜——就在刚刚，就是这个易先生，在车上：

> 一坐定下来，他就抱着胳膊，一只肘弯正抵在她乳房最肥满的南半球外缘。这是他的惯技，表面上端坐，暗中却在蚀骨销魂，一阵阵麻上来。

这哪里有对于人的尊重！再清楚不过，王佳芝不过是他老易的又一个玩物罢了。即使想到要替王佳芝买戒指时，也还端着架子等王佳芝翻译。然而就是这表面显露出来的一时的，那么一丁点儿的温柔怜惜的神态，却让内心极度孤寂凄凉的王佳芝，心中轰然一动：

> 这个人是真爱我的，她突然想，心下轰然一声，若有所失。

就这样，她被感动了。李安导演的电影《色，戒》在演绎这一段时，王佳芝在试戴钻戒后正要取下，易先生忙说："戴着。"王佳芝有些迟疑："我……我不想戴那么贵重的东西在街上走。"易先生一边站起身来一边说道："你跟我在一起。"说着，拿起王佳芝的手仔细端详钻戒。其实那句"你跟我在一起"也可以理解成易先生惯有的大人物口吻，而在王佳芝，却听成一个男人承诺要保护他的女人。我们仿佛看到了"拉奥孔"诗与画的异域，应该承认，李安的演绎是比较到位的。

在找到了自己的爱之后，王佳芝做出了有生以来最为疯狂的一次举动：她要为自己的爱去活一次。于是，这个一直以来她为之奉献一切的国家，被她抛弃了；这个一直以来实际上是在压迫着她，嗜血地吞噬着她的一切的国家，终于被她毅然决然地抛弃了。

她是怎样反抗的？她的反抗是要找寻自己的爱，是为了自己的爱而反抗。于是她做出了一个惊人的决定，一个飞蛾扑火的决定，她要救下易先生。

> "快走"，她低声说，易先生脸上一呆，但是立刻明白了，跳起来夺门而出。

易先生丝毫没有顾及王佳芝的安危。也许就在他一跃而起的时候，杀手会乱枪响起呢？但是他只管自己逃掉了。当然，此后他下令将王佳芝等一干人全部处死，那么现在扔下王佳芝逃命也就不算什么了。无独有偶，对于王佳芝等人来说代表国家的重庆方面的特工老吴早已为自己留好退路，在紧急关头扔下王佳芝等一众喽啰，独自扯乎，端的无足为奇了。

在这里，我们真正地看到了王佳芝灵魂的枯竭，在她贫瘠的心灵中，她甚至看不见其他道路，她除了再一次地奉献之外，竟不知道还有其他的方式来找寻自己的灵魂和爱。

当易先生逃走之后，王佳芝展现出了她本能的理性：先是合情合理地应付了店主，得以安全从珠宝店脱身；然后马上出门寻找三轮车，前往愚园路不为人知的亲戚家躲避——这是在求生。

本来，无论如何找不到空的三轮车——

> 人行道上熙来攘往，马路上一辆辆三轮驰过，就是没有空车。车如流水，与路上行人都跟她隔着层玻璃，就像橱窗里展览皮大衣与蝙蝠袖烂银衣裙的木美人一样可望而不可即，也跟他们一样闲适自如，只有她一个人心慌意乱关在外面。

"人行道上熙来攘往，马路上一辆辆三轮驰过"，我们切不可轻忽这看似不经意之语。与王佳芝"隔着层玻璃""一样可望而不可即"的，绝非简单的街景。不，就是街景。就是这平凡的、普通的、简单的，任何一个人眼中都平淡无奇，熟视无睹的街景——对于此时的王佳芝来说，已然完全另一世界，甚至可说阴阳暌隔——那是真实的，有血有肉的，生命的世界，但，已经永远不属于她。

那辆救命的三轮车——

> 她正踌躇间，脚步慢了下来，一回头却见对街冉冉来了一辆，老远的就看见把手上拴着一只纸扎红绿白三色小风车。车夫是个高个子年轻人，在这当口简直是个白马骑士，见她挥手叫，踏快了大转弯过街，一加速，那小风车便团团飞转起来。
>
> ……
>
> "封锁了。"车夫说。
>
> ……

三轮车夫不服气，直踏到封锁在线才停住了，焦躁地把小风车拧了一下，拧得它又转动起来，回过头来向她笑笑。

三轮车夫，这个高个子年轻人，骑着一辆"老远的就看见把手上拴着一只纸扎红绿白三色小风车"——多么明亮的形象，多么鲜活的生命！如果换作三年前的王佳芝，那个素白凝雪，纯净流泉的王佳芝，在这朝气蓬勃的车夫"回过头来向她笑笑"时，很可能恰是一段常人恋情的开端——"回头"，王佳芝发现这三轮车，不也是"一回头却见"么！想必，王佳芝也曾读过辛稼轩的长短句"众里寻他千百度，蓦然回首，那人却在灯火阑珊处"吧！

生命多美好啊……

一个情窦初开的少女王佳芝可以一头扎进这万紫千红中，尽情享受生命的酸甜苦辣……

一个心如槁木的特工王佳芝能够将这繁华人间视若无物，冷若冰霜地从生命的街景中迈步走过。

如今，正是这个心如槁木的王佳芝，却在救下易先生时猛然发现自己心中竟仍然有爱！

如今，正是这个心中有爱的王佳芝，却在街景中发现自己与人世鬼蜮都已暌隔两绝。俗语有谓"枯骨逢春"，然而永远不能重获肉身的枯骨既不能重返人世，又无法再安居古冢，岂非生不如死？

如今，王佳芝如何面对自己仅有的这一具枯骨？

如今，好在王佳芝还有阳世血肉之躯，于是她便找到了解脱之法。

一个穿短打的中年人一手牵着根长绳子过街，嘴里还衔着哨子。对街一个穿短打的握着绳子另一头，拉直了拦断了街。有人在没精打采地摇铃。马路阔，薄薄的洋铁皮似的铃声在半空中载沉载浮，不传过来，听上去很远。

并非如李安电影中那样是整车的警察和便衣。如果王佳芝的确想逃走的话，总有办法可想，至少不会坐以待毙。唯一合理的解释，就是她不想逃，她自己放弃了生路。因为冢中枯骨，是她解脱自我的唯一出路。

车夫那回头一笑，那生命的灿烂，宛如一面镜子，映出她皮囊中的枯骨。

侵略可谓人类文明史永恒的主题，古希腊史家希罗多德那奠定西方史学的巨著《历史》便是叙述希腊波斯战争史的。与我们通常将侵略者描述成豺狼野兽，极力渲染其烧杀抢掠不同，希罗多德在叙述波斯王克谢尔克谢斯在远征开始，检阅军队时，并没有将其描绘成一个不可一世的单纯暴君："当克谢尔克谢斯看到他的水师遮没了整个海列斯彭特，而海滨以及阿比多斯的平原全都挤满了人的时候，他起初表示自己是幸福的，但随后他就哭泣起来了。"因为："你看这里的人们，尽管人数是这样多，却没有一个人能够活到一百岁，想到一个人的全部生涯是如此短促，因此我心中起了怜悯之情。"① 克谢尔克谢斯的情感是真挚的，他的慨叹也是动人的。这表明波斯王不是禽兽，他真实的是具有人性之人。但是克谢尔克谢斯却也同时沉溺于其情感之中，未能形成对于生命存在的理性反思。正如多年之后，狄摩西尼对希腊人批评道："你们比一个试图打拳击的蛮族好不了多少。打他一处，他的手就移到那一处；打他另一处，他的手再移到另一处。"②

这正是希罗多德作为史家的伟大之处，也是希腊精神之所以长存天壤：面对侵略，反抗并非天经地义，无须理由。恰恰相反，面对侵略，希腊人首先扪心自问，我抵抗侵略，维护自身存在的理由是什么？是的，希腊有着高于波斯的理性精神，这是人类最为接近诸神的成就。于是希腊抵抗侵略，便不是仅仅基于民族之私利，而是为了捍卫人类的尊严与高贵——这里所说的人类之中当然包含波斯人！于是希腊抵抗侵略，乃是希腊为了希腊，为了波斯，为了全人类所应尽的义务！

反之，当犹大国背弃了原有的崇高理想，自甘堕落，违反了与神的约，先知耶肋米亚于是不断地宣告预言，犹大国将要灭亡，圣殿将被毁灭。当巴比伦大军终于兵临城下，漆德克雅王派人来见耶肋米亚，请他求耶和华的帮助。《旧约·耶肋米亚书》记载了耶肋米亚的回答：

---

① 〔古希腊〕希罗多德：《历史》，王以铸译，商务印书馆，1959，第 487 页。
② 引自〔英〕基托《希腊人》，徐卫翔、黄韬译，上海人民出版社，1998，第 3 页。

耶肋米亚便回答他们说："你们应这样对漆德克雅说：上主，以色列的天主这样说：看，我必使你们手中所持，用以攻击在城外围攻你们的巴比伦王和加色丁人的武器，反回集中在这城的中心。然后我要伸出手来，以强力的手臂、震怒、狂暴和愤恨痛击你们，痛击住在这里的人和兽；他们必死于盛行的瘟疫。此后——上主的断语——我必将犹大王漆德克雅和他的臣仆，并这城中幸免于瘟疫、刀剑和饥馑的人民，交在巴比伦王拿步高和他们的仇敌，以及谋图他们性命者的手中，叫敌人用利刃击杀他们，毫不饶恕，毫不怜悯，毫不表同情。此外，你应对这人民说：上主这样说：看，我将生命和死亡的路，摆在你们面前：凡留在这城中的，必死于刀剑、饥馑和瘟疫；凡出来向围攻你们的加色丁人投降的，必保全性命，必有生命当作自己的胜利品。我所以转面向着这城，是为降灾，并不是为赐福——上主的断语——这城必被交在巴比伦王手中，他要火烧这城。"①

犹大国人因其恶德，已经不配拥有国家和圣殿，眼下他们唯一能做的，就是顺从地接受神的惩罚——是的，巴比伦人的进攻，或者说侵略，就是神施于犹大国人的惩罚。如果抗拒惩罚，抵抗入侵，只有死路一条；唯有接受惩罚，投降敌军，才能保住性命，亦即保留悔罪，并与神另立新约的可能性。但是，国家、耶路撒冷城，以至圣殿则必须毁灭。

于是侵略便是对国家存在之可能性的检验，面对侵略，我们首先应该思考的，是我们的国家、民族有何面目立于人世。

从张爱玲的视角来看，这一检验与思考甚至不必至他处寻找，我们从被入侵的国家抵抗侵略时所采取的手段，就可做出最明确的判断。正如亚里士多德所言，国家应以促进善德为目的②。当国家毫不怜惜地牺牲其国民来换取自身的生存时，当那些拥虎符、坐皋比的大人先生们竟靠一个无辜的弱女子辗转于床笫来维持威严时，这样的国家，违背了国家存在的目的，因而丧失了其存在的理由，更不值得去保卫。我们必须牢记康德的实践命令："你的行动，要把你自己人身中的人性，和其他人身中的人性，在

---

① 思高圣经学会译释《圣经》，思高圣经学会，1968，第1248页。
② 〔古希腊〕亚里士多德：《政治学》，吴寿彭译，商务印书馆，1965，第138页。

任何时候都同样看作是目的，永远不能只看作是手段。"①

国家存在的目的是保障人民的尊严、德性与福祉，当国家以牺牲人民的尊严、德性与福祉来换取自身的生存时，国家也就丧失了自身存在的正当性。正如康德所说："目的王国中的一切，或者有价值，或者有尊严。一个有价值的东西能被其他东西所代替，这是等价；与此相反，超越于一切价值之上，没有等价物可代替，才是尊严。"② 哪怕仅仅一个人一时地被要求，甚至自愿为了国家的生存而放弃自身的尊严，那就实质上取消了尊严，而将之贬低为价值，并且还未能获得等价，而是低价。

在经历了纳粹之后，德国宪法第一章第一条庄严宣告：

> 人的尊严不可侵犯，尊重和保护人的尊严是一切国家权力的义务。③

作为人，同时也作为公民，我们必须谨记。

---

① 〔德〕康德：《道德形而上学原理》，苗力田译，上海人民出版社，1986，第81页。

② 〔德〕康德：《道德形而上学原理》，苗力田译，上海人民出版社，1986，第87页。

③ Ingo Richter, Gunnar Fulke Schuppert, Christian Bumke: Casebook Verfassungsrecht, 4. Auflage 2001, München: C. H. Beck, p. 1.

征引书目

一　古籍

1. （清）李道平：《周易集解纂疏》，中华书局，1994。

2. 《四部要籍注疏丛刊·尚书》，中华书局，1998。

3. 陈品卿：《尚书郑氏学》，嘉新水泥公司文化基金会，1977。

4. 金景芳：《〈尚书·虞夏书〉新解》，辽宁古籍出版社，1996。

5. （西汉）毛亨传、（东汉）郑玄笺、（唐）孔颖达疏、（唐）陆德明音释《毛诗注疏》，朱杰人、李慧玲整理，上海古籍出版社，2013。

6. 许维遹：《韩诗外传集释》，中华书局，1980。

7. （清）孙诒让：《周礼正义》，中华书局，1987。

8. （清）王聘珍：《大戴礼记解诂》，中华书局，1983。

9. 《国语》，上海古籍出版社，1988。

10. （清）阮元校刻《十三经注疏》，艺文印书馆，2007。

11. 十三经注疏整理委员会：《十三经注疏》，北京大学出版社，2000。

12. （清）阮元编《清经解》、（清）王先谦编《续清经解》，上海书店，1988。

13. （唐）陆德明：《经典释文》，上海古籍出版社，1985。

14. 黄焯：《经典释文汇校》，中华书局，1980。

15. （清）王引之：《经义述闻》，江苏古籍出版社，1985。

16. （清）孔广森：《经学卮言》，华东师范大学出版社，2010。

17. （清）皮锡瑞：《经学历史》，周予同注本，中华书局，2004。

18. （南宋）朱熹：《四书章句集注》，中华书局，1983。

19. （清）汪绂：《四书诠义》，长安赵舒翘，清光绪二十三年（1897）刊《汪双池丛书》第九种。

20. （南朝·梁）皇侃：《论语义疏》，中华书局，2013。

21. （清）刘宝楠：《论语正义》，中华书局，1990。

22. （清）简朝亮：《论语集注补正述疏》，北京图书馆出版社，2007。

23. 杨伯峻：《论语译注》，中华书局，1980。

24. （清）焦循：《孟子正义》，中华书局，1987。

25. 杨伯峻：《孟子译注》，中华书局，1960。

26. （东汉）许慎：《说文解字》，中华书局，1998。

27. （清）段玉裁：《说文解字注》，上海古籍出版社，1981。

28. 马叙伦：《说文解字六书疏证》，上海书店，1985。

29. 林尹校订《新校正切宋本广韵》，黎明文化事业股份有限公司，1976。

30. （北宋）丁度：《集韵》，上海古籍出版社，1985。

31. （清）王念孙：《广雅疏证》，中华书局，2004。

32. 刘晓东：《匡谬正俗平议》，山东大学出版社，1999。

33. （清）俞樾等：《古书疑义举例五种》，中华书局，1956。

34. （西汉）司马迁：《史记》，中华书局，2013。

35. （东汉）班固：《汉书》，中华书局，1962。

36. 王利器：《汉书古今人表疏证》，齐鲁书社，1988。

37. 马晓斌：《汉书艺文志序译注》，中州古籍出版社，1990。

38. （南朝·宋）范晔：《后汉书》，中华书局，1965。

39. （西晋）陈寿：《三国志》，中华书局，1959。

40. （唐）房玄龄：《晋书》，中华书局，1974。

41. （南朝·梁）沈约：《宋书》，中华书局，1974。

42. （唐）姚思廉：《梁书》，中华书局，1973。

43. （唐）令狐德棻等：《周书》，中华书局，1971。

44. （北齐）魏收：《魏书》，中华书局，1974。

45. （唐）魏征：《隋书》，中华书局，1973。

46. （唐）李延寿：《北史》，中华书局，1974。

47. （后晋）刘昫等：《旧唐书》，中华书局，1975。

48. （北宋）欧阳修、宋祁：《新唐书》，中华书局，1975。

49.（清）张廷玉等：《明史》，中华书局，1974。

50. 二十五史刊行委员会编《二十五史补编》，中华书局，1959。

51. 徐蜀选编《二十四史订补》，书目文献出版社，1996。

52.《两汉纪》，张烈点校，中华书局，2002。

53.《续通志》，《十通》本，浙江古籍出版社，2000

54.（西汉）刘向集录《战国策》，上海古籍出版社，1988。

55. 龚斌：《世说新语校释》，上海古籍出版社，2011。

56. 裘锡圭主编《长沙马王堆汉墓简帛集成》，中华书局，2014。

57. 荆门市博物馆：《郭店楚墓竹简》，文物出版社，1998。

58. 陈伟、彭浩主编《楚地出土战国简册合集》（一）《郭店楚墓竹简》，文物出版社，2011。

59. 北京大学出土文献研究所：《北京大学藏西汉竹书》（贰），上海古籍出版社，2012。

60.（南宋）洪适：《隶释》，中华书局，1985。

61.（清）钱仪吉编《碑传集》，靳斯标点本，中华书局，1993。

62. 北京大学《儒藏》编纂与研究中心：《儒藏精华编》第 23 册，北京大学出版社，2010。

63. 吴则虞：《晏子春秋集释》，国家图书馆出版社，2011。

64.（清）王先谦：《荀子集解》，中华书局，1988。

65. 骆瑞鹤：《荀子补正》，武汉大学出版社，1997。

66.（西汉）董仲舒：《春秋繁露》，载《北京图书馆古籍珍本丛刊》第 2 册，书目文献出版社，1988。

67. 阎振益、钟夏：《新书校注》，中华书局，2000。

68. 汪荣宝：《法言义疏》，中华书局，1987。

69. 向宗鲁：《说苑校证》，中华书局，1987。

70.（东汉）班固：《白虎通德论》，上海古籍出版社，1990。

71. 黄晖：《论衡校释》，中华书局，1990。

72. 孙启治：《中论解诂》，中华书局，2014。

73. 王利器：《颜氏家训集解》，中华书局，1980。

74.（北宋）张载：《张载集》，中华书局，1978。

75. （北宋）程颢、程颐：《二程集》，中华书局，2004。

76. （南宋）朱熹：《朱熹集》，尹波、郭齐点校，四川教育出版社，1996。

77. 朱杰人、严佐之、刘永翔主编《朱子全书》，上海古籍出版社、安徽教育出版社，2002。

78. （南宋）陆九渊：《陆九渊集》，中华书局，1980。

79. （南宋）叶适：《习学记言序目》，中华书局，1977。

80. 吴光等编校《王阳明全集》，上海古籍出版社，1992。

81. 程水龙：《〈近思录〉集校集注集评》，上海古籍出版社，2012。

82. （清）王夫之：《船山全书》，岳麓书社，1988。

83. （清）戴震：《戴震文集》，中华书局，1980。

84. （清）戴震：《戴震全集》，清华大学出版社，1991。

85. 张岱年主编《戴震全书》，黄山书社，1995。

86. 《道藏》，文物出版社、上海书店、天津古籍出版社，1988。

87. （清）阎永和等编《道藏辑要》，巴蜀书社，1995。

88. 蒙文通：《道书辑校十种》，巴蜀书社，2001。

89. 楼宇烈：《王弼集校释》，中华书局，1980。

90. 杨鉴生：《王弼研究》，河南人民出版社，2012。

91. 严灵峰编《无求备斋老子集成初编》，艺文印书馆，1965。

92. 严灵峰编《无求备斋老子集成续编》，艺文印书馆，1972。

93. 高明编《四部要籍注疏丛刊·老子》，中华书局，1998。

94. 熊铁基、陈红星主编《老子集成》，宗教文化出版社，2011。

95. 樊波成：《老子指归校笺》，上海古籍出版社，2013。

96. 郑成海：《老子河上公注斠理》，台湾中华书局，1976。

97. 旧题（西汉）河上公：《老子道德经河上公章句》，王卡点校，中华书局，1993。

98. 郑成海：《增订老子河上公注疏证》，华正书局，2008。

99. 楼宇烈：《老子道德经注校释》，中华书局，2008。

100. 严灵峰辑校《老子崇宁五注》，成文出版社，1979。

101. （清）宋常星：《道德经讲义》，东大出版社，2006。

102. 徐绍桢：《老子述义》，徐氏学寿堂自印本，1920。

103. 高亨：《老子正诂》，中国书店，1988。

104. 蒋锡昌：《老子校诂》，商务印书馆，1937。

105. 谭正璧：《老子读本》，中华书局，1949。

106. 张扬明：《老子斠证译释》，维新书局，1973。

107. 马叙伦：《老子校诂》，中华书局，1973 年。

108. 王光前：《老子笺》，前程出版社，1980。

109. 黄登山：《老子释义》，学生书局，1987。

110. 古棣、周英：《老子通》，吉林人民出版社，1991。

111. 杨丙安等主编《老学新探——老子与华夏文明》，中州古籍出版社，1994。

112. 高明：《帛书老子校注》，中华书局，1996。

113. 黄钊：《帛书老子校注析》，学生书局，1997。

114. 廖名春：《郭店楚简老子校释》，清华大学出版社，2003。

115. 任继愈：《老子绎读》，北京图书馆出版社，2006。

116. 吴怡：《新译老子解义》，三民书局，2008。

117. 辛战军：《老子译注》，中华书局，2008。

118. 刘笑敢：《老子古今》，中国社会科学出版社，2009。

119. 丁四新：《郭店楚竹书〈老子〉校注》，精装本，武汉大学出版社，2010。

120. 陈锡勇：《老子释疑》，国家出版社，2012。

121. 董平：《老子研读》，中华书局，2015。

122. （西晋）郭象注、（唐）成玄英疏《南华真经注疏》，中华书局，1998。

123. （清）郭庆藩：《庄子集释》，中华书局，1961。

124. 陈鼓应：《庄子今注今译》，中华书局，1983。

125. 黎翔凤：《管子校注》，中华书局，2004。

126. 王利器：《文子疏义》，中华书局，2000。

127. 张双棣：《淮南子校释》，北京大学出版社，2013。

128. （三国·魏）刘邵：《人物志》，上海古籍出版社，1990。

129. 杨伯峻：《列子集释》，中华书局，1979。

130. 王明：《抱朴子内篇校释》，中华书局，1980。

131. （清）孙诒让：《墨子间诂》，中华书局，2001。

132. 谭戒甫：《墨辩发微》，中华书局，1964。

133. 蒋礼鸿：《商君书锥指》，中华书局，1986。

134. （清）王先慎：《韩非子集解》，中华书局，1998。

135. 陈启天：《增订韩非子校释》，台湾商务印书馆股份有限公司，1969。

136. 张觉：《韩非子校疏》，上海古籍出版社，2010。

137. 钟兆华：《尉缭子校注》，中州书画社，1982。

138. 许维遹：《吕氏春秋集释》，中华书局，2009。

139. 范宁：《博物志校证》，中华书局，1980。

140. （元）滑寿：《难经本义》，商务印书馆，1956。

141. 凌耀星主编《难经校注》，人民卫生出版社，1991。

142. 浙江书局辑刊：《二十二子》，上海古籍出版社，1986。

143.《中华大藏经》编辑局编《中华大藏经》（汉文部分），第57册，中华书局，1993。

144. （清）黄汝成：《日知录集释》，岳麓书社，1994。

145. （清）王念孙：《读书杂志》，江苏古籍出版社，2000。

146. 陶鸿庆：《读诸子札记》，艺文印书馆，1971。

147. 严灵峰：《无求备斋诸子读记》，成文出版社，1977。

148. 于省吾：《双剑誃诸子新证》，上海书店，1999。

149. （清）马国翰：《玉函山房辑佚书》，广陵书社，2004。

150. （清）王仁俊：《玉函山房辑佚书续编三种》，上海古籍出版社，1989。

151. 董治安主编《唐代四大类书》，清华大学出版社，2003。

152. （北宋）李昉等：《太平御览》，中华书局，1960。

153. （东汉）王逸章句、（南宋）洪兴祖补注《楚辞补注》，中华书局，1983。

154. （南宋）朱熹：《楚辞集注》，上海古籍出版社，1979。

155.《日本足利学校藏宋刊明州本六臣注文选》，人民文学出版社，2008。

156.（北宋）郭茂倩编《乐府诗集》，中华书局，1979。

157. 施正康：《汉魏诗选》，上海书店，1993。

158.（清）陈端生：《再生缘》，北京古籍出版社，2002。

159.（清）薛雪：《一瓢诗话》，人民文学出版社，1979。

160. 戴明扬：《嵇康集校注》，人民文学出版社，1962。

161.（东晋）陶渊明：《陶渊明集》，王瑶编注本，人民文学出版社，1956。

162.（唐）陈子昂：《陈子昂集》，中华书局，1960。

163.（清）蒋清翊：《王子安集注》，上海古籍出版社，1995。

164. 叶葱奇：《李商隐诗集疏注》，人民文学出版社，1985。

165. 刘学锴、余恕诚：《李商隐诗歌集解》，中华书局，1998。

166.（唐）柳宗元：《柳河东集》，上海人民出版社，1974。

167.（唐）柳宗元：《柳宗元集》，中华书局，1979。

168. 王克让：《河岳英灵集注》，巴蜀书社，2006。

169. 王仲荦：《西昆酬唱集注》，上海书店出版社，2001。

170.（北宋）苏轼：《苏轼文集》，中华书局，1986。

171. 姚奠中主编《元好问全集》，山西古籍出版社，2004。

172.（清）阮元：《研经室集》，中华书局，1993。

173. 王逸明主编《叶德辉集》，学苑出版社，2007。

174.（清）董诰主编《全唐文》，中华书局，1983。

175.（清）严可均辑《全上古三代秦汉三国六朝文》，中华书局，1958。

176. 逯钦立：《先秦汉魏晋南北朝诗》，中华书局，1983。

177.（清）孙星衍辑《平津馆丛书》，清嘉庆十七年（1812）孙氏刊本。

178.（清）俞樾：《春在堂全书》，凤凰出版社，2010。

179.《清代诗文集汇编》，上海古籍出版社，2010。

180.《景印文渊阁四库全书》，台湾商务印书馆，1986。

参伍以变——古今错综中的经典与义理

181. 郑尧臣辑《龙溪精舍丛书》，中国书店，1991。

182. 张元济编《续古逸丛书》，江苏古籍出版社，2001。

183. 王云五主编《丛书集成》初编，中华书局，1985。

184.《丛书集成三编》，新文丰出版公司，1997。

185.《续修四库全书》，上海古籍出版社，1996。

186.《四库未收书辑刊》编纂委员会编《四库未收书辑刊》第陆辑，北京出版社，2000。

二 现代著作

187.《辞海·语词分册》（修订本），上海辞书出版社，1979。

188. 陈鼓应、白奚：《老子评传》，南京大学出版社，2001。

189. 陈来：《宋明理学》，第 1 版，辽宁教育出版社，1991。

190. 陈来：《宋明理学》，第 2 版，华东师范大学出版社，2004。

191. 陈来：《宋明理学》，第 3 版，生活·读书·新知三联书店，2011。

192. 陈戍国：《先秦礼制研究》，湖南教育出版社，1991。

193. 陈垣：《陈垣学术论文集》第二集，中华书局，1982。

194. 陈垣：《陈垣集》，中国社会科学出版社，2000。

195. 陈垣：《励耘书屋丛刻》，北京师范大学出版社，1982。

196. 程树德：《九朝律考》，中华书局，2003。

197. 董恩林：《唐代老学：重玄思辨中的理身理国之道》，中国社会科学出版社，2002。

198. 董志翘：《〈入唐求法巡礼行记〉词汇研究》，中国社会科学出版社，2000。

199. 方克：《中国辩证法思想史（先秦）》，人民出版社，1985。

200. 冯友兰：《三松堂全集》，河南人民出版社，2001。

201. 葛勤修：《老子研究》，星光出版社，1986 年。

202. 葛荣晋：《中国哲学范畴通论》，首都师范大学出版社，2001。

203. 顾颉刚：《孟姜女故事研究集》，上海古籍出版社，1984。

204. 广东、广西、湖南、河南辞源修订组，商务印书馆编辑部：《辞源》（修订本）第 1 册，商务印书馆，1979。

205. 桂胜：《周秦势论研究》，武汉大学出版社，2000。

206. 郭晓东：《识仁与定性——工夫论视域下的程明道哲学研究》，复旦大学出版社，2006。

207. 何九盈：《中国古代语言学史》，广东教育出版社，1995。

208. 侯外庐、赵纪彬、杜国庠：《中国思想通史》第 2 册，人民出版社，1957。

209. 胡适：《中国哲学史大纲》卷上，商务印书馆，1919。

210. 黄朴民：《天人合一——董仲舒与汉代儒学思潮》，岳麓书社，1999。

211. 黄瑞旗：《孟姜女故事研究》，中国人民大学出版社，2003。

212. 江淑君：《宋代老子学诠解的义理向度》，学生书局，2010。

213. 金景芳：《金景芳先秦思想史讲义》，天津古籍出版社，2007。

214. 荆雨：《自然与政治之间——帛书〈黄帝四经〉政治哲学研究》，东北师范大学出版社，2007。

215. 李程：《近代老学研究》，武汉大学出版社，2008。

216. 李德龙：《汉初军事史研究》，民族出版社，2001。

217. 李若晖：《久旷大仪：汉代儒学政制研究》，商务印书馆，2018。

218. 李学勤等主编《当代中国简帛学研究（1949－2009）》，中国社会科学出版社，2011。

219. 李运益主编《论语词典》，西南师范大学出版社，1993。

220. 李泽厚：《中国古代思想史论》，安徽文艺出版社，1994。

221. 李泽厚：《中国美学史·魏晋南北朝编》，安徽文艺出版社，1999。

222. 李振兴：《王肃之经学》，嘉新水泥公司文化基金会，1980。

223. 梁启超：《饮冰室合集》，中华书局，1989。

224. 梁漱溟：《东西文化及其哲学》，商务印书馆，1999。

225. 廖序东：《楚辞语法研究》，语文出版社，1995。

226. 廖育群：《重构秦汉医学图像》，上海交通大学出版社，2012。

227. 刘固盛：《宋元老学研究》，巴蜀书社，2001。

228. 刘洁修：《汉语成语源流大辞典》，开明出版社，2013。

229. 刘笑敢：《庄子哲学及其演变》，修订版，中国人民大学出版
社，2010。

230. 楼宇烈：《温故知新：中国哲学研究论文集》，商务印书
馆，2004。

231. 鲁迅：《鲁迅全集》，人民文学出版社，1981。

232. 陆费逵、欧阳溥存主编《中华大字典》，中华书局，1978。

233. 罗竹凤主编《汉语大词典》第3册，汉语大词典出版社，1989。

234. 罗竹凤主编《汉语大词典》缩印本，汉语大词典出版社，1997。

235. 莫砺锋编《程千帆全集》，河北教育出版社，2000。

236. 牟宗三：《牟宗三先生全集》，联经出版事业有限公司，2003。

237. 倪梁康：《胡塞尔现象学概念通释》，生活·读书·新知三联书
店，1999。

238. 钱理群：《话说周氏兄弟》，山东画报出版社，1999。

239. 卿希泰主编《中国道教史》第1卷，四川人民出版社，1996。

240. 裘锡圭：《裘锡圭学术文集》，复旦大学出版社，2012。

241. 任继愈主编《中国哲学史》第1册，人民出版社，1979。

242. 单承彬：《论语源流考述》，吉林人民出版社，2001。

243. 孙启治、陈建华编《古佚书辑本目录（附考证）》，中华书
局，1997。

244. 孙叔平：《中国哲学史稿》，上海人民出版社，1980。

245. 谭承耕：《〈论语〉〈孟子〉研究》，湖南教育出版社，1990。

246. 汤用彤：《魏晋玄学论稿》，中华书局，1962。

247. 田凤台：《吕氏春秋探微》，学生书局，1986。

248. 王葆玹：《今古文经学新论》，中国社会科学出版社，2004。

249. 王博：《简帛思想文献论集》，台湾古籍出版有限公司，2001。

250. 王凤阳：《古辞辨》，中华书局，2011。

251. 王国维：《王国维遗书》，上海书店，1983。

252. 王晖：《商周文化比较研究》，人民出版社，2000。

253. 王锦民：《古学经子》，华夏出版社，1996。

254. 王卡：《道教经史论丛》，巴蜀书社，2007。

255. 王力等编《古汉语常用字字典》，商务印书馆，1979。

256. 王力：《汉语词汇史》，商务印书馆，1993。

257. 王力：《王力文集》第 1 卷，山东教育出版社，1984。

258. 王力：《王力文集》第 9 卷，山东教育出版社，1988。

259. 王力：《王力文集》第 11 卷，山东教育出版社，1990。

260. 王力：《王力文集》第 19 卷，山东教育出版社，1990。

261. 王英杰：《自然之道——老子生存哲学研究》，人民出版社，2010。

262. 韦政通：《董仲舒》，东大图书公司，1996。

263. 吴嘉应：《庄子应世思想研究》，学生书局，2011。

264. 吴令华编《文史杂谈》，北京出版社，2000。

265. 向熹：《诗经词典》，四川人民出版社，1997。

266. 萧萐父：《中国哲学史史料源流举要》，武汉大学出版社，1998。

267. 熊铁基、马良怀、刘韶军：《中国老学史》，福建人民出版社，1995。

268. 熊琬：《宋代理学与佛学之探讨》，文津出版社，1985。

269. 徐复观：《两汉思想史》，华东师范大学出版社，2001。

270. 徐中舒主编《汉语大字典》第 1 册，四川辞书出版社、湖北辞书出版社，1986。

271. 徐中舒主编《汉语大字典》缩印本，四川辞书出版社、湖北辞书出版社，1993。

272. 严灵峰：《经子丛著》第 1 册，"国立"编译馆中华丛书编审委员会，1983。

273. 杨伯峻、何乐士：《古汉语语法及其发展》，语文出版社，1992。

274. 叶舒宪：《高唐神女与维纳斯》，陕西人民出版社，2005。

275. 尹志华：《北宋〈老子〉注研究》，巴蜀书社，2004。

276. 余嘉锡：《目录学发微》，艺文印书馆，1987。

277. 余明光：《黄帝四经与黄老思想》，黑龙江人民出版社，1989。

278. 余英时：《士与中国文化》，上海人民出版社，1987。

279. 袁伟主编《中国战争发展史》，人民出版社，2001。

280. 曾秀景：《论语古注辑考》，学海出版社，1991。

281. 詹剑峰：《老子其人其书及其道论》，华中师范大学出版社，2006。

282. 张爱玲：《色，戒》（限量特别版），皇冠文化出版有限公司，2007。

283. 张博：《古代汉语词汇研究》，宁夏人民出版社，2000。

284. 张岱年：《中国古典哲学概念范畴要论》，中国社会科学出版社，1989。

285. 张岱年：《中国哲学大纲》，中国社会科学出版社，1982。

286. 张登勤：《屈原赋论笺》，内蒙古教育出版社，2001。

287. 张广保：《道家的根本道论与道教的心性学》，巴蜀书社，2008。

288. 张亨：《思文之际论集：儒道思想的现代诠释》，新星出版社，2006。

289. 张艳清：《宋代理学与道家哲学》，吉林人民出版社，2004。

290. 张永儁：《二程学管窥》，东大图书公司，1988。

291. 张增田：《黄老治道及其实践》，中山大学出版社，2005。

292. 赵纪彬：《赵纪彬文集》第3卷，河南人民出版社，1991。

293. 郑良树：《老子新论》，上海古籍出版社，2011。

294. 周晋：《道学与佛教》，北京大学出版社，1999。

295. 周大璞主编《训诂学初稿》，武汉大学出版社，1987。

296. 朱汉民：《玄学与理学的学术思想理路研究》，中国社会科学出版社，2012。

297. 朱荣智：《老子探微》，师大书苑有限公司，1992。

298. 朱维铮：《中国经学史十讲》，复旦大学出版社，2002。

299. 朱维铮编《周予同经学史论著选集》，上海人民出版社，1991。

300. 朱晓鹏：《老子哲学研究》，商务印书馆，2009。

三　现代论文

301. 蔡伟：《读书丛札》，刘钊主编《出土文献与古文字研究》第3辑，复旦大学出版社，2010。

302. 蔡永贵：《一则引文的出处》，《语文建设》1998年第9期。

303. 何乐士:《〈左传〉的人称代词》,中国社会科学院语言研究所古汉语研究室编《古汉语研究论文集》(二),北京出版社,1984。

304. 何志华:《〈庄子·大宗师〉"入水不濡,入火不热"解诂——兼论〈庄子〉表述"离形去知"相关问题》,刘钊主编《出土文献与古文字研究》第6辑,上海古籍出版社,2015。

305. 陈晓芸:《悲壮凄美霸王情——读项羽的〈垓下歌〉》,《语文教学与研究》1998年第4期。

306. 胡兰江:《七十子考》,北京大学中文系博士学位论文,2002年5月。

307. 黄克剑:《〈周易〉"经"、"传"与儒、道、阴阳家学缘探要》,《中国文化》1995年第12期。

308. 黄世中:《论王蒙的李商隐研究》,《文艺研究》2004年第4期。

309. 李刚:《成玄英论"本迹"》,《四川大学学报》1996年第3期。

310. 李杰:《千载不平〈垓下歌〉》,《淮阴师范专科学校学报》1997年第2期。

311. 李若晖:《"忠臣尽心":〈鹿鸣〉传笺歧解与经义建构》,《哲学动态》2018年第5期。

312. 李若晖:《从天子僭天到君天同尊——何休删削〈公羊〉发覆》,《哲学研究》2017年第2期。

313. 李学勤:《〈语丛〉与〈论语〉》,《清华大学思想文化研究所集刊》第2辑,清华大学出版社,2002。

314. 李燕:《孔子何曾骂女子——"唯女子与小人为难养也"辨》,《中华儿女》(海外版)1997年第3期。

315. 齐东方:《中国早期马镫的有关问题》,《文物》1993年第4期。

316. 裘锡圭:《老子与尼采》,《文史哲》2011年第3期。

317. 沈文倬:《服与耤》,《考古》1977年第5期。

318. 王葆玹:《〈谷梁传疏〉所引王弼〈周易大演论〉佚文考》,《中国哲学史研究》1983年第4期。

319. 王博:《说"寓作于编"》,《中国哲学史》2006年第1期。

320. 王启涛:《司马相如赋与四川方言》,《四川师范大学学报》2005

321. 王维堤:《释"唯诺"之"唯"》,吴文祺主编《语言文字研究专辑》(下),《中华文史论丛》增刊,上海古籍出版社,1986。

322. 吴正中、于淮人:《"唯女子与小人为难养也"正解——为孔子正名之一》,《中国哲学史》1999 年第 4 期。

323. 邢文:《北大简〈老子〉辨伪》,《光明日报》2016 年 8 月 8 日第 16 版。

324. 徐宝贵:《殷商文字研究两篇·释瑟》,刘钊主编《出土文献与古文字研究》第 1 辑,复旦大学出版社,2006。

325. 徐少舟:《〈垓下歌〉的另一版本》,《文学遗产》1981 年第 1 期。

326. 许抗生:《初读郭店竹简老子》,姜广辉主编《中国哲学》第 20 辑,辽宁教育出版社,1999。

327. 杨伯峻:《说"子"》,《古汉语研究》第 1 辑,中华书局,1996。

328. 杨泽生:《关于上博所藏楚简论诗者是谁的讨论》,《华学》第 5 辑,中山大学出版社,2001。

329. 张岱年:《〈物理论〉和〈傅子〉是否"一家之学"?》,《文史》第 3 辑,中华书局,1963。

330. 张京华:《〈垓下歌〉与〈大风歌〉史解》,《学术界》2000 年第 1 期。

四　国外研究

331.〔英〕柏克:《自由与传统》,蒋庆等译,商务印书馆,2001。

332.〔古希腊〕柏拉图:《柏拉图全集》,王晓朝译,人民出版社,2002。

333.〔法〕布尔迪厄:《男性统治》,刘晖译,海天出版社,2002。

334.〔美〕陈毓贤:《洪业传》,北京大学出版社,1996。

335.〔日〕川合康三:《风景的诞生》,载台湾大学中国文学系主编《王叔岷先生百岁冥诞国际学术研讨会论文集》,台湾大学中国文学系,2015。

336.〔德〕海德格尔:《形而上学导论》,王庆节译,商务印书馆,1996。

337.〔英〕基托:《希腊人》,徐卫翔、黄韬译,上海人民出版社,1998。

338.〔日〕吉川幸次郎:《中国诗史》,章培恒等译,复旦大学出版社,2001。

339.〔德〕康德:《道德形而上学原理》,苗力田译,上海人民出版社,1986。

340.〔瑞典〕高本汉:《汉文典》(修订版),潘悟云等编译,上海辞书出版社,1997。

341.〔法〕格雷马斯:《结构语义学》,蒋梓桦译,百花文艺出版社,2001。

342.〔美〕罗杰瑞:《汉语概说》,张惠英译,语文出版社,1995。

343.〔美〕琼斯:《西方战争艺术》,刘克俭、刘卫国译,中国青年出版社,2001。

344.〔德〕舍勒:《价值的颠覆》,罗悌伦译,生活·读书·新知三联书店,1997。

345.〔德〕斯威布:《古希腊神话与传说》,高中甫等译,北京燕山出版社,2002。

346.〔古希腊〕希罗多德:《历史》,王以铸译,商务印书馆,1959。

347.〔美〕夏含夷:《古史异观》,上海古籍出版社,2005。

348.〔古希腊〕亚里士多德:《政治学》,吴寿彭译,商务印书馆,1965。

349.〔以〕尤锐:《展望永恒帝国——战国时代的中国政治思想》,孙英刚译,上海古籍出版社,2013。

350.〔德〕云格尔:《死论》,林克译,生活·读书·新知三联书店,1995。

351. Stephen Addiss(斯蒂芬·阿迪斯)and Stanley Lombardo(斯坦利·隆巴多),*Taoteching*(《道德经》),Hackett Publishing Company, Inc., 1993.

352. Roger T. Ames(安乐哲)and David L. Hall(郝大维),*Daodejing*(《道德经》),Random House, 2003.

353. AlanK. L. Chan（陈金梁），*Two Visions of the Way：A Study of the WangPi and Ho - shangKung Commentarieson the Laotzu*（《道之二解：王弼〈老子注〉及河上公〈老子章句〉研究》），State University of New York Press，1991.

354. Ingo Richter，Gunnar Fulke Schuppert，Christian Bumke：*Casebook Verfassungsrecht*（《宪法》），C. H. Beck，2001.

355. Michael La Fargue（迈克尔·拉法格），*The Tao of the Tao Te Ching*，（《道德经之道》），State University of New York Press，1992.

356. Peimin Ni（倪培民），KungFu for Philosophers（《哲学家眼中的功夫》），*The New York Times*，December 8，2010.

357. Rudolf G. Wagner（鲁道尔夫·瓦格纳），*A Chinese Reading of the Daodejing：Wang Bi's Commentary on the Laozi with Critical Text and Translation*（《〈道德经〉的中国诠释：王弼〈老子注〉评译》），State University of New York Press，2003.

358. 〔日〕大滨皓：『老子の哲学』（《老子哲学》），劲草书房，1962。

359. 〔日〕岛邦男：《老子校正》，汲古书院，1973。

360. 〔日〕泷川资言考证、水泽利忠校补《史记会注考证》附《校补》，上海古籍出版社，1986。

361. 〔日〕波多野太郎：《老子道德经研究》，国书刊行会，1979。

362. 〔日〕福永光司：《老子》，《新订中国古典选》第六卷，朝日新闻社，1968。

363. 〔日〕武内义雄：《武内义雄全集》第五卷，《老子篇》，角川书房，1935。

图书在版编目（CIP）数据

参伍以变：古今错综中的经典与义理／李若晖著
．--北京：社会科学文献出版社，2020.5（2023.2 重印）
　ISBN 978 - 7 - 5201 - 5964 - 7

　Ⅰ.①参…　Ⅱ.①李…　Ⅲ.①哲学 - 研究 - 中国
Ⅳ.①B2

　　中国版本图书馆 CIP 数据核字（2020）第 011700 号

参伍以变：古今错综中的经典与义理

著　　者／李若晖

出 版 人／王利民
组稿编辑／卫　羚
责任编辑／卫　羚
责任印制／王京美

出　　版／社会科学文献出版社·人文分社（010）59367215
　　　　　　地址：北京市北三环中路甲 29 号院华龙大厦　邮编：100029
　　　　　　网址：www.ssap.com.cn
发　　行／社会科学文献出版社（010）59367028
印　　装／北京虎彩文化传播有限公司

规　　格／开　本：787mm × 1092mm　1/16
　　　　　　印　张：15.75　字　数：231 千字
版　　次／2020 年 5 月第 1 版　2023 年 2 月第 2 次印刷
书　　号／ISBN 978 - 7 - 5201 - 5964 - 7
定　　价／98.00 元

读者服务电话：4008918866